히스토리텔러
이기환 記者의

톺아본
백제사
순간들

히스토리텔러
이기환 記者의

톺아본
백제사
순간들

이기환 지음

추류성

목차

프롤로그   007

백제의 리즈 시절, 한성백제   14

잃어버린 500년 백제, 풍납토성의 발견   016

백제인의 발자국, 그가 전한 메시지   032

임진강변의 '작은 풍납토성'은 언제 세워졌을까   042

부러진 대롱옥 맞춰보니 백제판 '사랑과 영혼'이었다   058

포클레인 삽날에 찍힌 석촌동 백제왕릉   072

석촌동은 '백제 리즈 시절' 증언…한성백제판 '대릉원' 연접분의 정체   082

40년 만에 공개된 몽촌토성 '곰발바닥'…백제판 '강남개발'의 증거?   098

"'일본국보' 칠지도는 408년 백제 전지왕이 왜왕에 하사했다"   116

한국 고대사 최대 사건, 무령왕릉 발견   132

무령왕릉 발굴, 고대사의 블랙박스를 열었다…   134

홀연히 나타난 무령왕, 갱위강국 외친 중흥군주   148

무령왕 부부 3년상 완전 복원... 제사상에 은어 3마리 올린 이유는?   163

24K 순금만 휘감은 백제 무령왕 부부… 신라왕은 금은 합금 선호   180

일본 국보 2호에 찍힌 '사마'(무령왕) 명문… 누구를 위해 만든 거울일까   195

끔찍한 상상…도굴왕 가루베가 무령왕릉 찾았다면   213

백제人의 혈액형은 '예술형'　　　232

'헤어스타일을 보니'… "백제금동대향로의 5악사는 여성 악단이었다"　　234

금동대향로, 구멍 대충 뚫었다… 아차 실수? 국보의 흠결　　249

'얼굴 잃은 보물 부처님', 어찌 하오리까　　268

'99818972'… 백제 '구구단' 목간의 8가지 패턴　　286

통째로 폐기된 260㎝ 백제 대작, 1,400년 전 장인은 왜 실패했을까　　300

백제 8가지 무늬 전돌 중 최초·최고의 산수인물화 있다　　315

용 문양 새긴 백제 명품 구두… 하늘길 신라 귀족도 신었다　　329

백제 최후의 날, 독립투쟁과 멸망　　　342

익산 왕궁리 백제 화장실에서 맡는 인간의 냄새　　344

영영 미궁에 빠진 선화공주… 서동왕자 곁에 묻힌 부인은 누구일까　　357

660년 백제 최후의 날… 1,300년 만에 드러난 멸망의 '8' 장면　　369

'가림성 사랑나무', '부흥국 수도 주류성'으로 읽는 백제 독립투쟁　　389

프롤로그

기회있을 때마다 말하지만 필자는 천생 기자다. 늘상 하는 넋두리지만 기자는 시쳇말로 '쓰는(記) 놈(者)'이지 않은가. 기자야말로 문자 그대로 '극한직업'이라 할 수 있다. 오늘은 정치부나 경제부에서 근무하다가 갑자기 사회부, 체육부, 문화부로 발령받으면 그 부서로 소속되어 기사를 써야 한다(반대의 경우도 마찬가지다.). 다른 직업으로 치면 자동차 회사에 다니다가 증권 회사로 업종을 바꿔 이직하는 것과 마찬가지다.

문제는 부서를 옮기자마자 그 분야 전문가처럼 기사를 써야 한다는 것이다…. 누구도 대신할 수 없다. 그 회사를 대표하는 출입기자이므로 홀로 책임져야 한다. 2000년 12월의 기억이 불현듯 떠오른다. 체육부 야구기자였던 필자가 한국야구위원회(KBO) 사무실에 있다가 한 통의 전화를 받았다.

"이기환 씨, 문화부로 가야겠어." 뜬금없는 전화에 필자가 보였던 반응이 지금도 생생하다.

"제가요?"(필자) "응. 이기환 씨는 책도 써본 경험이 있잖아."(편집국장)

아니 책 쓴 거랑 문화부 발령이랑 무슨 상관이 있단 말인가. 다른 직업군의 사람들이 볼 때는 어이가 없겠지만 언론사는 그런 편이다. 한정된 인력풀을 돌려쓰다 보면 원하든 원치 않든 인사가 이뤄져야 한다. 그런 사정을 아는 필자도 달리 거부할 도리가 없었다.

그렇게 문화부로 배속되어, 문화유산 담당기자가 되었다. 그런 필자가 처음 맞닥뜨린 초유의 사건이 있었다.

그것은 풍납토성 보존과 함께 경주경마장 건립 건이었다. 꼽아보니 그때가 2001년 2월 8일이었다.

경복궁 안에 존재했던 국립문화재연구소 안 회의실에서 문화재위원회 1·3·6분과 합동회의가 열렸다.

출입처가 생소했던 필자는 지극히 긴장된 마음으로 연구소 건물로 들어섰다. 한때 체육부 기자 시절 잠깐 마주쳐서 알고 있었던 김태식 기자(연합뉴스)가 얼마나 반가웠던지….(현장에 나와 있던 서동철 서울신문·최영창 문화일보·이광표 동아일보·신형준 조선일보 기자가 기억난다. 이 분들이 필자보다 후배였으니 더더구나 약한 모습을 보일 수 없었다.) 이날 회의장 안팎 분위기는 흉흉했다.

풍납토성 외환은행 및 미래마을 주택조합 재건축 예정지와 경주 경마장 건설 예정지의 사적 지정 여부가 결정되는 날이었다. 특히 경주에서는 시장을 비롯해서 시민대표 80여 명이 플래카드와 어깨띠를 두른 채 회의장에서 시위를 벌였다.

지금도 기억이 생생하다. 분위기가 험악해지자 회의를 주재한 최영희 3분과 위원장이 큰 소리로 "지금 무슨 행패냐"고 호통을 쳐서 진정시킨 상황이…. 결국 그 회의에서 풍납토성 내 재건축과 경주 경마장 부지(전체 29만 평 중 26만 1,000평)가 사적으로 지정됐다. 이로써 모든 건설계획이 백지화되었다. 거센 개발 압력 속에서 이해 당사 주민들의 집단 반발을 무릅쓰고 호통까지 쳐가면서 문화유산을 지켜냈던 분들이야말로 기억해둘 만한 '어른'이라 할 수 있다. 지금 역사·고고학계에 그런 어른이 있을까. 회의적이다.

이후 필자는 뻔질나게 풍납토성 발굴현장을 드나들면서 마치 사회부 기자처럼 '풍납토성' 관련 기사를 써댔다.

그런 필자의 귓전을 때려 지금까지 20년이 훌쩍 지나도록 잊지 못한 일화가 하나 있다. 풍납토성 발굴 자료를 두고 어떤 연구자에게 전화를 걸어 "(풍납토성을 발견한) 이형구 교수는 '이러저러하게' 말씀하던데…"라 했더니 그 연구자 왈, "이형구 교수가 누구죠?"

필자는 갑자기 할 말을 잃었다. 이 전화는 필자의 기자 인생에 반면교사가 되었다. 사람은 제 잘난 맛에 산다. 그러나 세상엔 자기보다 더 잘난 사람이 많다. 부지기수다. 특히 역사학이나, 고고학 분야에서 '절대선'은 없다. 새로운 자료가 발굴되면 언제든 자기의 학설이나 주장을 바꿀 수 있어야 한다. 다른 이를 무시하고 자기만의 견해로 '쾌도난마' 하는 그런 태도는 옳지 않다. 오히려 학계에는 독이 된다. 영향력이 있는 인물이 '쾌도난마' 하면 다른 견해가 설 자리를 잃게 되니까….

기자인 필자는 더욱 더 열린 마음으로 학자들이 애써 발굴하고 공부해 온 성과를 어떤 선입견 없이 대중에게 제대로, 쉽게 전해주어야겠다고 다짐했다. 그렇게 인연을 맺은 문화유산은 필자의 인생이 되었다. 조유전·이형구·이재 선생님 등의 지도와 도움으로 '한국사 미스터리', '한국사 기행', '코리안루트를 찾아서', '민통선 문화유산 기행' 등을 연재했고, 또 단행본으로 펴냈다. 평생의 스승인 배기동 선생님을 만나 대학원(석사)까지 마쳤다. 2011년부터는 경향신문에 '이기환의 흔적의 역사'를 연재 중이다. 지금까지 14년째 장기 연재이니 나름 자부심을 느낀다. 2021년부터는 주간경향에 '이기환의 하이스토리'를 3년간 썼다. 이 결과물로 <흔적의 역사>(2014), <하이-스토리 한국사>(2024) 등 단행본을 냈다. 요즘에는 영상으로 '이기환의 하이스토리'를 방영하고 있다.

이번 주류성출판사에서 펴내는 『백제사 순간』은 그동안 천착했던 대중적

글쓰기 가운데 백제사 부분을 정리한 것이다.

따지고 보면 필자가 첫 번째 인연을 맺은 문화유산은 풍납토성이었다. 한 가지 농을 하자면 필자의 본관은 '광주(廣州)'다.

풍납동은 1963년 1월 1일부터 서울시로 편입되기 전까지는 경기도 광주군 구천면 풍납리였다. 그렇게 따지면 '광주 이씨'인 필자의 뿌리는 한성백제가 아닌가 싶다. 우스갯소리지만….

사실 고구려·백제·신라·가야 등 4국 가운데 백제만큼 파란만장한 역사를 지닌 고대국가가 있을까. 삼국 가운데 가장 먼저 전성기를 누렸지만, 멸망에 가까운 좌절(한성 함락)을 겪었다. 그런 고초 속에서 도읍을 두 번이나 옮기는 등 우여곡절을 겪었다. 결국 삼국 가운데 가장 먼저 멸망했다. 그 때문일까. 고고학 발굴 또한 백제의 역사를 웅변해 준다. 아파트 공사장에서 기적적으로 발견된 풍납토성은 잃어버린 493년의 백제 전성기 역사를 복원해 주었다. 1971년 배수로 공사 도중 우연히 발견된 무령왕릉은 또 어떤가. 삼국시대 고분 중 유일하게 '나 왕(무령왕)이오' 하고 손들고 나온 왕릉이 아닌가. 무령왕은 쪼그라든 국력을 회복하여 마침내 갱위강국(다시 강국이 되었다)을 선언한 분이다. 최근엔 무령왕 부부의 3년상은 물론, 은어 3마리까지 올라간 제사상까지 복원했다. 그뿐인가. 창졸간에 당한 멸망의 그 순간이 불에 타 폭삭 내려앉은 곳곳의 건물터에서 확인된다. 이렇게 백제가 660년 멸망했다고 하지만 결코 그렇지 않다. 663년 동북아의 패권을 가른 백강 전투의 패배로 멸망했으며, 그후에도 672년까지 처절한 독립투쟁을 벌였다는 증거가 사서에 나와 있다. 그 흔적 위에 '가림성 사랑나무'가 우뚝 서 있다.

이 책에는 그동안의 발굴 결과로 파악할 수 있는 백제인의 생생한 삶을 짚어 볼 수 있다.

풍납토성에서 확인된 백제인의 발자국에서 성 쌓기에 동원된 백제 장정들의 고단함을 짚어볼 수 있었다. 그러나 그것에 그치지 않았다.

풍납토성 남쪽에 또 하나의 성(몽촌토성)을 쌓아 북성(풍납토성)-남성(몽촌토성) 등 2성 체제를 완성했다. 근초고왕 무렵에 삼국 중 가장 먼저 전성기를 이루면서 도성 외곽에 '백제판 강남개발'을 이루기도 했다. 백제의 '리즈' 시절을 웅변하는 석촌동 고분에서는 연접한 16기 이상의 돌무지무덤이 확인됐고, 불에 완전 연소된 인골들이 쏟아져 나와 왕실의 장례법을 추측케 했다.

또 백제인들은 예전에 본향인 북부여에서 망명한 선조들이 처음 터전을 잡고 살았을 임진강변에 또 하나의 거점성을 쌓았다. 육계토성이다.

공주 수촌리에서는 반으로 자른 대롱옥을 한 쪽씩 묻어둔 부부의 무덤이 확인되기도 했다. 백제판 '사랑과 영혼'이다. 무왕의 행정수도로 꼽히는 익산 왕궁리에서는 백제인의 공동화장실도 확인됐다. 화장실 고고학까지 짚어볼 수 있다. 선화공주의 무덤을 둘러싼 미스터리도 이야깃거리다. 익산 쌍릉 가운데 대왕릉은 무왕의 무덤으로 정리되었지만, 소왕릉의 주인공은 영영 미궁에 빠질 공산이 크다. 그래도 선화공주를 포기할 수 없는 이유가 있다. 칠지도를 왜에 하사한 이는 누구일까. 이 또한 수수께끼다. '근초고왕'이 정설이었지만 최근 전지왕설도 제기된다. 일본 국보 2호로 지정된 인물화상경도 지금까지는 무령왕이 일왕에게 준 선물로 파악되었지만, 요새는 동성왕 혹은 무령왕이 제작했다는 새로운 견해가 등장했다.

영욕의 역사를 겪으면서도 백제인의 예술성은 타의 추종을 불허한다.

금은합금을 선호한 신라와 달리 백제왕(무령왕) 부부는 24K 순금만 휘감았고, 국내 가장 오래된 산수인물화를 새긴 무늬전돌도 눈길을 끈다.

이 무늬전돌은 '가장 많은 기내식을 먹은', 즉 해외 특별전에 가장 많이 출품된 문화유산으로 꼽힌다.

부여 능사의 수조에서 확인된 금동대향로는 백제예술의 정수로 꼽힌다. 발굴 30년이 지나도록 수많은 논문이 발표됐다. 최근에는 향로에 구현된 인물들의 면면을 살폈고, 그들의 헤어스타일까지 검토한 결과 향로에 표현된 5악사가 여성 악사였음을 논증하는 연구 성과가 나왔다.

또 나주 정촌과 고창 봉덕리 등에서는 용 문양을 새긴 백제명품 구두(금동신발)가 확인됐다. 백제제 구두는 신라 귀족 무덤으로 짐작되는 식리총에서도 확인됐다. 신라 귀족이 백제산 명품 신발을 신고 하늘나라로 떠났다는 얘기다. 백제산 유물 가운데 눈길을 끄는 유물이 바로 구구단 목간이다. 2×1, 2×2…로 시작하지 않고 9×9=81, 8×9=72로 시작되는 백제판 구구단이 신기하다.

제작 과정에서 '아차 실수!' 유물도 더러 보인다. 백제예술의 정수라는 금동대향로에서 대충 뚫은 구멍이 보인다.

청양 본의리에서 확인된 거대한 불상받침대(밑부분 지름 260㎝)는 도로확장 공사 중 발견됐다. 흙으로 빚은 이 받침대는 가마의 연소실에서 불을 피워 구웠던 그대로의 모습대로 확인됐다. 제작 당시 뒤틀림 현상이 나타나면서 이 불상받침대와 가마를 통째로 폐기했을 가능성이 짙다.

그러나 이 또한 '인간미 넘치는' 실수가 아닐까. 결은 좀 다르지만 익산 연동리에는 부처님 얼굴과는 사뭇 다른 '얼굴'의 불상이 보물로 지정되어 있다. 사연인즉 언젠가인지 모르게 얼굴 부분이 없어진 보물 불상이다. 없어진 얼굴을 지금의 다소 부처답지 않은 모습으로 복원해 놓았다. 다시 제대로 된 부처상을 얹어야 될 것 같은데, 솔직히 얼굴 없는 불상으로 그냥 둬도 좋을 것 같다. 하지만 지금도 엄연한 예불대상이니 그냥 두기도 어렵다. 고민스러울 수밖에….

이 시리즈에는 연구자들의 피와 땀이 서려 있다. 필자는 그분들이 발굴하고, 그분들이 공부한 연구 성과의 정수를 골라 독자들에게 이해하기 쉽게 전달해 주었을 뿐이다. 아이템 가운데는 더러 겹치는 연구자가 있고, 또는 지극히 새로워서 아직 검증받지 못한 꼭지도 있을 수 있다. 그러나 지극히 루틴한 내용만 다루면 무슨 재미가 있겠는가. 새로운 연구 성과를 공개함으로써 시끌시끌 논쟁이 벌어지는 것도 나쁘지 않을 것이다. 칼럼을 쓸 때마다 필자는 밤을 새워 관련 논문과 사료를 읽고 또 읽으며 공부했다. 여러 연구자의 도움말과 자료를 제공받았다. 그분들을 지긋지긋하게 괴롭혔다. 그러나 기자인 필자가 이해할 수 없다면 어떻게 독자들을 이해시키겠는가. 그러니 필자가 90% 이상 납득할 수 있어야 그 다음으로 넘어갔다. 당연히 필자의 괴롭힘을 받은 분들을 일일이 거론하는 것이 도리일 게다. 하지만 취재 때와 지금의 직책도 다르고, 무엇보다 빠지는 분들이 간혹 있을 것이다. 그것이 오히려 실례일 것 같다. 그래서 그냥 빼는 게 나을 것 같다. 필자가 기회가 닿을 때마다 고마움을 전하고 싶다.

히스토리텔러
이기환 記者의

톺아본
백제사
순간들

백제의 리즈 시절,
한성백제

잃어버린 500년 백제, 풍납토성의 발견

흔히들 서울의 역사를 말할 때 정도 600년이라고 한다. 조선 왕조가 1392년 개국했고, 또 서울(한양)을 도읍으로 삼은게 1395~96년이니까 정확히는 '정도 630년'이겠다. 그러나 지금은 한강 이남도 엄연히 서울이니 '정도 600년'이나 '정도 630년'이라 하면 안될 것 같다,.

강남인 풍납동이 서울의 테두리 안으로 들어가 있지 않은가. 이제는 '정도 2000년'이라 해야 되지 않을까.

사연 속으로 들어가보자. 백제 개로왕(재위 455~475)이 비참한 최후를 마친 475년 9월이었다.

자신의 운명을 예감한 개로왕은 아들(혹은 동생) 문주에게 피를 토하듯 유언을 내린다.

"나는 사직을 위해 죽겠지만 너는 피하여 나라의 계통을 잇도록 하라"는 것이었다. 삼국 중 가장 먼저 전성기를 누렸던 백제의 한성시대(기원전 18~기원후 475)가 비극적인 막을 내리는 순간이었다. 이후 한성백제의 자취는 패배자의 역사 속에 파묻혀 1,400년 이상 잊혀졌다.

그러던 1925년 7월 14일부터 태풍 후유증으로 억수같은 폭우가 내려 한강 일대를 삼켰다. 가장 피해가 심했던 곳은 제방이 설치되지 않았던 동부이촌동·뚝섬·송파·잠실·신천리·풍납리 등이었다. 이때였다. 당시에는 이름조차 없었던 풍납토성의 서벽까지 대부분 유실된다.

하지만 그 순간 잠자고 있던 한성백제가 깨어났다. 이 무렵 조선총독부는

일제강점기 풍납토성 내부 모습. 1925년 을축년 대홍수로 토성벽 일부가 유실되면서 그 전모가 드러나기 시작
했다.   국립중앙박물관 소장자료

토성 남단 모래 중에서 출토된 것으로 알려진 2점의 청동제 초두(술을 데워 잔
에 따르는 일종의 제사용기)를 비롯하여 금제귀고리 등을 구입·소장했다. 일본인
아유카이 후사노신(鮎貝房之進)도 토성 안에 살던 어느 노파에게 유리옥 십
수 개를 샀다는 얘기가 전해진다. 아유카이는 이들 백제시기 유물을 증거로
풍납토성이 바로 하남위례성이라고 주장했다. 그러나 아유카이의 주장을 주
목하는 이는 없었다.

일제는 이 토성을 '풍납리 토성'으로 했고, 광복 후에도 문화유산보호법이
제정되면서 사적으로 지정했다. 그러나 풍납토성의 사적 지정 범위는 '잔존
하고 있는 토성 벽' 뿐이었다. 그 외는 지정대상에서 제외되었다. 속은 버리
고 겉만 지정한 꼴이 되었던 것이다.

위례성을 둘러싼 여러 학설과 몽촌토성

먼저 <삼국사기> '온조왕'조에서 이야기를 풀어가자.

"…고구려에서 남하한 백제 시조 온조왕(재위 기원전 18~기원후 28)이 한산에 이르러 부아악(삼각산 혹은 북악산)에 올라 살만한 땅을 찾았더니 (함께 내려온) 10신이 '하남의 땅은 북으로는 한수를 두르고 동으로는 높은 산에 의지하고 있으며 남으로는 기름진 땅을 바라보며 서로는 대해로 막혀있습니다'라고 아뢰었다. 온조는 하남위례성에 도읍을 정하고…."

그러나 정작 하남위례성의 정확한 지점을 두고는 그동안 끊임없는 논쟁이 벌어졌다. <삼국유사> '왕력'조의 "온조왕이 도읍한 위례성은 일설에 따르면 이천이라 하고 그곳은 지금의 직산(一云虵川 今稷山)"이라는 기사를 바탕으로 '직산설'이 돌았다.

<신증동국여지승람> 등도 충청도 직산현을 온조왕의 도읍지로 명시했다.

그러나 1989년과 1995년 서울대 발굴조사 결과 직산 동쪽에 위치한 천안의 위례산성은 통일신라시대 방어용 산성으로 추정됐다.

이름도 심상치않은 경기 광주 고읍 궁촌·춘궁리 일대도 유력한 위례성 후보지였다.

<삼국유사> '왕력'조 및 '남부여 전백제' 조 등은 "온조왕이 졸본부여로부터 위례성에 이르러 도읍을 정하고(다산 정약용은 이 위례성을 하북위례성으로 보았다), 14년 병진년에 도읍을 한산으로 옮겼는데(정약용이 말하는 하남 위례성) 곧 지금의 광주"하고 기록했다.

이 춘궁리설이 더욱 힘을 받은 것은 저명한 역사학자 이병도 교수(서울대)의 주장 때문이었다.

이후 광주 서부면 춘궁리 일대는 4면이 산으로 둘러싸인 천혜의 요새인 데다 주변에서 옛 기와와 주초석, 불상 등이 채집된 바 있어 대부분의 연구자들

1926년 을축년 대홍수로 노출된 것으로 알려진 청동초두.(국립중앙박물관 유리 건판 사진)

제사용기인 청동 초두가 성벽 유실면에 드러난 대옹(큰 항아리)에서 확인됐다.　　　국립중앙박물관 소장

이 '위례성 0순위'로 꼽았다. 그러나 이에는 결정적인 흠결이 있다. 아직까지 고고학적인 증거가 나타나지 않았다. 하남 교산리 설도 마찬가지. 지난 2002년 12월 경기역사문화유산원(당시 기전문화재연구원)은 하남 교산동 일대 발굴조사결과를 발표했는데 "한성백제와는 관련이 없다"는 결론이었다. 춘궁리 맞은편의 이성산성에서도 한양대박물관 발굴결과 신라시대 유물이 집중적으로 출토되었다.

풍납토성은 '사성(蛇城)'에 불과

1964년 김원룡 교수(서울대)는 고고학과 학생들과 함께 풍납토성에서 야외 실습용 시굴조사를 벌였다. 그런데 토성의 북벽 가까운 곳에 8곳의 작은 구덩이를 팠는데 초기백제 토기 편들이 나왔다. 김교수는 1967년 발간한 '풍납리 포함층 조사보고서'에서 이렇게 썼다.

"서울 풍납동의 백제 토성을 발굴…삼국 건국의 연대에 관해서 더욱 방증을 얻을 수 있었다…풍납동 토성은 초축은 언제인지는 모르지만 위례성과 동시에 백제초기에 축조한 모양…286년(책계왕대)에 대대적으로 수리된 것은 틀림없다. 당대에는 백제, 대방군, 고구려의 3각관계가 유지됐는데, 풍납

서울대 김원룡 교수는 1964년 학생들을 데리고 풍납토성에서 야외실습용 시굴조사를 벌였다. 그런데 토성의 북벽 가까운 곳에 8곳의 작은 구덩이를 팠는데 초기백제 토기 편들이 나왔다. (출처:서울대박물관, <풍납리 포함층 조사보고>, 1967)

토성 발굴결과는 그 연대를 뒷받침하고 있다. 백제 건국집단의 한강유역 진출은 최소 서기 3세기까지는 올라간다고 생각된다. 서기 200년대에 백제인들이 기와집에 살았음이 분명하며 풍납토성의 시기는 서기 1세기~5세기까지 500년이 아닐까 한다."

사실 김원룡 교수는 '삼국사기'의 초기백제 기록을 믿는 입장에서 해석하려고 했다. 하지만 고대 사학계는 "말도 안 되는 주장"이라며 묵살했다. 이유가 뭘까. 당시 우리 고대 사학자들은 백제가 기원 전후 시기 한강변에 풍납토성을 쌓을 만한 힘이 없었을 것이라고 여겼다. 한성백제가 명실 공히 강력한 왕국으로 변모해 고구려·신라와 맞설 수 있었던 시기는 고이왕 시기(재위 234~286·3세기 후반)라고 보았기 때문이다.

그렇다면 풍납토성은? 역사학자 이병도 교수는 이미 일제강점기인 1933년 "풍납토성은 <삼국사기> '책계왕'조에 기록된 사성(蛇城)"이라고 비정(比定)한 바 있다. 해당 기록은 "기원후 286년 책계왕(재위 286~298)이 수도인 위례성을 수리하고 고구려의 침입을 막고자 아차성과 사성을 수축했다"는 것이었다. 이병도 교수는 한술 더 떠서 "풍납리 지명은 원래 '배암(蛇)들이 마을'이 '바람들이'로 바뀌었고 이 '바람들이' 지명을 한자로 표기하면 '풍(風)'은 '바람', '납(納)'은 '들이'이기 때문에 풍납리가 되었다"고 주장했다. 이 그럴듯한 주장은 해방 이후까지 정설로 굳어진 것이다.

고고학자 김원룡의 패배

결국 김원룡 교수도 다소 애매한 표현으로 <삼국사기> 초기기록을 언급한 뒤 "성의 규모나 위치로 보아 중요한 거성(居城) 수성(戍城)이었다고 믿어지며, <삼국사기>에 등장하는 사성(蛇城)으로 비정되고 있다"고 했다. 즉 풍납토성을 백제의 사성으로 보면서 방어용성이지만 평시에는 많은 일반민이 살고 있었던 '반민반군적인 읍성(半民半軍的 邑城)'이라고 얼버무린 것이다.

당시만 해도 고고학은 역사학에 비해 일천했다. 1961년이 되어서야 서울대에 고고학과가 생겼을 정도였다.

결국 고고학자 김원룡이 역사학자 이병도와의 싸움에서 패배했음을 의미했다. 고고학 자료를 역사학에 접목시켜 새로운 학설을 펴던 노력이 암초

◇李亨求(이형구) 선문대교수가 풍납토성 내 아파트신축현장에서 수습한 토기조각을 조사하고 있다. 〈趙寅元기자〉

에 부딪힌 것이다. 대신 1980년대 중반부터 풍납토성 인근의 몽촌토성(송파구 방이동)이 한성백제의 도읍지(하남위례성)로 각광을 받았다.

몽촌토성은 88서울올림픽 체육시설 및 공원 조성지로 결정되어 1983년부터 서울대 박물관을 중심으로 발굴이 이뤄졌다.

그런데 이곳에서 지상건물터, 움집인 수혈 주거터, 저장시설, 방어시설로 보이는 목책 흔적뿐 아니라 백제시대 유물이 다량으로 수습됐다.

그러니 몽촌토성이 기원후 3세기 중반에서 백제가 패망한 475년까지 약 2세기 동안 존속한 백제의 도성으로 추정되는 것은 당연했다.

게다가 이 성과는 백제가 한강변에서 3세기 후반(고이왕대)에 들어서야 국가의 기반을 잡았다는 기존 국사학설과도 부합되는 것이었다.

조선일보 1997년 1월6일자. 당시 선문대 이형구 교수가 터파기 공사중이던 풍납토성 내 현대아파트 재개발 현장에서 지하 벽면에 박혀있는 백제토기 편들을 확인했다.

잠깐 모습을 드러낸 풍납토성은 다시 땅속으로 들어갔다. 그 사이 사적으로 지정된 토성 벽 일부만 제외된 채 성벽의 안팎은 도시화되면서 날로 파괴되어 가고 있었고 1990년대 들어와 경제성장에 따른 주택 재개발 붐이 풍납토성 내부에도 불어 닥쳤다.

1996년 말의 기적

그런데 바로 이때였다. 1996년 말 풍납토성을 실측을 하던 이형구 교수(당시 선문대)가 다시 잊혀진 백제의 혼을 일으켰다.

이 교수는 방호벽을 치고 기초 터파기 공사가 한창인 현대아파트 재개발 부지에 잠입했다. 이교수는 숨이 멎는 듯했다.

공사현장 지하 벽면에 백제토기 편들이 금맥이 터지듯 무수히 박혀 있는 것을 목격했다. 지하 4m 이상이나 팠는데도….

1997년 새해벽두부터 난리가 났다. 언론의 엄청난 관심 속에 국립문화유산연구원·서울대박물관·한신대 박물관 등이 참여하는 공동 긴급구제발굴이 이뤄졌다. 곧 유구와 유물이 공개되었다. 조사의 성과는 이루 말할 수 없었다.

지하 2.5~4m에 걸쳐 유물포함층과 기원 전후에 만들어진 것으로 보이는 방어시설(3중 환호 유구)를 비롯해, 한성백제 시기의 주거지, 폐기된 유구, 토기 가마 흔적 등이 밝혀진 것이다. 백제 무령왕릉(1971) 이후 최대의 발견·발굴이었다. 이것은 서곡에 불과했다.

1998년부터 국립문화유산연구원이 주체가 된 풍납토성 발굴이 시작됐다. 성벽 안쪽에서 한성백제의 실체가 드러난 이상, 백제인들이 쌓은 성벽의 축조방법도 초미의 관심거리였기에 발굴이 시작된 것이었다.

풍납토성 정식 발굴에서 한성기 백제의 도읍에 걸맞은 대형주거지와 건물터, 제사 유구 등이 쏟아져 나왔다.
국립문화유산연구원 제공

감개무량한 발굴

"높이는 한 6~7m 정도나 될까. 폭은 한 10여m 되려나."

애초에 발굴단은 현존하는 성의 모습으로 볼 때 그 정도려니 했다. 하지만 그건 오판이었다. 발굴기간 내내 감탄사가 끊이지 않았다.

끝도 없는 판축 토루와 성벽을 보호하는 강돌·깬돌이 열 지어 있고 성벽의 흘러내림을 방지하는 수직목과 식물유기체들.

발굴 결과 폭 43m 이상에 현존 높이 11m에 이르는 사다리꼴 형태의 토성임을 알게 되었다. 추정 최대높이는 15m.

성벽 조사 결과 풍납토성은 늦어도 기원후 3세기 전후시기에 완성된 것으로 추정되었다.(현재까지의 학술 발굴 결과 토성의 초축시기는 최대 3세기 이전까지로 올려 볼 수 있고, 3세기 후반이나 4세기 초에 완성된 것으로 해석되고 있다.)

2000년 5월 13일 서울 송파구 풍납토성 경당 연립 부지의 아파트 신축 예정지, 발굴 현장이 주민들에 의해 무단으로 훼손됐다.　　　　　　　　　　　　　　　　　　　　　　　　　　　경향신문 자료사진

　　당시 왕권에 준하는 강력한 절대 권력이 없이는 둘레 3.5㎞에 이르는 거대한 토성을 축조하기란 불가능한 일이었다.

　　이러한 사실로 볼 때 백제는 한성백제시대부터 강력한 힘을 가진 고대국가였음을 알 수 있게 되었다. 이때부터 고대사 전공학자들 가운데 이 풍납토성이 한성백제의 수도인 하남위례성으로 조심스럽게 논의되기 시작했다.

　　이는 기존 몽촌토성을 하남위례성으로 추정해온 고고학계와 고대사학계에 커다란 충격을 주는 결과를 가져왔다.

연인원 4백만 명이 쌓은 성

　　그렇다면 이 성을 쌓는 데 들인 공력은 어떠했을까. 심정보 교수(한밭대)가계산을 해봤다.

그는 풍납토성과 중국 춘추전국시대 연나라 성인 연하도(燕下都) 성과 정(鄭)·한(韓)나라 성인 정한 고성을 비교했다. 그는 3성 모두 제방축조 기술을 썼고 축조기법도 사다리꼴의 중심토루를 쌓은 다음, 그 내방면(內方面)으로 덧붙여 판축하여 견고하게 구축하는 형식이었다고 밝혔다.

심교수는 <통전>의 '수거법'에 따라 풍납토성의 축조에 들어간 공역을 계산했는데 그 결과는 상상을 초월했다.

①먼저 전체 사용된 흙의 양은 어떨까. 길이 3.5㎞, 기저부 폭 43m, 높이 11m에 대한 흙의 양은 139만1,250㎥로 추산된다. 이를 t으로 환산하면 222만6,000t이다. ②그렇다면 이런 흙을 운반하는 인원은 어떨까. 만약 1.5톤 트럭이라면 13만9,125대 분량이 된다.

그러나 당시에는 트럭이 아니라 지게로 져 날랐을 것이다. 그 경우 운반거리를 100m로 가정하면 운반인원만 62만6,240명에 이른다. 여기서 흙의 양은 판축으로 압축된(다진) 상태로 계산된 것이다. 따라서 판축기법으로 흙이 1/3정도 압축되었다면 어떨까. 운반인원은 원래 계산된 인원의 3배를 곱해야 한다. 따라서 풍납토성을 쌓는데 쓰인 흙을 운반하는데 동원된 연인원은 188만1,720명으로 추산할 수 있다.

③성벽을 축조한 인원은 어떻게 계산될까. <통전> 수거법에 따르면 하루 한사람이 2척(尺)을 축조하는 것으로 계산하고 있다.

그런데 <통전>이 편찬된 당나라 척수(尺數)는 1척에 28~31.3㎝를 적용하고 있다. 여기서 1척을 평균 30㎝로 하여 토량을 계산하면 441.5장(丈)이 되며 1사람의 공력이 하루 2척의 흙을 축조한다면 모두 221명이 동원된다. 연인원은 257만8,186명이 된다.

결국 ②③를 더한 전체 축성 연인원은 445만9,906명이 된다. <삼국지> '동이전 한'조는 "큰 나라는 만 여 가(萬餘家)"라고 했다.

그렇다면 당시 백제의 전체인구는 약 5만 명(1만 가구)에 이를 수 있다. 이 경우 5만 명 전체가 공역에 참여한다 해도 90일이 걸리는 대역사였음을 알 수 있다. 풍납토성 축조는 그야말로 한성백제가 국운을 건 대역사였던 것이다.

잇달아 발견되는 왕성의 흔적

인근 경당 연립 부지의 아파트 신축 예정지에서도 어마어마한 발굴 성과가 이어졌다. 한신대 박물관 발굴 결과 불과 1,000여 평의 조사면적에서 한성백제 유물·유구가 터져 나왔다. 집자리와 제사 관련 대형 건물터를 비롯하여 전돌·와당·초대형 항아리·중국제 도기·오수전(중국 동전)·'대부(大夫)'명 항아리 파편 등 500상자 분량이 넘었다. 말머리 뼈와 '대부' 명 도기 등은 국가 주도의 제사행위가 있었음을 암시해준다. 중국제 도기류는 활발한 대외교섭의 증거이다. 이 와중에 조사 과정에 얻어진 뜻밖의 성과에 따라 건축 당사자와 조사기관 사이에 발굴기간 및 발굴조사비 문제로 마찰을 빚게 되었고 급기야 발굴이 중단됐다. 그런데 2000년 5월 13일 돌발사고가 터졌다. 토지보

풍납토성에서 쏟아져나온 유물들. 왕성임을 입증할만큼 유물의 질과 양이 엄청났다.　　　　경향신문 자료사진

상에 대한 원칙도 없는데다 발굴비까지 늘어나자, 재건축 사업을 담당한 조합장의 지시로 '노출시켜 둔 백제 유구'를 굴삭기로 밀어버린 사건이 발생한 것이다. '백제가 테러 당했다'는 제목의 언론보도가 여론을 들끓게 했다. 그러나 이 사건은 역설적으로 풍납토성 내부의 보존이 가닥을 잡는 계기를 마련했다.

발등에 불이 떨어지자 당시 김대중 대통령이 "풍납토성이 역사적인 백제의 유적이라면 후손들에게 후회 없도록 처리하라"고 당부했다. 대통령이 관심을 보이자 풍납토성 내부의 보존이 쉽게 결정됐다. 이후 재개발을 통한 건축행위는 봉쇄됐고 다만 지하유구가 파손되지 않은 범위 내에서 소규모 건축을 허용하는 방향으로 문화유산위원회에서 가이드라인을 정하게 되었다. 하지만 걸림돌은 여기저기서 나타났다.

2011년 풍납토성 동석벽 발굴현장. 최소 3차례에 걸쳐 성벽이 축조되었다는 사실이 확인됐다.

국립문화유산연구원 제공

모습을 드러낸 해자

성벽 내 유구와 유물의 보존원칙은 큰 틀에서 마련되었으나 성벽 외부에 대해서는 아무런 대책을 세우지 못하고 있었다.

그런데 2001년 9월 삼표산업이 을축년 대홍수로 쓸려나간 풍납토성의 서벽 밖에 새로운 사옥건물을 짓기 위해 발굴기관에 시굴조사를 의뢰했다. 이 과정에서 고개를 갸웃거릴만한 일이 벌어졌다. 시굴을 맡은 발굴기관이 지하 5m 아래로 개흙층을 확인했지만 이것은 해자로 볼 수 없으며 단순히 한강물의 범람방지를 위한 제방시설이나 제방과 깊은 관계가 있다고 보아야 한다는 의견을 내세운 것이다. 도성이나 주거지와는 관련 없는 시설이라는 것이었다. 한발 더 나아가 개흙층 내에서는 문화유산이 전무하다는 것도 '깊이 인식해야 할 것'이라는 결론을 내렸다.

고개를 갸웃거릴만한 결론이었다. 백번 양보해서 그것이 제방시설이라고 하더라도 바로 성벽 안에서 밝혀지고 있는 주거터 등 수많은 백제 유구와 유물은 어떻게 해석해야 할 것인가. 또 조사기관의 주장대로 한강의 범람을 막는 제방과 관계있었다고 하더라도 그것은 결국 백제시대 살았던 성안의 생활공간을 보호하는 시설임이 틀림없다고 보아야 합당하지 않은가. 그런데도 도성이나 사람이 사는 주거지를 위한 것이라기보다는 범람을 막는 제방의 의미밖에 없다는 의견이었으니 한마디로 신중하지 못했던 것이었다. "아무런 문화유산이 없다"니 건축공사는 계획대로 이뤄질 수밖에 없었다. 하지만 공사를 강행하기 위한 터파기 공사 때 문화유산 유무를 확인하려 입회한 국립문화유산연구원측이 백제시대 문화층이 있음을 확인했다. 공사는 중단됐고 마침내 본격발굴에서 풍납토성 서벽과 관련된 해자추정 유구가 발견되었다. 삼표산업 부지는 당장 보존됐다.

그후 풍납토성 내 삼표부지, 즉 유실된 서벽의 성벽 외부에서 하상 퇴적층과 함께 오랜 동안 물이 고여 썩었던 뚜렷한 흔적이 노출됐다.

이것은 해자 시설의 물이 오랜 동안 썩으면서 이루어진 것이 분명했다. 해자와 관련시설로 보이는 노출된 자갈층에서 백제토기 편과 함께 조선시대 백자편도 수습되고 있었다. 이 시설은 백제시대부터 조선시대까지 장구한 기간 존속했던 것으로 판단되었다.

이후 풍납토성은 한성백제 시대 왕성, 즉 하남위례성으로 특정되고 있다. 학계에서 이제 토를 다는 사람은 거의 없는 것 같다.

다만 후속 발굴 결과를 사료에 대입하면 풍납토성과 몽촌토성은 <삼국사기>('개로왕'조)에 등장하는 '북성'(풍납토성)과 '남성'(몽촌토성)으로 인정되는 듯 하다. "475년 고구려 장수왕이 7일간 북성을 점령한 뒤 남성을 공격했다"는 <삼국사기> 기록이 있으니까….

어떤가. 이제부터는 '서울=정도 600년'이 아니라 '정도 2,000년'이라고 해도 좋지 않을까.

<참고자료>

국립문화유산연구원, <풍납토성Ⅰ-현대 연합주택 및 1지구 재건축 부지>, 2001

국립문화유산연구원, <풍납토성Ⅱ-동벽 발굴조사보고서>, 2002

국립문화유산연구원·한신대박물관, <풍납토성Ⅵ-경당지구 중층101호 유구 보고>, 2005

한성백제박물관, <왕도 한성: 풍납동 토성과 몽촌토성>, 2022

신희권, '풍납토성 발굴조사를 통한 하남위례성 고찰', <향토서울>62호, 서울시사편찬위, 2002

심정보, '풍납동 백제왕성의 축조기법에 대한 고찰', 서울 풍납동 백제왕성 연구 국제학술대회 발표문, 2003

이형구, '서울 풍납동 백제왕성에 관한 연구', <백제논총> 7집, 백제문화개발연구원, 2003

김원룡, '풍납리 포함층 조사보고', <서울대고고인류학 총서> 3책, 1967

이병도, '한강 유역과 백제시대의 사성', <진단학보> 10호, 진단학회, 1939

백제인의 발자국, 그가 전한 메시지

1999년 8월 풍납토성 성벽을 발굴 중이던 국립문화유산연구원 발굴단은 뜻밖의 흔적을 발견했다.

성벽을 쌓는 과정에서 누군가 바닥 층에 남긴 발자국이었다. 지금으로 치면 양생 중인 콘크리트에 실수로 찍힌 발자국이었다.

연대 측정 결과 이 발자국은 기원 후 200~300년 사이 찍힌 것으로 추정됐다.

그렇다면 이 발자국은 1,700년이나 된 백제인의 발자국인 셈이다.

한성백제의 도성으로 지목된 풍납토성의 성벽 발굴과정에서 확인된 백제인의 발자국. 1,700~1,800년 전 쯤 성을 쌓았거나 증축할 때 관여한 백제 토목기사나 인부의 것으로 추정된다.
국립문화유산연구원 제공

풍납토성 축조모습을 재현 전시한 모습(위 사진)과 조사된 성벽(아래). 성벽은 송곳으로 찔러도 끄떡없는 판축 기법으로 조성되었다. 나무판 등을 세워 틀을 만든 뒤 그 안에 진흙과 모래를 다져 쌓았다. 한성백제박물관 제공 발자국의 크기는 폭 12cm, 길이 36cm 정도 됐다. 주인공의 발자국은 뻘을 밟으면서 약간 밀려 실제의 발 크기보다 크게 나온 것이리라.

콘트리트에 찍힌 발자국?

그렇다면 이 발자국의 주인공은 대체 누구였을까. 풍납토성은 한성백제(기원전 18~기원후 475)의 왕성으로 지목된 곳이다. 백제 시조 온조왕은 기원전 6년 이곳 풍납동에 도읍을 정했다. 그런 뒤 궁궐을 짓고 성을 쌓았다. 최소한 3차례에 걸쳐 쌓은 성의 규모(길이 3.5km, 폭 43m, 높이 11m)는 엄청났다. 고고학자들은 흙을 운반하고 성을 쌓은 인원이 연 450만 명 정도 됐을 것이라고 추산한다. 흙의 양(226만t)과 <통전(通典)> '수거법(守拒法)' 등에 나온 척(尺) 등을 종합해서 계산한 것이다. 송곳으로 찔러도 끄떡없는 판축토성이었다. 나무판을 하나하나 세워 틀을 만든 뒤 그 안에 진흙과 모래를 다져 쌓았다. 기술자들은 목봉으로 일일이 흙을 다져댔다. 10겹 이상 나뭇잎과 나무껍질을 개흙과 함께 다진 곳도 보였다. 바로 이곳이 발자국이 확인된 개흙층이다. 나무껍질과 낙엽 등을 개흙과 함께 다진 이 부엽공법(敷葉工法)은 김제 벽골제와 부여 나성 축조에도 활용된 선진공법이었다. 또 400년 뒤 쌓은 일본 규슈(九州)와 오사카(大阪)의 제방에서도 확인됐다. 그렇다면 발자국의 주인공은 최신 기술을 가진 당대 최고의 토목기술자가 남긴 것일까. 아니 이 분은 그저 나라의 명에 끌려온 힘없는 노역자일 수도 있다. 고고학의 즐거움은 상상력이다. 우리는 1,800년 만에 현현한 발자국 하나로 소중한 교훈을 얻을 수 있다.

"국상은 백성을 위해 죽으려 하는가?"

한가지 떠오르는 생각…. 되지 못한 지도자가 왕위에 오르면 가장 먼저 하는 일이 있다. 'X폼'을 잡는 것이다. 예를 한가지 들어보자. 진시황에 이어 황위에 오른 진 2세(재위 기원전 210~기원전 207)는 70만 명을 동원, 아방궁과 만리장성을 쌓았다. 신하들이 "제발 그만하라"고 상주하자 진2세는 이렇게 말한다. "내가 천하를 얻은 까닭은 내 맘대로 할 수 있기 때문이다. 내 맘대로 하겠다는데 무슨 헛소리냐."(<사기> '진시황본기')

역사가 사마천(기원전 145?~86?)은 진2세를 두고 "사람의 머리를 하고 짐승의 소리를 내뱉는다(人頭畜鳴)"고 장탄식 한다. 결국 진나라는 천하를 통일한지 불과 15년 만에 몰락하고 만다. 굳이 중국의 예를 들 것도 없다. 고구려 봉상왕(재위 292~300)도 진2세를 쏙 빼닮았다. 기원후 300년 봉상왕이 나이 15세 이상의 남자들을 모두 징발, 대대적인 궁궐 수리를 명령했다. 노역과 굶주림에 시달린 백성들은 유리걸식하기 시작했다. 그러자 국상 창조리(倉助利)가 '공사중단'을 간언하고 나섰다. 봉상왕은 화를 벌컥 내며 다음과 같이 말했다.

"임금은 백성이 우러러보는 존재이다. 궁실이 장엄하고 화려하지 않으면, 위엄을 내보일 수 없다. 지금 국상이 나를 비방하는 까닭이 뭔가. 백성들에게 칭찬을 얻기 위한 것이냐."

신하가 백성의 민심을 얻는다? 이것은 임금이 되고자 하는 것이냐는 무시무시한 추궁이었다. 창조리는 손사래를 치며 해명했다.

"임금이 백성을 근심하지 않으면 어질다고 할 수 없습니다. 반대로 신하가 임금에게 간언하지 않으면 충성스럽지 못하다고 하였습니다. 전 이미 부족한 재주에도 불구하고 국상의 자리에 있으니… 감히 말씀드리지 않을 수 없었습니다. 제가 어찌 명예를 얻고자 하겠습니까."

왕이 빙긋 웃으며 뼈있는 한마디를 던졌다. 무서운 경고 발언이었다.

"국상은 백성을 위해 죽고자 하는가? 더 이상 뒷이야기가 없기를 바란다."

풍납토성에서 확인된 우물과 물을 길어올린 도기 두레박. 2,000~1,500년전 한성백제인의 일상생활을 가늠해 볼 수 있는 자료이다. 국립문화유산연구원 제공

개로왕의 실착과 문무왕의 판단

391년(진사왕 7), 백제 진사왕(재위 385~392)은 궁실을 중수했다. 단순한 중수가 아니었다. 대대적인 토목공사였다. 연못을 파고 산을 만들어 진귀한 새를 기르고 기이한 화초를 가꾸었다. 화려하고 뛰어난 조경기술을 과시함으로써 왕실의 권위를 높이려는 목적이었을 것이다. 호사스러운 궁궐 중수에는 많은 비용이 투입됐다. 그러나 당시에는 고구려와의 전쟁이 소강상태에 접어들었기 때문에 조달이 가능했다는 분석이 있다.

우연의 일치일까. 혹은 호화로운 궁궐수축 때문에 민심이 이반한 결과일까. <삼국사기>를 보면 진사왕이 궁궐을 수축한 지 불과 한 달 만에 말갈이 백제의 변경을 침략, 적현성을 함락시켰다. 그리고 불과 1년 뒤인 392년(광개토대왕비문의 기록은 396년) 고구려 광개토대왕(재위 391~412)이 4만 대군을 이끌고 침략, 석현 등 10개 성을 함락시켰다. 백제는 요처인 관미성까지 잃었다. <광개토대왕비문>은 이때(396) 백제는 58성 700촌을 빼앗겼다고 기록했다. 더불어 백제는 이때 고구려 광개토대왕에게 "영원한 노객(奴客)이 되겠다."고 무릎을 꿇었다. 백제는 이 결정적인 패배로 고구려와의 건곤일척 싸움에서 주도권을 완전히 빼앗겼다. 고구려는 위축된 백제의 숨통을 완전히 끊으려는 계책을 마련한다. 당대의 바둑 고수이자 승려인 도림을 스파이로 삼은 것이다. 마침 백제의 개로왕(재위 455~475)은 바둑광이었다. 백제 땅으로 흘러 들어간 도림은 개로왕에게 "바둑을 지도하겠다."고 접근한다. 과연 도림은 국수(國手)였다. 개로왕은 도림을 상객으로 모셨다. 개로왕의 마음을 사로잡은 도림은 마각을 드러냈다.

"백제는 천혜의 요새입니다. 한데 성곽과 궁궐이 수축·수리되지 않았습니다. 그뿐이 아니라 백성들의 집들은 자주 강물에 허물어집니다."

개로왕은 그만 "알겠다."고 허락한다. 개로왕은 백성들을 모조리 징발하여, 흙을 쪄서 성(풍납토성)을 쌓고, 그 안에 궁실, 누각, 사대를 지었다. 웅장하고 화려했다.

<삼국사기>는 "이 때문에 국고가 텅 비고 백성들이 곤궁해져 나라가 누란의 위기를 맞았다"고 기록했다. 목적을 달성한 도림은 잽싸게 고구려로 달려가 장수왕에게 고했다. 장수왕은 '옳다구나' 하고 대대적인 침략전쟁을 벌인다. 475년 9월 고구려의 침략에 개로왕은 땅이 꺼지도록 후회한다.

"어리석었구나. 간사한 자의 말을 믿다니…. 백성들은 쇠잔하고 군대는 약하다. 위급해도 누가 기꺼이 나를 위하여 힘써 싸우려 하겠는가."(<삼국사기> 백제본기 개로왕조) 한성백제의 최후는 이렇게 허망했다. 이렇듯 대형 토목공사는 백성들을 도탄에 빠뜨리기 일쑤다. 반면 신라 미추왕(재위 262~283)과

풍납토성 전경과 한성백제박물관에 마련된 풍납토성 모형도. 풍납토성은 둘레 3.5㎞에, 성벽 높이 15m(추정), 폭 43m에 달하는 엄청난 규모이다.

문무왕(재위 661~681)이 어떠했는가. 276년(미추왕 15) 봄 신료들이 대궐을 수축하자는 상소를 올렸다. 그러나 미추왕은 단호했다. "그것은 임금이 백성을 수고롭게 하는 것입니다. 따르지 않겠습니다." 문무왕도 비슷했다. 681년(문무왕 21), 임금이 왕경에 성을 새로 쌓으려 의상대사에게 자문을 구했다. 그러나 의상대사(625~702)의 간언은 단호했다. "들판의 띠집에 살아도 바른 도를 행하면 곧 복된 왕업은 영원히 계속될 겁니다. 사람을 힘들게 해서 성을 만들면 이익되는 바가 없습니다." 문무왕은 의상대사의 이 한마디에 궁궐 신축의 유혹을 뿌리쳤다.

성(城)은 높지만 민심이 더 높다

조선시대의 예를 들자. 1446년(세종 28) 양계(兩界·평안·함경도)에 성을 쌓는 대역사가 펼쳐지자 집현전 직제학 이계전(1404~1459)이 상소문을 올렸다. "변방에 성을 쌓는 일은 나라의 큰 역사인데…. 고아와 과부가 울면서 변방의 성(城)을 바라볼 테니 그 원통하고 원망스러움을 다 말할 수 있겠습니까. 성을 쌓는 일이 만세의 이익이라 하지만, 또한 만세의 폐단이 있습니다. 축성(築城)은 성인(聖人)이라도 반드시 삼가는데 하물며…."

이계전은 "기상이변이 잇달아 일어나 수해와 한발이 백성들을 괴롭히고 있는데, 여기에는 반드시 그 까닭이 있다."며 이같은 상소를 올린 것이다. 세종(1418~1450) 임금도 이계전의 뜻을 알아차리고 다음과 같이 답한다.

"그래. 근래 해마다 흉년이 들어서 백성이 삶을 유지하지 못하니, 사람의 일이 다하지 못함이 있는가 두렵도다. 어찌 백성들의 원망과 탄식이 없겠는가. 일의 완급을 조절해서 백성들의 원망을 사지 말자. 좋은 대책을 마련하라."

또 있다. 1745년(영조 21) 사간원 정언 이훈(1696~?)이 강화도 축성을 반대

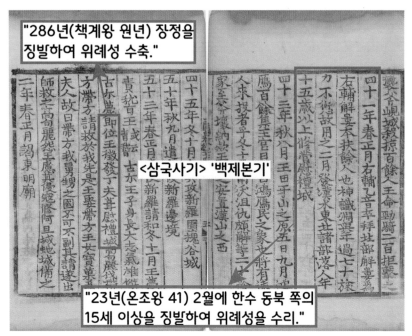

"286년(책계왕 원년) 장정을 징발하여 위례성 수축."

<삼국사기> '백제본기'

"23년(온조왕 41) 2월에 한수 동북 쪽의 15세 이상을 징발하여 위례성을 수리."

<삼국사기>에 성을 수축했다는 기록이 등장한다. 이때 동원된 장정 중에 발자국을 남긴 이가 있었을 지도 모른다.

하는 상소문을 올린다.

"성이 높아서 100척이나 되고 견고하기가 철벽같다 해도 여러 사람의 마음으로 이룬 성만 못할 것입니다(雖使城高百尺 堅如鐵壁 不如衆心之城也)."(영조실록)

숙종 때(숙종 29년·1703) 북한산성의 축조를 반대한 행사직 이인엽(1656~1710)의 상소를 보자.

"비록 높은 성벽이 솟아있다 한들 백성이 진심으로 좇지 않으면 누가 지키겠습니까. 나라를 튼튼하게 하는 방법은 군주의 덕에 있지, 지세의 험준함에 있지 않습니다."(<숙종실록>)

발자국의 주인공이 남긴 메시지

그런 생각이 든다. 만약 백제 진사왕이나 개로왕이 창업주인 온조왕의 신신당부를 들었다면 어땠을까. 그랬다. 온조왕은 기원전 4년(온조왕 15), 위례성을 쌓으면서 후대에 길이 빛날 특명을 내렸다.

"도성은 검소하되 누추하지 않게, 화려하되 사치스럽지 않게 쌓아라.(儉而不陋 華而不侈)"(<삼국사기>)

아마도 진사왕이나 개로왕이나 뒤늦게 온조대왕의 유훈을 깨닫고 땅을 쳤을 것이다. 그러나 이미 때는 늦었으니…. 그랬든 저랬든 한 가지 더 드는 생각. 주야장천 간단없는 노역에 시달려온 백성은 상관없다. 검소했든 화려했든 어떻든 간에 고단한 노역이었을테니까…. 발자국의 주인공 역시 마찬가지였을 것이다. <삼국사기> 기록을 보면 성을 쌓은 지 30년도 안된 기원후 23년(온조왕 41) 15살 이상인 한강의 동북쪽 백성들이 징발됐다. 농사철을 앞둔 2월(음력)에 성을 고쳐 쌓아야 했기 때문이다. 그렇다면 풍납토성에 남긴 발자국의 주인공은 혹 이 분들 가운데 있지 않았을까. 혹은 286년(책계왕 원년) 총동원되어 성을 보수한 장정 중 한 명의 발자국일 수도 있다. 개흙층을 다지는 작업을 벌이다가 아차 실수로 발도장을 찍어놓고는 남이 볼까봐 살짝 덮어버린….

<참고자료>
국립문화유산연구원, <풍납토성 II 동벽 발굴조사보고서>, 국립문화재연구소, 2002
신희권, '삼국시대 축성기법의 정의 및 용어-토성 판축 기법을 중심으로', <풍납토성 축성기술을 푼다>(학술대회 자료집), 국립강화문화재연구소, 2013
박현욱, '북한산성의 군사경관', <북한산성 가치의 재조명 학술 심포지엄 발표문>, 경기문화재단 2017

임진강변의 '작은 풍납토성'은 언제 세워졌을까

'리틀 풍납토성?' '풍납토성의 재림?' 2022년 7월 말 국가유산청 소속 국립문화유산연구원이 아주 심상치 않은 보도자료를 하나 냈다.

임진강변인 경기 파주 육계토성 발굴조사에서 이 토성이 백제 초기(3세기 후반~4세기)에 축조된 사실을 확인했다는 것이었다. 자료를 검토하던 필자의 시선이 꽂힌 부분은 토성을 쌓는 기법이었다. 흙을 다져 높게 쌓아 올리는 '성토기법'도 32m 정도 확인되었지만, 성의 출입구인 성문(동문터) 쪽 18m는 이른바 '판축기법'을 사용했다는 것이었다.

경기 파주 적성 육계토성과 서울 풍납토성. 임진강변(육계토성)과 한강변(풍납토성)에 조성되어 있는 평지성이다. 크기는 육계토성(둘레 1,858㎞)이 풍납토성(둘레 3.5㎞)의 절반 규모이다. 육계토성은 '제2의 풍납토성', '리틀 풍납토성' 등의 별명이 붙어있다.l
국립문화유산연구원 제공

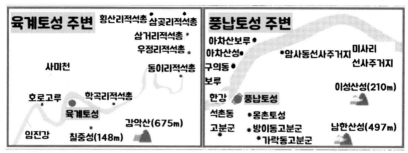

육계토성은 풍납토성의 미니어처라 할만큼 입지조건과 형태가 흡사하다. 강변에 조성되어 있고, 주변에 산과 배후성이 있으며, 지배계급의 무덤인 적석총 등이 분포되어 있다.

임진강변에서 왜 풍납토성이 나와~

'판축(版築)'이 무엇인가. 나무판 등으로 틀을 사각형 형태로 만들고, 그 안에 넣은 흙이나 모래를 층층이 방망이 등으로 찧어 단단하게 쌓아 올리는 축성기법이다. '달구질'이라고도 한다.

그런데 '판축'하면 떠오르는 성이 있지 않은가. 바로 한성백제의 궁성인 '풍납토성'이다. 육계토성의 판축층에서 수습한 목탄의 탄소연대 측정 결과 3세기 후반~4세기 전반으로 추정됐다. 성을 처음 쌓은 초축 연대는 그보다 앞섰을 가능성도 있어 보인다.

요즘 들어 풍납토성의 축성연대를 두고 설왕설래하지만, 초축 연대는 3세기 이전 혹은 3세기 전반일 것이다.

따라서 한강변에 풍납토성을 세운 한성백제의 성 축조기법이 임진강변에 육계토성을 쌓을 때도 그대로 적용됐다는 얘기가 된다.

물론 디테일은 다소 차이가 있다. 풍납토성의 경우 성 전체를 판축기법으로 조성했다.

그러나 육계토성은 더 단단해야 할 성문 부근에 '판축(3.2×3.5m)기법'을, 나머지 부분은 흙을 단순히 쌓은 '성토기법'으로 쌓아갔다. 아무래도 도성(풍납토성)보다는 품이 덜 들어갔다는 얘기다. 아무튼 현장을 본 연구자들은 육계토성의 발굴 성과를 두고 '제2의 풍납토성'이니 '풍납토성의 재림'이니 하는 표현을 쓰고 있다.

전용호 국가유산청 학예연구관은 "아직 발굴을 더 해봐야 육계토성의 초축 연대를 가늠할 수 있다."고 밝혔다.

또 성토 및 판축 부분의 연대 차가 있는 지도 더 알아봐야 한다. 단순히 흙을 쌓은 성토기법이 먼저이고, 후에 더 선진적인 판축기법으로 보완한 것인지도 파악해 봐야 한다.

이 육계토성은 1990년대에 들어서야 '풍납토성의 재림'으로 각광을 받기 시작했다.

육계토성 발굴을 자문했고, 인근 학곡리 적석총의 발굴을 책임진 당시 기전문화재연구원 김성태 연구실장(현 아주대 강사)은 국립문화유산연구원의 본격 발굴이 있기 전부터 '육계토성=리틀 풍납토성'으로 규정한 바 있다. 그것이 2022년 발굴 성과로 밝혀진 셈이다. 이렇게 학계에서는 나름 소문나있던 육계토성은 과연 어떤 성이었을까.

대홍수 때문에 드러난 한성백제인의 삶

예부터 경기 파주 적성 주월리 임진강변에 아주 수상한 성의 흔적이 남아 있었다.

조선의 문인·학자인 미수 허목(1595~1682)은 "사미천(임진강 지류) 변에 만호(萬戶·고려 무관직)가 지키던 보루가 있는데, 맞는지 모르겠다."(<기언별집>)고 했다. 지리지인 <여지도지>(1765)는 "적성현에 둘레 7,692척에 달하는 옛 성(육계토성)이 있고, 성의 초석이 남아있는데, 마을 주민들은 옛 궁궐터라 하

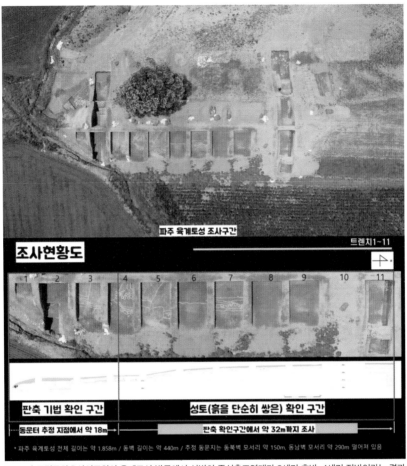

파주 육계토성 조사구간

조사현황도

트렌치1~11

1 2 3 4 5 6 7 8 9 10 11

판축 기법 확인 구간

성토(흙을 단순히 쌓은) 확인 구간

동문터 추정 지점에서 약 18m

판축 확인구간에서 약 32m까지 조사

• 파주 육계토성 전체 길이는 약 1,858m / 동벽 길이는 약 440m / 추정 동문지는 동북벽 모서리 약 150m, 동남벽 모서리 약 290m 떨어져 있음

2022년 국립문화유산연구원의 육계토성 발굴에서 성벽의 중심축조연대가 3세기 후반~4세기 전반이라는 결과가 나왔다. 육계토성의 판축층에서 수습한 목탄의 탄소연대를 측정한 결과이다. 특히 육계토성은 흙을 단순히 쌓은 성토구간과 함께 단단하게 쌓은 판축구간도 함께 확인됐다　　　　　　　　　국립문화유산연구원 제공

지만, 고려 때의 별궁이 아닌가 싶다.”고 했다.

　임진강변에 언제, 누가 쌓았는지 모르는 옛 성터가 남아있는데, 고려시대의 성이라는 추정이 구전되어 왔다는 것이다.

육계토성에서는 판축기법과 성토기법이 함께 쓰였다. 단단하게 쌓아야 할 성문 구간에는 판축으로, 다른 구간은 성토기법으로 쌓았다.   국립문화유산연구원 제공

그러던 1993년 윤무병 충남대 교수(1924~2010)가 '고구려와 백제의 성곽'이라는 글에서 심상치 않은 내용을 얹어놓는다.

"풍납동 토성과 비슷한 성격을 가진 유적이 1곳 있는데 경기 연천 적성읍 서북방에 해당하는 임진강변에 위치하고 있다. 그 존재가 학계에 알려져 있지 않지만, 5만분의 1 지도에 육계토성터라고 표기되고 있다."

윤무병 교수의 간단한 언급 이후 육계토성은 서서히 학계의 주목을 받기 시작했다.

그러던 1996년 엄청난 집중호우가 임진강 유역을 덮쳤다. 340~600㎜나 되는 비가 7월 26~28일 사이에 매일 쏟아졌다. 3일간 내린 강우량은 연평균 강우량의 50%에 달했다.

한 달여가 지난 8월 말 민통선~비무장지대 일대 자연 및 역사 유적에 정통

한 이우형 씨가 홍수로 엉망이 된 지점들을 답사했다. 그런데 수마가 할퀴고 간 육계토성의 바닥층에서 엄청난 양의 토기편과 철제유물들이 노출되어 있는 것을 목도했다.

이우형 씨의 신고를 받은 경기도박물관의 긴급 수습 조사가 이어졌다. 그 과정에서 우여곡절도 많았다.

"경작지니까 빨리 조사해달라"는 주민들의 재촉이 빗발쳤다. 그러나 파면 팔수록 유구와 유물이 쏟아지는 데야 어쩔 도리가 없었다. 게다가 홍수로 마구 떠내려온 지뢰가 유적 전체에 나딩굴어 있었다. 지뢰는 널려있고, 조사 구역은 넓고, 시간은 없고….

경작지를 복구해야 수해에 따른 보상 문제가 해결되는 상황이었으니 주민들의 불만도 쌓여갔다.

그해 12월 한양대박물관의 조사 구역에서 중장비와 덤프트럭이 나타났다. "지금 복토하지 않으면 내년 농사 망친다."는 주민들의 항변이었다. 이때 이 구역 발굴을 책임졌던 당시 한양대문화재연구소 소속 황소희 연구원(작고)이 막 복토를 위한 흙을 쏟아부으려던 덤프트럭을 몸으로 막아섰다. 황 연구원은 '차라리 나를 묻으라'는 듯 트럭 뒤에 앉아버렸다.

육계토성의 판축구간. 한성백제의 도성인 풍납토성은 전체를 판축기법으로 쌓았다.　국립문화유산연구원 제공

덤프트럭이 '방형과 여(呂)자' 형 주거지 바닥면이 잘 남아있는 유구에 흙을 막 쏟아부을 참이었다. 자칫하면 흙더미에 깔릴 판이었지만 다른 생각을 할 겨를이 없었다. 경지정리반도 유적을 사수하겠다는 연구원들의 '항전'에 두 손 들고 말았다.

임진강변에서 보이는 고구려계 적석총

사실 윤무병 교수가 육계토성을 두고 입지가 풍납토성과 비슷하다고 운을 뗀 이유가 있었다.

육계토성과 풍납토성의 항공사진과 지도를 보자. 풍납토성은 북서쪽으로 한강을 끼고 강안을 따라 축조된 평지성이다.

그런데 육계토성 역시 북서쪽으로 임진강이 굽이 돌아가는 강안을 따라 축조된 평지성이다. 두 성 모두 도강이 가장 유리한 교통로의 중심에 자리 잡고 있다.

그뿐이 아니다. 두 성 모두 평지성인 토성이면서 청야수성을 위한 산성을 배후에 두고 있다는 공통점을 갖고 있다.

즉 풍납토성의 배후에 남한산성, 육계토성의 뒤에 칠중성이 버티고 있다. 청야술은 외부 세력이 침공하면 식량과 같은 보급품을 모조리 없앤 뒤 모든 백성이 배후 산성에 들어가 농성하는 전술이다. 고조선과 고구려 등이 한과 수·당 등 중국 세력과의 다툼에서 즐겨 쓴 전술이 바로 청야술이었다.

두 성의 공통점은 또 있다. 인접 지역에 고구려계 적석총이 분포하고 있다. 개풍 장학리(북한)~연천 횡산리~삼곶리~삼거리~우정리 1·2호분~동이리~학곡리 적석총 등 8기가 7㎞ 정도 간격으로 확인됐다. 한탄강의 전곡리 적석총까지 포함하면 9기나 된다.

적석총의 연대는 기원후 1~2세기로 편년된다. 왜 고구려계 적석총이 임진

풍납토성의 판축 복원모형. '판축(版築)'은 나무판 등으로 틀을 사각형 형태로 만들고, 그 안에 넣은 흙이나 모래를 층층이 방망이 등으로 찧어 단단하게 쌓아올리는 축성기법이다.　　　　　한성백제박물관 제공

강변에 보일까.

하북위례성일까

백제의 창업주인 온조왕(재위 기원전 18~기원후 28)과 그 형 비류(생몰년 미상)는 고구려 창업주 동명성왕(재위 기원전 37~기원전 19)의 두 아들이다. 두 형제가 동부여를 탈출하여 졸본부여로 망명한 뒤 고구려를 세운 아버지의 뒤를 이을 것으로 예상됐다.

그러나 어느날 갑자기 동부여에서 태어난 아버지의 첫아들(유리왕·기원전 19~기원후 18)이 나타나자 상황이 변한다. 아버지가 유리를 태자로 세운 것이다. <삼국사기> '백제본기·온조왕'조는 "온조와 비류 세력은 (어느날 갑자기) 태자가 된 유리에게 용납되지 못할 것을 두려워하여 오간·마려 등 10명의 신하들과 함께 남하했다."고 기록했다.

그렇다면 그렇게 남하한 온조·비류 세력의 첫 번째 정착지가 바로 임진강변 육계토성은 아니었을까.

그 남하세력과, 그 후손들이 기원후 1~2세기 순차적으로 묻힌 것이 아닐까. 뭐 이렇게 상상해 볼 수 있다.

풍납토성 인근은 어떨까. 일제 강점기 자료를 보면 석촌동과 방이동·가락동 일대에 근초고왕(재위 346~375)의 무덤으로 추정되는 고분을 포함해서 무려 293기의 적석총이 석촌동과 방이동·가락동 일대에 흩어져 있었다.

또하나 토성 안에 대규모 취락지가 확인된다는 점도 같다. 육계토성 내에는 한성백제 시대의 토기가 포함된 '방형과 여(呂)'자형 주거지들이 확인됐다.

무엇보다 육계토성(둘레 1.858㎞)은 풍납토성(둘레 3.5㎞)의 절반 규모이다. 그래서 육계토성에 '작은(리틀) 풍납토성'이라는 별명을 붙이는 것이다.

이와 관련해서 '육계토성=하북위례성'으로 보는 주장도 있다.

즉 <삼국사기> '백제본기·온조왕' 조는 "기원전 18년 위례성을 도읍으로 삼았다."면서 "(13년 후인) 기원전 6년 '낙랑과 말갈의 침공 때문에 한강 남쪽에 기름진 땅으로 도읍을 옮긴다"고 했다.

육계토성에서는 한성백제 시대의 주거지인 凸자형과 여(呂)자형 주거지가 확인됐다. 도성인 풍납토성에서도 역시 엄청난 규모의 주거지가 보였다.
국립문화유산연구원 제공

따라서 기원전 18~기원전 6년 사이 13년간의 도성을 하북위례성으로, 그 이후의 도성을 하남위례성으로 해석하기도 한다.

그래서 백제 창업 당시의 '하북위례성=육계토성'으로 보는 견해가 나왔다. 물론 아직까지 '육계토성=하북위례성'이라는 결정적인 증거는 아직 포착하지 못했다.

백제의 최전성기를 이끈 기리영 전투

다만 최근 국립문화유산연구원의 발굴 성과로도 의미 있는 스토리텔링이 가능하다.

즉 3세기 중후반~4세기 전반이라는 성벽 축조의 중심연대만으로도 숱한 이야깃거리를 만들어낼 수 있다는 것이다.

우선 무려 53년간 재위하면서 백제 고대국가의 기반을 닦았다는 평을 듣는 고이왕(재위 234~286)을 소환해 본다.

주지하다시피 백제는 마한 소국 54개국을 야금야금 복속시켜 세력을 키워 갔다.

그중 246년(고이왕 13) 8월에 있었던 이른바 '기리영 전투'를 계기로 임진강~한강 사이의 요충지를 차지하는 한반도 중북부의 패자로 발돋움한다. 이때의 <삼국사기>와 <삼국지> 기록은 워낙 복잡하다.

당시 고대국가로 발돋움하던 백제 고이왕의 기준에서 정리해 보자.

즉 한나라는 부종사 오림(생몰년 미상)을 파견, 마한의 8개국을 강제로 낙랑에 귀속시키려 한다. 마한 8개국이 어디일까.

<삼국지> '한전'은 마한 54개국을 나열하면서 첫 번째부터 원양국→모수국→삼외국→소석색국→대석색국→우휴모탁국→신분고국→백제국(伯濟國) 순으로 배치했다. 연구자들은 대체로 <삼국지>가 마한의 북쪽 소국부터 열

육계토성에서 확인된 백제토기류

육계토성 주거지에서 확인된 한성백제 시대 토기류. 고구려에서 남하한 초기백제인들의 삶을 가늠해볼 수 있다.
경기도박물관 조사자료

거한 것으로 해석한다.

이 중 8번째로 나열된 백제국이 주목을 끈다. 그러니까 한나라가 강제로 낙랑에 복속하려 한 마한 8개국은 '원양국에서 한강 이남에서 성장 중인 백제국까지'를 의미한다.

그렇게 한나라가 마한 8개국을 강제 복속시키려고 낙랑·대방군의 군대를 파견하자 마한 제국이 가만 있지 않았다.

마한 제국은 당대 유력 세력으로 부각된 백제국 고이왕을 '신지(臣智·수장 혹은 제사장)'로 추대하면서 마한 연합군을 이끌게 한다. 고이왕은 백제국의 북부 세력 가문의 장수인 진충을 연합군 사령관으로 임명해서 대방군의 기리영을 공격한다.

이것이 기리영 전투이다. 백제 고이왕이 이끄는 마한 연합군은 대방·낙랑군과의 첫 번째 전투에서 대승을 거둔다. 한나라군은 이때 대방 태수 궁준이 전사하는 등 큰 손실을 입었다.

소기의 성과를 이룬 고이왕은 "더 이상의 확전은 곤란하다."면서 전투를 멈추려 했다.

육계토성 한성백제 시대 주거지에서 확인된 각종 유물들

경기도박물관 조사자료

그러나 다른 마한 제국은 고이왕의 말을 듣지 않고 독단적으로 낙랑·대방군과 전투를 계속하다가 대패하고 만다. 이에 고이왕은 지원군을 보내 전멸의 위기에 처한 마한 제국을 구한다. 이 기리영 전투를 계기로 마한은 큰 타격을 입게 되었다.

반면 고이왕의 입지는 더욱 높아져 명실상부한 마한의 패자로 자리매김하게 됐다.

'리틀 풍납토성의 주인은?'

오죽하면 기리영 전투에서 쓴맛을 본 대방군 태수가 자신의 딸(보과)을 백제 태자(책계왕·재위 286~298)에게 시집보냈을까.

대방의 요청으로 결혼동맹을 맺은 책계왕은 즉위하자 마자(286) 대방군이 고구려의 침략을 받자 "대방과 백제는 장인과 사위의 나라이니 그 요청에 응하지 않을 수 없다."면서 지원군을 파견했다. <삼국사기>는 "이때 패한 고구려가 백제를 크게 원망했다."고 기록했다. 백제는 이때부터 삼국 중 가장 먼저 전성기를 이루는 발판을 마련했다고 해도 과언은 아니다.

이때 기원 전후에 비류·온조 등 선조들의 남하 루트이자 첫 번째 정착지였던 바로 그곳, 임진강변에 토성을 쌓았던(혹은 수축) 것이 아닐까. 풍납토성을 연상케 하는….

마한 54개국을 차례차례 병합한 백제는 기본적으로 지방분권제도를 채택했던 것으로 파악된다.

그렇다면 그중에서도 '제2의 풍납토성', 즉 '리틀 풍납토성'을 다스린 세력은 누구일까.

정재윤 공주대 교수는 기리영 전투(246) 때 연합군 사령관을 맡은 진충의 가문을 눈여겨 보고 있다.

<삼국사기>에 따르면 진충(眞忠·생몰년 미상)은 대대로 백제의 북부 지역을 담당한 가문의 후손이다.

기리영 전투(246년 8월)에서 혁혁한 공을 세운 진충이 우보(우의정)로 승진하고, 좌장 자리에 같은 진씨 가문의 인물인 진물이 승진 임명된다. 기리영 전투 발발 6개월 뒤인 247년 2월의 일이다.

그런데 이 진씨 가문은 백제의 북부지역을 관장한 가문이었다.

예컨대 <삼국사기> '다루왕'조는 "기원후 37년(다루왕 10) 북부(北部) 진회를 우보(우의정 역할 추정)로 삼는다."고 했다.

또 "214년(초고왕 49) 북부의 진과가 군사 1,000명을 이끌고 말갈의 석문성을 공격했다."(<삼국사기> '초고왕'조)는 기록도 있다. <삼국사기>에서 보듯 백제의 대성팔족 중의 하나인 진(眞)씨는 백제의 북부지역을 관장한 가문이었던 것이다.

그렇다면 육계토성을 다스린 가문은 대대로 백제 북부지역을 관할했고, 246년 벌어진 기리영 전투에서 혁혁한 공을 세운 진씨 가문이 아니었을까.

물론 '육계토성=하북위례성'이며, 고구려에서 남하한 백제의 왕족이 이 육

육계토성에서 확인된 고구려 토기류

육계토성에서 확인된 고구려 토기들. 396년 광개토대왕의 남침 이후 육계토성은 잠시나마 고구려인들이 차지했던 것으로 보인다.
경기도박물관 조사자료

계토성을 관장했을 것으로 보는 연구자(김성태 아주대 강사)도 있다.

<삼국사기> '비류왕' 조는 "321년(비류왕 18) 왕의 이복 아우인 우복이 내신 좌평으로 임명됐고, 6년 뒤인 327년(비류왕 24) 우복이 북한성을 거점으로 반란을 일으켰다."고 했다. 그런데 <삼국사기>에 등장하는 '북한성'이 바로 한 때는 하북위례성이었던 '육계토성'이라는 것이다. 물론 '진씨 가문설'이나 '백제 왕족설'은 문자 그대로 아직 '설'에 그치고 있다.

백제의 북벌을 위한 거점성

그러나 어떤 경우든 이쯤에서 제기할 수 있는 스토리텔링이 있다.

즉 기리영 전투를 계기로 임진강~한강 유역 사이를 차지하고 전성기를 맞이하게 되는 한성백제가 이제 본격적으로 고구려를 겨냥한 북벌에 나서기 위한 거점성으로 활용하려고 육계토성을 쌓은(혹은 수축한) 것이 아닐까.

이 성을 바탕으로 근초고왕과 그 아들 근구수왕(재위 375~384)이 북벌에 나서 고구려 고국원왕을 전사시키고 백제 최전성기를 이룬 것이 아닐까. 그리고 육계토성의 주거지 내에는 390년 이후에 제작된 것으로 보이는 고구려 토기가 확인됐다.

광개토대왕 비문에 따르면 396년(광개토대왕 6) 고구려가 한성백제를 공격해서 58성 700촌을 빼앗았다.

비문에서 거론된 58성 가운데 2~3번째 성인 구모로성(臼模盧城)과 각모로성(各模盧城) 중 한 개 성이 육계토성이었을 것이다.

어떤가. 이것이 이번 국립문화유산연구원의 육계토성 발굴성과와 역사 기록을 토대로 복원해 본 스토리텔링이다.

발굴 현장을 본 연구자들의 코멘트와 논문, 그리고 그들의 도움말에 따라 한번 이야기를 꾸며봤다. 발굴 결과에 따라 과장이거나 거짓말로 판명될 수도 있음을 분명히 밝혀둔다. 후속 발굴에서 더 이른 시기의 유구와 유물이 확인될 수도 있다.

<참고자료>
백종오·신영문·오강석, <파주 육계토성>(경기도박물관 유적조사보고서 24책), 경기도박물관, 2006
경기역사문화유산원, <경기 학곡리 적석총 보고서>(학술보고서 38책), 2004

김성태, '삼국사기의 북한산성에 대한 역사고고학적 고찰', <북한산성 연구논문집>, 경기학
　　연구센터, 2016
정재윤, '초기백제의 성장과 진씨 세력의 동향', <역사학연구(구 전남사학)> 29권, 호남사학
　　회, 2007
정재윤, '위의 대한정책과 기리영 전투', <중원문화연구> 5, 충북대 중원문화연구소, 2001
윤무병, '고구려와 백제의 성곽', <백제연구총서>3권, 충남대 백제연구소, 1993

부러진 대롱옥 맞춰보니
백제판 '사랑과 영혼'이었다

2003년 9월, 충남 공주 의당면 수촌리에서 농공단지 조성을 위한 사전 발굴조사가 벌어지고 있었다. 조사는 1구역(1,000평), 2구역(300평)으로 나누어 진행했는데, 먼저 발굴한 1구역의 흙무덤에서 뜻밖의 유물이 쏟아져 나왔다. 한국식 세형동검과 꺾창, 창, 도끼, 조각칼 등 청동기 세트가 노출된 것이다. 그러나 그것은 시작에 불과하였다.

이어 실시된 2구역 조사에서는 불과 300평 남짓한 구릉 한편에서 고분 6기가 노출되었고, 거기서 금동관 2점과, 금동신발 3켤레, 중국제 흑갈유도자기 3점, 중국제 청자 2점, 금동허리띠 2점, 환두대도 및 대도 2점 등이 출토되었다.

언론에서 '무령왕릉(1971년) 이후 최대 발굴'이라고 대서특필할 만 했다.

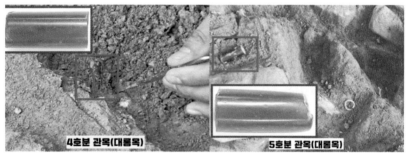

4호분 관옥(대롱옥)　　　　**5호분 관옥(대롱옥)**

2003년 공주 수촌리 2구역 4호분과 5호분에서 부러진 관옥(대롱옥)이 각 1점씩 출토됐다. 처음엔 무슨 의미인지 몰랐지만, 유물 정리 때 눈썰미 좋은 연구자가 그 수수께끼를 찾아냈다.　　　충남역사문화연구원 제공

부절(符節)= 거울이나 대나무·옥 따위로 만들어 신표로 삼던 물건

꼭 맞는 관옥(대롱옥)은 부절(符 節**)**

수촌리 4호와 5호에서 각각 출토된 부러진 관옥. 맞춰보니 꼭 맞았다. 사랑의 징표로 삼았던 신표일 가능성이 짙다.
충남역사문화연구원 제공

농공단지 터는 하룻밤 사이에 사적으로 지정됐고, 그 주변을 대상으로 한 발굴조사가 계속 이어졌다.

범위를 넓혀 진행된 발굴에서 확인된 2구역의 7~8호 고분에서도 높은 위계의 유물이 출토되었다. 7호에서는 환두대도와 함께 각종 말갖춤새, 8호에서는 금동신발과 누금제 귀고리 등이 출토되었다.

2구역의 발굴성과를 통해 5세기 중엽 초중반 기원후 5세기까지의 생활상을 일목요연하게 짐작할 수 있게 된 것이다.

우선 무덤 조성 양식의 변화가 흥미로운데, 가장 중요한 것은 흙무덤(마한)과 돌무덤(백제)의 차이다.

충청도나 전라도의 토착 세력, 즉 마한 사람들은 흙무덤(토광묘)을 쓰고 있었다. 그러나 한성백제가 마한을 복속시키면서 점차 백제식 돌무덤이 전파되었다.

수촌리 무덤(2구역)을 살펴보면 1~2호분의 주인공은 흙무덤에 나무곽을 쓴 덧널무덤(토광목곽묘)을 썼다. 마한의 전통을 이었다는 의미다. 연대는 기원후 390~400년으로 판단되었다. 2011년 확인된 7~8호는 구덩식 돌덧널무덤(수혈식 석곽묘)로 조성되었다. 구덩이를 파고 위에서 시신을 묻는 양식으로 연대는 400~420년으로 추정된다.

발굴결과 4호와 5호에 묻힌 주인공은 부부로 짐작됐다. 두 사람은 금슬 좋은 부부의 정을 죽어서라도 간직하고 픈 마음에 반으로 자른 관옥(대롱옥)을 각각의 무덤에 묻어달라고 했을지도 모른다. 저승에 먼저 간 그 사람을 찾아가 부러진 관옥을 맞춰볼 마음이었을 수도 있다.   충남역사문화연구원 제공

2003년 농공단지 조성을 위한 사전발굴을 벌인 수촌리 2구역에서는 불과 300평 남짓 되는 곳에서 시기 차가 있는 6기의 무덤이 노출되었다.
충남역사문화연구원 제공

그 뒤를 이은 무덤이 3호(앞트기식 돌덧널무덤·횡구식석실묘)로 돌덧널무덤을 만든 뒤 앞쪽 벽을 터서 시신을 묻었다. 이 3호 무덤의 연대는 430년 무렵으로 추정된다. 마지막으로 조성된 무덤은 4~5호(굴식돌방무덤·횡혈식석실분)로 무덤방으로 들어가는 널길을 만든 뒤 돌로 쌓아 만들었고, 연대는 440~450년으로 짐작한다.

정리하자면 1~2호(덧널무덤·390~400년)→7~8호(구덩식 돌덧널무덤·400~420년)→3호(앞트기식 돌덧널무덤·430년)→4~5호(굴식 돌방무덤·440~450년)으로 무덤 양식이 이어진 것이다.

1호분 출토 금동관 **4호분 출토 금동관**

수촌리 2구역의 1호분과 4호분에서 금동관이 각 1점씩 출토됐다. 가장 이른 시기의 백제 금동관이다. 한성백제 중앙정부가 수촌리 토착세력에게 내려준 하사품일 가능성이 크다. 충남역사문화연구원 제공

백제 중앙정부의 하사품

여기서 두 가지 착안점이 확인된다. 하나는 조상 대대로 이어온 가족묘라는 이야기인데, 4세기 후엽~5세기 중·후반에 이곳 수촌리 인근을 다스렸던 수장의 가족묘라는 것이다. 금동관과 금동신발, 중국제 도자기 등을 껴묻이할 정도의 위상을 지닌 가문이었을 것이다. 그럼 금동신발의 제작자는 누구일까. 연구자들은 대체로 백제 중앙정부가 지방 세력 지도자(공주 수촌리·고창 봉덕리·나주 정촌·나주 복암리 등)들에게 하사한 일종의 위세품이라고 해석하고 있다.

따지고 보면 마한 입장에서 백제는 배은망덕한 나라이다. 이복형(고구려 유리왕)에게 쫓겨 내려와 '집도 절도 없던' 온조왕에게 땅까지 주며 거둬주었더

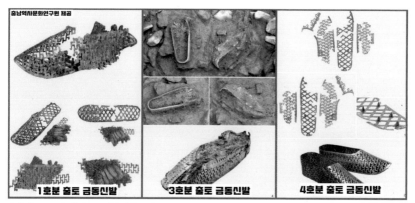

충남역사문화연구원 제공

1호분 출토 금동신발　　3호분 출토 금동신발　　4호분 출토 금동신발

수촌리 1·3·4호분에서 금동신발이 출토됐다. 이 역시 가장 이른 시기의 백제 금동신발이다.

니, 야금야금 땅을 빼앗아 결국 마한 50여 개 소국을 모두 차지해버리고 말았으니 말이다. 그러나 굴러온 돌인 백제로서는 그런 마한 땅을 직접 통치하기는 쉽지 않았다. 그 지역의 토착세력, 즉 옛 마한 수장급의 후예들로 하여금 해당 지역을 통치하도록 한 것이다. 이른바 간접 지배의 형태로…

<광개토대왕 비문>에는 "396년 광개토대왕이 백제를 치고 58성, 700촌을 빼앗았다."는 기록이 나온다. 백제가 성(城)과 촌 단위로 조직되었음을 알려주는 단서이다. 백제는 광개토대왕의 침략(396) 이후 국세가 위축될 수밖에 없었다.

바로 이 무렵 백제 중앙정부가 금동관이나 금동신발 같은 '위세품'을 사여하여 지방 세력의 이탈을 막는 한편 그들을 매개로 거점 지역을 간접 지배했다는 견해가 유력하다.

<송서> '백제전' 및 <남제서> '백제전'은 "백제는 국가에 일정한 공로를 세운 자를 예우하기 위해 왕(王)·후(侯)제도를 두었다."고 하였다. '작호제(爵號制)'라 할 수 있는데, 수촌리 가문이 바로 그 경우가 아니었을까.

충남역사문화연구원 제공

수촌리 발굴 중국제 흑갈유도자기와 청자

수촌리 2구역에서 확인된 중국제 흑갈유도자기와 청자. 4~5세기 중국과의 교류상황을 일러주는 동시에, 고분의 위상이 높았다는 사실을 웅변해주고 있다.
충남역사문화연구원 제공

2003년 수촌리 2구역에서 금동관과 금동신발, 중국제 자기 등 최상위의 유물이 쏟아지자 사적으로 지정되었으며, 발굴조사지역이 확대되었다. 그중 부부묘로 추정되는 7,8호분 가운데 부인묘로 보이는 8호분에서 금동신발 1점과 누금제 등 높은 위계의 유물이 쏟아져 나왔다.

마한의 후예, 즉 공주를 기반으로 성장한 지방 귀족 가문일 수 있다는 것이다.

물론 2구역 외의 주변 지역에도 수촌리 가문과 같은 양식(흙무덤→구덩식 돌덧널무덤→앞트기식 돌덧널무덤→굴식 돌방무덤)의 가족묘가 잇달아 발굴되기는 했다. 그러나 다른 쪽에서는 금동관과 금동신발 같은 높은 위상의 유물이 보이지 않았다.

심지어 세형동검 등 청동기 세트가 확인된 1구역에서 잇달아 확인된 백제 무덤들에서도 마찬가지였다.

결국 수촌리 2구역 쪽이 이 지역의 최고지도자 가문이었다는 뜻이다.

500~600년 전 세형동검 등 청동기 세트를 껴묻이한 가문은 어느 순간에 몰락한 집안일 수도 있다는, 뭐 그런 상상력도 동원해본다.

부러진 사랑의 정표를 맞춰보니…

또 하나 흥미로운 점은 수촌리 고분은 주로 부부묘였다는 것이다.

인접한 곳에서 같은 양식끼리 조성된 1~2호(덧널무덤)과 7~8호(구덩식돌덧널무덤), 4~5호(굴식돌방무덤)가 그렇다.

단적인 예로 1호분이 금동관과 금동신발, 환두대도 등으로 무장한 남성이라면 2호분은 화려한 머리장식 구슬과 목걸이가 출토되었다. 7~8호와 4~5호도 비슷한 양상의 유물들이 조합되어 있었다.

그런데 2004년 여름, 수촌리 2구역의 출토유물을 정리하고 있던 발굴단

(충남역사문화연구원) 소속 연구원이 깜짝 놀랄만한 발견을 하였다. 즉 4호와 5호묘에서 부러진 관옥(구멍 뚫은 대롱 모양 구슬)이 1점씩 출토됐는데, 그 형태가 너무 비슷했다.

그래서 맞춰보았다니 세상에, 꼭 맞았단다. 그것은 '부절(符節·돌과 대나무, 거울, 옥 따위를 잘라 신표로 삼던

수촌리 2구역에서는 4세기 후엽부터 5세기 중후반까지의 무덤이 차례로 조성되어 있다. 이 무덤들이 조상 대대로 이어진 가족묘일 가능성이 짙다.
충남역사문화연구원 제공

수촌리 고분의 특징은 같은 양식의 고분끼리 짝을 이루고 있다는 것이다. 두 무덤의 주인공은 동시대를 살았던 부부 무덤일 가능성이 크다. 1호분과 2호분은 덧널무덤의 주인공들이 묻혔다. 시대는 390~400년 무렵으로 추정된다.   충남역사문화연구원 제공

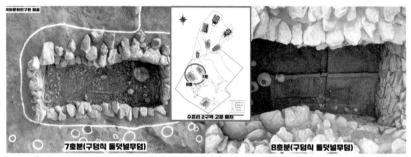

2011년 추가조사된 7호분과 8호분은 구덩식돌덧널무덤이었다. 400~420년 사이를 살았던 부부묘로 추정된다.
충남역사문화연구원 제공

것)임이 틀림없었다. 부절의 대표적인 사례는 바로 고구려 유리왕(기원전 19~기원후 18)이다.

아버지인 동명성왕(주몽·기원전 37~기원전 19)이 부여에서 탈출할 때 부인(예씨)이 아들(유리)을 잉태하고 있었다. 그렇게 태어난 아들 유리는 훗날 아버지가 '부절'로 숨겨놓은 부러진 칼을 찾아 졸본부여 땅에 있던 아버지를 찾아갔단다(기원전 19).

칼을 맞춰보니 틀림없는 부자 사이였고, 동명성왕은 뛸 듯이 기뻐하며 유리를 태자로 책봉하게 되었다(<삼국사기> '고구려 본기·유리명왕조'). 또 하나의

3호분(앞트기식 돌덧널무덤)

430년 무렵 조성된 것으로 보이는 3호분.　　　　　　　　　　　충남역사문화연구원 제공

4호분과 5호분은 굴식돌방무덤이었다. 무덤방으로 들어가는 널길을 만든 뒤 돌로 쌓아 만들다. 440~450년 무렵 묻힌 부부 무덤으로 짐작된다.　　　　　　　　　　　충남역사문화연구원 제공

사례가 신라 총각 가실과 설씨녀 이야기다(<삼국사기> '열전·설씨녀').

　가실 총각은 동네 소녀 설씨녀를 연모하고 있었는데, 어느 날 설씨녀의 아버지가 늙은 나이에 전쟁터에 나가게 생겼다는 사실을 알게 되었다. 총각은 설씨녀를 찾아 "이 몸이 아버님의 군역을 대신하기를 원한다."고 말한다.

가실이 눈물나도록 고마웠던 설씨녀와 그 아버지는 "그럼 혼례를 치르자."
고 제안하였다. 그러나 가실은 "군역을 마친 뒤에 혼례를 치러도 늦지 않을
것"이라고 미뤘다. 그러면서 설씨녀와 가실은 거울을 반으로 잘라 반씩 나눠
가졌다.

"이것은 신표로 삼는 겁니다. 다시 만나는 날 합쳐 봅시다."

그러나 약속한 3년이 지날 무렵 공교롭게도 나라에 변란이 일어나는 바람
에 군역을 마칠 수 없게 되었다. 6년이 지나도록 가실이 돌아오지 않자 설씨
녀의 아버지가 "이제 더 기다릴 필요가 없다."고 다른 남자와의 혼인을 권유
하였다.

설씨녀는 "신의를 버릴 수 없다."고 거절했지만, 늙어서 정신이 혼미해진
아버지는 다른 남성과 강제 혼인을 추진하였다.

병든 아버지 때문에 도망도 치지 못한 설씨녀는 가실이 남겨두고 떠난 말
을 보면서 눈물을 흘릴 뿐이었다.

그때 삐쩍 마른 가실이 남루한 옷차림으로 돌아온다. 가실이 설씨녀를 보
고 '깨진 거울'을 던지니 설씨가 그것을 주워 들고 큰 소리로 울었다. 두 사람
의 사랑은 이렇게 해피엔딩으로 끝난다.

그렇다면 수촌리 부부는 어떨까. 남편이 묻힌 4호분은 규모도 가장 크지
만, 부장품이 가장 화려하였다.

금동관과 금동신발을 물론 은장식대도, 닭머리장식 항아리 등 중국자기 4
점과 각종 말갖춤새가 발견되었다. 수촌리 가문에서도 가장 화려한 삶을 살
아간 수장이었을 것이다.

한 가지 재미있는 포인트는, 이 4호분에서 발견된 중국자기 세트를 보면
항아리·주전자·병·잔 등으로 구성되어 있는데, 한눈에 봐도 수입 명품으로
차린 술상 같다. 이 지역을 다스린 지도자가 술을 어지간히 좋아했다는 이야

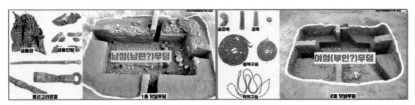

1호 덧널무덤에 묻힌 피장자가 지니고 있던 유물. 금동관, 금동신발, 둥근고리 큰칼로 미루어보아 무덤 주인공은 남성으로 추정된다. 반면 2호 덧널무덤에서 출토된 유물은 굽은옥(곡옥), 관옥 등과 함께 청색 및 적색구슬류가 다량 확인됐다. 1호 무덤의 부인으로 추정된다. 두 주인공이 묻힌 연대는 390~400년 사이로 추정된다.

충남역사문화연구원 제공

기일까. 5호분은 그분의 부인이다.

그렇다면 수장 부부의 무덤에 한점씩 묻어놓은 부러진 관옥은 무엇을 의미하는 걸까.

금슬 좋은 부부의 정을 죽어서라도 간직하고픈 마음에 묻어달라고 했을까. 혹은 먼저 간 남편(혹은 아내)의 머리맡에 옥을 부러뜨려 고이 넣고는 자식들에게 말했을지도 모르겠다.

"나 죽으면 나머지 부러진 옥을 내 머리맡에 놓아주거라. 그 사람(이)을 하늘에서 만나 맞춰보게…."

혹은 술을 어지간히 좋아했던 남편이 부인을 위해 '죽어서는 맹세코 술을 마시지 않겠다'고 다짐한 부절일 수도 있겠다.

뭐 고고학적인 상상력이다.

수촌리로 시집온 백제 공주의 무덤인가

수촌리에는 또 하나의 스토리가 숨어있다. 바로 2011년에 발굴된 7~8호 부부 무덤인데, 7호는 은으로 상감한 둥근고리큰칼이 부장되어 있어서 남성 무덤으로 추정된다. 그런데 부인의 무덤으로 짐작되는 8호묘는 7호묘 보다 덧널(석곽)의 크기가 더 크고 정교하며 부장품도 훨씬 화려하다.

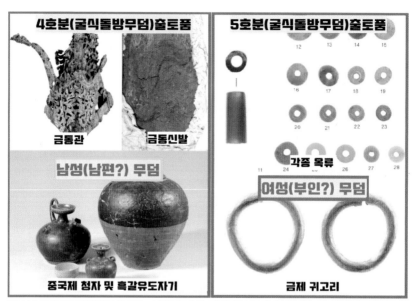

역시 부부묘(굴식돌방무덤)로 추정되는 4호분과 5호분. 이 경우엔 금동관과 금동신발, 중국제 청자 등을 같이 묻어준 4호의 주인공은 남편이며, 신분이 수장급으로 추정된다. 각종 옥류와 금제귀고리가 출토된 5호분의 주인공은 부인으로 짐작된다.

충남역사문화연구원 제공

수촌리 7호묘에서 '은상감 둥근고리칼'이 노출된 장면. 피장자가 남성일 가능성을 웅변해주고 있다. 그러나 그 외에는 별로 내세울 것이 없는 유물들이 나왔다. 이 남성의 신분이 그리 높지 않다는 것을 시사해준다.

충남역사문화연구원 제공

누금제 귀고리(금일 혹은 금알갱
이를 알알이 붙인 기법)

금동신발

8호분의 주인공은 높
은 신분의 여성일 가능
성이 큼. 백제 왕가가
수촌리 가문에게 시집
보낸 공주일까.

8호분

구슬류

8호분의 주인공은 무덤의 규모나 출토유물의 격을 봐도 곁에 묻힌 남편(추정)보다 높은 신분의 여성인 것으로 보인다. 주인공이 여성으로 추정되는 8호분에서는 금동신발과 함께 당대 백제 예술의 진수를 보여주는 누금제 귀고리 등이 확인됐다. 8호분의 주인공이 백제 왕가가 수촌리 지방세력 지도자 가문에게 시집보낸 공주일 수도 있다는 연구도 나왔다.　충남역사문화연구원 제공

즉 남편 무덤에서는 보이지 않는 금동신발과 함께 누금(鏤金) 기법을 사용한 금제귀고리와, 은장 옻칠 장식품 등 격이 높은 부장품들을 껴묻이하였다. 누금은 가는 금실이나 금알갱이를 알알이 붙여 섬세한 무늬를 표현하는 금속세공기법이다.

8호에서 확인된 누금 금제귀고리는 1호와 4호 등 금동관이 출토된 수장급 남성 무덤의 귀고리보다 격이 훨씬 높다.

그렇다면 8호에 묻힌 여성은 누구일까. 발굴을 책임졌던 당시 이훈 충남역사문화연구원 실장은 "이 여성이 혹시 백제 중앙에서 시집온 분일 수도 있다."고 조심스럽게 추정하였다. 백제 중앙에서 온 분이라면 백제 공주일 수도 있다는 건데, 이 역시도 고고학 발굴성과에 따른 그럴듯한 상상이다.

여성 무덤들인 2호와 8호 등에서도 특이한 점을 발견할 수 있었다. 피장자의 머리와 상반신을 굽은옥과 마노, 유리 등으로 제작한 다양한 색깔의 구슬로 치장하고 있었다. 두 피장자 모두 구슬로 머리를 묶거나 장식하였으며, 목

걸이에 곡옥을 매달았는데, 옷에 구슬을 꿰거나 묶어 장식한 것으로도 추정된다. 또한 팔목과 발치에서도 구슬이 출토되었다.

"구슬을 귀한 재물로 여겨서 옷에 꿰매어 장식하기도 하고, 혹은 목에 매어 달거나 귀에다 늘어뜨리기도 했다."는 <삼국지> '위서·동이전·한조'의 기록과 부합되는 결과다. 그런 마한 여성의 전통이 5세기 백제시대까지 이어진 것이라 할 수 있겠다.

일본, 중국의 흔적까지

뭐니 뭐니해도 수촌리 유물이 백미는 금동관인데, 1호와 4호에서 각 1점씩 확인되었다. 이는 지금까지 발굴된 금동관 가운데 가장 이른 시기에 제작(1호는 4세기 말, 4호는 5세기 초반)된 것이다. 백제 금동관은 이 수촌리부터 나주 신촌리 출토품까지 일관된 계통성을 가지고 있다. 한마디로 백제 중앙이 제작해서 각 지방에 하사했다는 뜻이다. 게다가 이 수촌리 출토 금동관은 일본 규슈(九州)의 에다후나야마(江田船山) 고분 출토품과 유사하다. 당대 백제의 영향력이 일본 열도까지 미쳤다는 반증이 되는 것이다. 여기에 중국(동진)제 자기까지…. 1,600년 전 백제 중앙-지방, 백제-일본-중국 등을 잇는 국제교류의 흔적을 공주 수촌리에서 찾을 수 있었다.

<참고자료>

이훈, '금동관을 통해 본 백제의 지방통치와 대외교류', <백제연구> 55권, 충남대 백제연구소 2012

이훈, '백제문화 활성화 방안 ; 묘제를 통해 본 수촌리유적의 연대와 성격', <백제문화> 33권 33호, 충남역사문화연구원, 2004

이훈, '공주 수촌리 유적', <백제문화> 32권, 공주대 백제문화연구소, 2003

이창호, '공주 수촌리 유적 출토 세형동검에 대한 일고', <역사와 담론> 56권56호, 호서사학회, 2010

포클레인 삽날에 찍힌
석촌동 백제왕릉

옛 조상들은 마을 이름을 괜히 짓지 않았다. 그 유래를 파보면 뭔가 역사의 곡절을 담고 있다.

서울 송파구 석촌동이라는 마을도 그렇다. 돌이 많은 고을이라 해서 석촌(石村)이라 했다. 실은 좀 이상하다. 지금의 송파구 일대는 원래 돌과는 별 관계가 없는 드넓은 충적평야였다. 경기 광주군 중대면에 속한 지역이었지만 1963년 서울로 편입된 곳이다. 그래서 예전엔 이 일대를 광주평원이라 했다. 그런데 왜 '돌의 고을'이라는 이름을 얻었을까. 더불어 석촌의 언덕배기를 오봉(五峰)이라 했다는 이야기도 흥미롭다. 돌무더기가 5개의 작은 봉우리를 이룰 정도로 쌓였다 해서 그런 이름이 붙었다. 이 5개의 큰 봉우리는 바로 백제 적석총이었다. 규모가 큰 것만 5개였다.

버림받은 온조가 망명한 땅

1916년 조선총독부가 발간한 <조선고적도보>를 보면 89기(토총 66기, 적석총 22기)의 백제 고분이 표시돼 있다. 이것을 토대로 1919~1920년 사이 정밀 조사한 결과 석촌동, 방이동, 가락동 일대에 293기 이상의 백제고분이 분포한 것으로 드러났다. 그러나 석촌동을 포함한 이들 지역의 백제고분은 1970년대 초까지 방치되었다. 방치 정도가 아니라 '오봉' 위에 무허가 민가들이 들어설 정도로 마구잡이로 훼손되었다. 오봉 중 하나는 완전히 사라졌고, 3호와 4호 고분도 곧 사라질 위기에 놓였다.

1974년 가을 김원룡 교수가 이끈 서울대박물관 발굴단이 3·4호분을 긴급 발굴조사했다. 그 결과는 국내성(桓仁) 인근의 고구려 적석총과 유사한 백제 적석총의 구조와 축조양식을 확인했다. 고구려와 백제 임금의 조상은 같은 부여 출신이었으니 무덤 구조와 양식이 같을 수밖에…. <삼국사기>가 이를 확인해준다.

"온조의 아버지는 추모(鄒牟·주몽)다. 북부여 출신인 추모는 난을 피해 졸본부여에 이르렀다. 추모는 졸본부여 왕의 둘째 딸과 혼인해서 아들 둘(비류와 온조)을 낳았다.(추모가 졸본부여의 과부인 소서노와 혼인했다는 이야기도 있다. 소서노에게는 이미 아들인 비류와 온조가 있었는데 추모는 마치 친자식처럼 여겼다고 한다.) 졸본부여왕이 죽자 추모는 왕위를 이었다. 추모는 비류를 태자로 염두에 두었다. 문제가 생겼다. 북부여 시절 추모가 조강지처와의 사이에 낳은 아들(유리)이 아버지를 찾아 나타난 것이다. 뛸 듯이 기뻐한 추모는 적장자인 유리를 태자로 세웠다. (후계 구도에서 밀린) 비류와 온조는 오간·마려 등 신하 10명과 함께 남한으로 망명했다. 기원전 18년이다."

석촌동 3·4호분의 구조와 양식을 확인한 이병도·김원룡·김철준·이기백·최영희 등 당대 내로라하는 학자들이 총출동한 학술대회까지 열었다.

그들은 "백제 초기 지배층이 고구려 유민이라는 <삼국사기> 기록이 맞다."고 흥분했다. 그러나 흥분에 걸맞은 후속 조치는 없었다.

물론 정부는 이듬해(1975년) 3~5호 적석·봉토분 등 1,513평을 사적으로 지정했다. 일제강점기의 조사를 감안한다면 훨씬 넓은 범위를 지정해야 했지만, 너무 찔끔 보존한 것이다. 게다가 3호분의 윗부분에 들어선 10여 가구의 무허가 건물을 그대로 둔 채 지정한 것이다.

당시 발굴자인 김원룡 서울대박물관장은 "정부가 경주·부여의 고적보존에만 신경 쓸 게 아니라 서울의 백제고분도 각별한 관심을 기울여야 한다."고

1983년 5월 석촌동 고분 사이를 뚫는 도로확장공사 때 포클레인 삽날로 잘린 단면에서 백제시대 인골이 드러났다. 이형구 한국정신문화원교수가 그 참혹한 광경을 발견했다.　　　　　이형구 교수 제공

호소했다. 그러나 그 외침은 공허한 메아리가 됐다. 만약 그때 지정영역을 넓혔다면 40여 년이 지난 지금 한성백제 시기의 고분군이 아쉬운 대로 남아 있었을 것이다.

참혹한 한성백제의 파괴 현장

좋은 기회를 놓친 석촌동 고분은 더욱 훼손의 나락에 빠진다. 1970년대 말부터 강남 개발의 광풍이 휘몰아쳤다.

급기야 1981년 석촌동 3호분과 4호분 사이를 관통하는 폭 25m의 도로공사가 확정됐다. 석촌로(백제고분로) 공사였다. 게다가 사적지정구역 1,500여 평 이외는 도시계획에 포함됐다. 바야흐로 석촌동 고분의 마구잡이 훼손이 시작된 것이다. 설상가상으로 1983년 봄부터 도로 확장 공사가 시행됐다.

1917년 <조선고적조사보고>에 실린 석촌리 1분(석촌동 3호분)의 사진. 초가집 뒤로 3호분이 보인다. 5~7단으로 쌓아 올린 적석총으로 보이며 높이는 6m 정도로 추정된다. 이 3호분의 주인공은 근초고왕이라는 주장이 있다.

　　1983년 5월 25일 이형구 한국정신문화원 교수가 석박사 과정 학생 17명을 이끌고 현장을 찾았다. 그때였다. 학생들과 함께 3호분 동쪽 15m 지점에 있는 민가 주변을 살피던 이형구 교수는 차마 눈 뜨고 볼 수 없는 참상을 목격했다. 왕릉급 고분이 확실한 3호분의 기단부가 잘려 나갔고, 무덤의 남쪽 석축 상당 부분이 흔적도 없이 사라진 것이다. 약 10m 폭의 판축 흙을 불도저와 포클레인 삽날로 밀어버렸는데, 잘린 단면에서 처참한 광경이 목격됐다. 한성백제 시기의 것으로 보이는 옹관까지 잘려 나간 흔적이 보인 것이다. 곁을 살피자 더 참혹한 광경이 나타났다.

　　"백제 고분이 3분의 2 가량 잘려 나가면서 그 안에 안장돼있던 백제인의 유골들이 포클레인 날에 찍혀나간 흔적을 보았습니다. 잘려 나간 판축에서 갈비뼈와 다리뼈가 보였습니다. 가슴이 찢어지는 것 같았습니다. 4호분을 돌아봤습니다. 고분의 판축이 역시 파괴되었습니다. 무덤으로 들어가는 길(묘도)과 무덤방(묘실) 역시 마찬가지였습니다. 마치 분화구 같이 파였습니다."

기댈 곳은 언론밖에 없다

그뿐이 아니었다. 1974년 서울대박물관의 발굴 때 확인된 백제시대 주거지는 흔적도 없이 사라져버렸다.

기막힌 일이다. 가깝게는 수백 년, 길게는 수천 수만 년 동안 땅속에 잠자고 있던 유물과 유적은 단 한 순간의 실수로도 파괴될 수 있다. 그러면 끝장이다. 수백, 수천 아니 수만 년의 역사가 송두리째 사라져버리는 것이다. 그래서 제대로 된 고고학자라면 고고학 발굴조차 파괴행위라 여겨 발굴에 신중에 신중을 기한다.

그러나 만약 개발에 눈이 멀게 되면 말 그대로 눈에 보이는 게 없다. 아무리 유적 보존을 강조해도 소용없다.

개발에 눈이 먼 행정기관이나 주민들에게 이야기해봐야 소용없는 일이 아닌가. 묘책을 떠올렸다. 기댈 것은 언론뿐이었다. 이튿날 밤 KBS 사회부 이명구 기자에게 전화를 걸어 '석촌동의 참상'을 알렸다. 백제시대 고분은 물론 백제 인골까지 무참하게 파괴된다는 소식처럼 좋은 취재거리는 없었다.

5월 27일 오전 KBS 카메라가 출동해서 옹관과 인골 등이 노출된 기막힌 현장을 찍었다. 이 사실이 그날 밤 KBS와 이튿날 경향신문 등 언론보도로 알려졌다. 그러자 문화공보부(현 문화체육관광부)가 반응을 보였다. 토요일인 5월 28일 허문도 문화공보부 차관이 이형구 교수를 찾았다.

"허문도 차관의 고향이 경남 고성입니다. 게다가 허 차관이 조선일보 일본 특파원 시절 임나일본부에 관심이 컸다는 것을 알고 있었죠. 경남 고성은 일본이 주장한 임나일본부의 중심지 중 한 곳이니까. 그래 내가 '석촌동 백제고분을 제대로 복원하고 관리하는 것은 곧 일본의 임나일본부 주장에 대처하

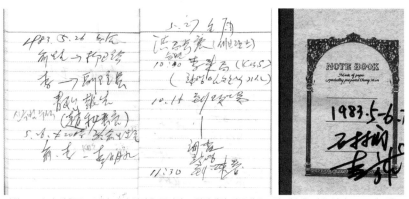

이형구 교수가 석촌동 고분의 파괴 현장을 목격하고 청와대와 언론에 호소한 내용을 적은 일지. 1983년 5월~6월 사이 숨 막히는 석촌동 보존의 역사를 기록한 일종의 사초라 할 수 있다.

는 것'이라고 했죠."

그러자 허문도는 "도와줄 것이 있느냐."고 물었다. 이 교수는 "학술적인 뒷받침이 필요하다. 학술대회를 열도록 해달라."고 요청했다.

이형구 교수가 소속된 한국정신문화연구원은 정부출연기관이었다. 따라서 학술대회를 열려면 정부의 도움이 필요했다. 허문도 차관은 "적극 돕겠다."고 약속했다. 한국정신문화연구원 주최 학술대회는 7월 6일로 예정돼 있었다. 그 사이 도로공사는 중단되지 않았다.

당시 문화재관리국(현 국가유산청) 등의 소극적인 대처가 문제였다. 이형구 교수를 비롯한 몇몇이 나서 막아서기엔 역부족이었다. 심지어 어떤 문화유산전문위원은 "찍혀 나간 인골은 왕릉이 아니라 민묘에서 나온 것 아니냐"고 대수롭지 않은 듯 평가했다.

이형구 교수가 홀로 공사현장을 찾아 온몸으로 막아섰다. 이 교수는 당시의 안타까웠던 하루하루를 복기해 본다.

"도로공사가 강행됐습니다. 서울시가 주체가 된 개발계획이 쉽게 중단될

백제 왕릉 파괴의 현장. 무자비한 도로공사로 석촌동 3호분과 4호분이 훼손됐다. 이형구 교수가 막아섰지만, 공사는 강행됐다. 공사 후 석촌동 3호분의 돌무더기가 노출되어 있는 장면이다.

리 없었습니다. 제가 포클레인 앞을 막아서 공사를 저지했습니다. 그러나 소용없었습니다. 6월 27일 야밤을 틈타 포장공사를 완료해버렸습니다."

기적적인 보존의 전말

그런 우여곡절 끝에 학술대회가 열리고, 참석한 30여 명이 건의문을 작성해서 청와대를 비롯한 관계기관에 보내자 상황이 달라졌다.

각 언론이 다투어 학술대회 소식을 자세히 전하고 백제 유적의 보전문제를 다루기 시작했다. 이 교수는 백제 왕릉급 고분인 3호분을 잘라내고 지나가는 석촌로(백제고분로)를 지하로 뚫자는 의견을 각계에 전했다. 지상은 3·4호분을 연결해서 이 일대 사방 1㎞를 백제유적보존지구로 설정하자는 것이었다.

결국 소장 학자의 몸을 던진 보존 노력이 결실을 맺었다. 문화유산위원회가 사적의 지정 면적을 기존 1,513평에서 4,928평으로 넓히는 것으로 결정했다.

정부는 한술 더 떴다. 2년 뒤인 1985년 7월1일 정부는 석촌동 고분을 포함한 강남 일대의 '백제유적보존령'을 내렸다. 석촌동·방이동 고분군과 몽촌토

결국 2년여의 노력 끝에 석촌동 고분군이 복원되어 보존이 성사됐다. 3~4분 사이를 관통했던 도로(백제고분로)는 지하차도로 바뀌었다. 석촌동을 비롯한 한성백제 유적이 대대적으로 정비되었다.　　　　　이형구 교수 제공

성 등에 519억원을 들여 정비하고, 백제왕릉으로 추정되는 석촌동 고분군은 1,513평의 사적면적을 10배가 넘는 1만7,000평으로 확대한다는 것이었다.

특히 유적지를 횡단한 35m 도로를 지하차도로 바꾸고, 갈라진 지상의 고분 영역을 하나로 연결하였다. 이것이 지금 석촌동 3호분의 밑 지하를 지나고 있는 백제고분로이다. 지하의 백제고분로 밑으로는 다시 지하철 9호선이 지나가고 있다. 당시 백제의 도성 영역인 몽촌토성 역시 대대적인 보수에 나섰다.

1990년대 중후반까지 몽촌토성은 한성백제의 왕성으로 각광을 받았다. 반면 풍납토성은 석촌동·몽촌토성에 비해 '덜 급하다'는 이유로 5억 원 보수정비에 그쳤다.

석촌동 고분의 항공사진. 3~4호분 사이를 훼손하고, 백제 인골마저 무자비하게 파괴하면서 관통한 도로가 지하차도로 바뀌었다.

남은 불씨

이것이 훗날 또 하나의 불씨가 되었다. 상대적으로 관심을 덜 받던 풍납토성이 13년 후 한성백제의 왕성으로 화려하게 등장한다. 이 대목에서도 이형구 교수가 다시 등장한다. 석촌동·몽촌토성에 비해 홀대받던 풍납토성 일대는 무분별한 개발붐에 나날이 훼손되고 있었다.

1996년 말 이형구 교수(당시 선문대)는 높은 방호벽을 치고 아파트 터파기 공사를 한창 진행 중이던 풍납토성 내 현대아파트 재개발 현장 부지에 잠입한다. 이 교수는 공사현장 지하 벽면에 백제토기 편들이 금맥이 터지듯 무수히 박혀 있는 것을 목격했다. 이 놀라운 발견은 1997년 새해 벽두부터 언론 보도로 세상을 깜짝 놀라게 했다.

13년 전 석촌동 고분의 도로공사 현장에서 옹관과 인골을 발견한 것과 어쩌면 그리 똑같은 상황인지….

훗날 풍납토성은 한성백제의 왕성인 '하남위례성'으로 비정되기에 이른다. 왕성급에 걸맞은 유구와 유물들이 대거 쏟아졌고, 토성 건설에 연인원 400만 명에 이르는 백제민이 동원되었다는 증거들이 나왔기 때문이다.

<참고자료>

이형구, <서울 백제고분의 보존과 발굴-석촌동 고분군을 중심으로>, 동양고고학연구소, 2016

이형구, <백제의 도성>, 주류성, 2004

신희권, '개로왕대 한성의 도성 경관과 토목공사', <제8회 쟁점 백제사 집중토론 학술회의-개로왕의 꿈, 대국 백제>, 한성백제박물관, 2016

정치영·최진석, '석촌동고분군 발굴의 최신성과', <제1회 근초고왕과 석촌동 고분군 국제학술대회>, 한성백제박물관, 2016

임영진, '서울 석촌동 고분군의 구성과 변천-1~5호분의 쟁점을 중심으로', <제1회 근초고왕과 석촌동 고분군 국제학술대회>, 한성백제박물관, 2016

한성백제박물관, <온조, 서울 역사를 열다>, 한성백제박물관 특별전, 2013

한성백제박물관, <한성백제의 왕궁은 어디에 있었나>, 한성백제박물관 백제학연구소, 2013

서점교, '백제의 요서진출설 소개 및 고찰', <군사연구> 제124집, 육군본부 군사연구소, 2008

김성한, '백제의 요서 영유와 백제군', <역사학연구> 제50호, 호남사학회, 2013

석촌동 고분군의 항공사진. 북쪽(맨 왼쪽)에 근초고왕릉으로 비정되는 3호분이 있고, 1·2·4·5호분 등이 복원되어
있다. 발굴은 1호분 북쪽 공원에 발생한 동공 때문에 시작됐다.　　　　　　　　　　　　　한성백제박물관 제공

석촌동은 '백제 리즈 시절'
증언…한성백제판
'대릉원' 연접분의 정체

"어, 이거 웬 구멍이야?" 2015년 5월, 서울 송파구 석촌동 고분군(사적 243
호)을 관리하던 이가 이른바 석촌동 1호분의 북쪽 잔디광장에서 직경 25㎝의
동공을 발견했다. 순간 머리카락이 바싹 섰다. 고분군 밑으로 백제고분로 지
하차도가 관통하고 있는 데다 그 밑에서는 지하철 9호선 공사가 한창이었다.
도굴 가능성 뿐 아니라 당시 석촌호수 주변에서 심심찮게 나타나던 싱크홀
일 수도 있었다.

석촌동 고분군에서는 돌무지무덤을 계속 이어서 조성한 이른바 연접분이 확인됐다. 모두 16기의 돌무지무덤이 10기의 연접부로 이어져 있었고, 중간중간에 제사 행위를 펼친 것으로 보이는 제의공간이 3곳이나 보였다. 연접분은 기존 석촌동 1호분이라 일컬어진 곳까지 이어져 있는 것으로 밝혀졌다. 연접분의 폭은 40m, 길이는 100m에 달한다.
한성백제박물관 제공

100m나 끊임없이 이어지는 연접분

한성백제박물관 조사팀의 시굴 결과 동공은 지하수 확보를 위해 팠다가 사적공원 지정 후 폐기된 우물터가 함몰되면서 발생한 것으로 파악됐다. 그런데 조사과정에서 의미심장한 현상을 목격했다. 관정 벽면에서 인위적인 석축열과 점토성토층이 드러난 것이다. 본격 발굴하자 깜짝 놀랄만한 유구가 드러났다.

땅 표면을 깎아내고 아주 견고하게 다진 흙의 기초 위에 돌무지무덤(적석총)이 계속 이어지는 '연접식 돌무지무덤'(이하 연접분)이 노출되기 시작한 것이다. 예컨대 하나의 큰 돌무지무덤을 중심으로 한 변의 길이가 8~12m인 직사각형 형태의 작은 무덤을 동·서·남쪽으로 계속 확장해서 조성했다.

그렇게 시쳇말로 '줄줄이' 이어진 돌무지무덤은 16기에 달했다. 이러한 작은 돌무지무덤을 이어주는 연접부 10기가 노출됐다. 이것으로 끝나지 않았다. 이 연접 무덤은 기존에 석촌동 1호분(남·북분)으로 일컬어진 곳과, 또 기존에 파괴분으로 알려진 또 다른 돌무지무덤(학계에서는 A호 무덤이라 한다)과도 이어지고 있었다. 결국 이번에 확인된 '연접분'은 '이번 연접분+기존 1호분+기존 A호 무덤' 등 크기가 100m 가량이나 되는 엄청난 고분이었던 것이다.

4.3㎏ 인골의 정체는

이뿐이 아니었다. 몇몇 돌무지무덤을 연접하여 조성한 뒤 일종의 장례의식을 치른 공간으로 보이는 매장의례부 3곳이 노출됐다. 이 매장의례부에서 다

연접분의 분포도. 1호와 4호, 7호 묘의 동쪽에 매장의례부가 한 곳씩 조성되어 있다.　　　한성백제박물관 제공

양한 유물들이 쏟아져
나왔다. 돌무지무덤 주
인공의 신분이 최고위
층이었음을 알려주는
금장신구와 유리구슬
을 비롯해, 거의 본래
형태로 복원될 수 있
는 토기와 기와, 꺾쇠
와 못 등 철제 유물들

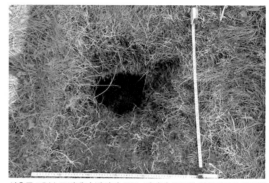

석촌동 1호분 주변에서 발견된 동공. 폐기된 우물이 함몰되면서 발생했다. 이를 계기로 연접분 발굴이 시작됐다.   한성백제박물관 제공

이 출토됐다. 이중 용도를 알 수 없는 정체를 알 수 없는 토제품도 쏟아졌다.

이것은 양념에 불과했다. 발굴단이 경악한 것은 총 4.3kg에 달하는 인골이
이 매장의례부에서 나왔다는 점이다. 무엇보다 이 인골들은 예외 없이 잘게
부스러진 파편 상태로 흩어져 출토됐다.

7cm 이상의 인골편은 보이지 않았다. 또 절대 다수 인골의 색이 유백색이
었다. 이것은 모두 600도 이상의 고온으로 불에 태운 것을 의미한다. 또 같
은 부위의 뼛조각이 여러 점 확인됐다. 유구마다 최소 두 세 사람의 뼈가 포
함되어 있다는 뜻이다. 강한 화염으로 심하게 뒤틀리거나 서로 달라붙은 기
와들도 보였다. 그런데 희한한 대목이 있다.

정치영 한성백제박물관 백제학연구소 발굴 팀장은 "매장의례부에서 불에
탄 흙과, 인골 조각, 그리고 고온에 엉겨 붙었거나 뒤틀려버린 기와들이 보였
지만 정작 그곳에서 직접 불을 피운 흔적은 발견되지 않았다"고 전했다. 불
에 탄 인골들을 검토하던 발굴단은 1985~6년 서울대박물관이 석촌동 3호분
의 동쪽 지역을 긴급발굴 하던 중에 작은 적석총 밑 부분에서 확인된 이른바
'화장유구'를 떠올리고 무릎을 쳤다.

당시 기둥을 박은 흔적들이 열지어 나오고 그곳에서 불에 탄 흙과 목탄, 유백색의 인골 편들이 보인 바 있다. 이번 연접분에서 출토된 것과 비슷한 용도 불명의 토제품을 포함해서 토기와 석기, 철기, 장신구 등도 나왔다. 이번 연접분의 출토 양상과 너무도 흡사했지만 1980년대 당시에는 그저 '화장유구'라 표현하는 선에서 끝났다. 30여 년이 지난 이제 와서 심층 자료가 확보되기 시작한 것이다.

최소 12명이 화장됐는데…

이것은 무엇을 말해주는가. 강현숙 동국대 교수(경주캠퍼스 고고미술사학과)에 따르면 고구려 고분이 집중된 집안(集安·지안)과 환인(桓仁·환런), 장백(長白·창바이) 등에서 석촌동에서 발굴된 것과 비슷한 '연접식 돌무지무덤'이 상당수 보인다. 시신을 불에 태운 고분들도 존재한다.

하지만 고구려와는 다소 다른 점이 있다. 서울대 산학협력팀(이준정 서울대 고고미술사학과 교수·하대룡 서울대 인골고고학연구실 연구원)의 분석결과 석촌동에서 출토된 인골 4.3kg 중에 이른바 물체질로 걸러낼 정도의 작은 파편이 66%(2.6kg)에 이르렀다. 또 출토 인골로 추정해보니 12명 혹은 16명 정도가 3곳의 매장의례 공간에 존재했던 것으로 분석됐다.

일반적으로 성인 한사람을 화장한 뒤에 남는 인골의 무게는 1.0~3.6kg 정도로 알려져 있다. 그렇다면 '매장의례부'에 최소 12명분의 인골이라면 12~43.2kg 정도가 남아 있어야 한다.

그러나 현재 수습된 잔존 인골의 양(4.3kg)은 12명분이라고 보기에는 지나칠 정도로 적은 양이다. 따라서 서울대 산학협력단은 "인골을 불에 태워 대형 뼛조각 위주로 습골한 뒤 다른 특정한 곳에 안장하고 작은 파편들은 불에 탄 흙과 목탄, 기와 등과 함께 매장의례 공간에 매납한 것 같다"고 추정했다.

연접분 내 1·4·7호묘에서 노출된 매장의례부. 이곳에서 불에 탄 기와와 목탄, 인골들이 쏟아져 나왔다.
한성백제박물관 제공

매장의례부에서는 이와같이 아주 잘게 부숴진 인골들이 나왔다. 3곳에서 총 4.3㎏이 수습됐다.

한성백제박물관 제공

1호 매장의례부에서 물체질로 걸러낸 인골의 파편들. 700g의 인골 중 절대다수가 1㎝ 미만의 유백색 파편이었다. 완전 연소되었음을 알려준다.

한성백제박물관 제공

정치영 팀장은 "(불에 탄 기와로 미루어볼 때) 시신은 아마도 기와를 사용한 목조 구조물에서 화장한 것 같다"고 조심스럽게 추정한다. 한성백제기 왕실의 장례법을 일러주는 자료인 것이다.

99%가 훼손된 한성 백제판 대릉원

이쯤에서 근본적인 질문을 던져본다. 석촌동 고분이 과연 어떤 곳인가.

괜히 마을 이름이 '돌(石)의 마을

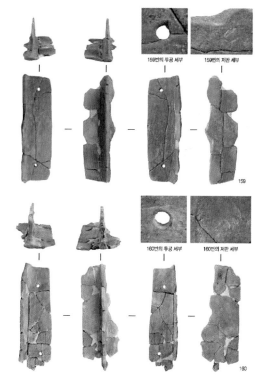

연접분의 매장의례부에서 확인된 용도미상의 토제품들. 이와 비슷한 토제품이 1980년대 중반 3호분 동편 고분군에서도 인골과 함께 출토됐다.
한성백제박물관 제공

(村)'이라고 해서 '석촌동'이었겠는가. 일제강점기 조선총독부의 정밀조사(1919~1920년) 결과 석촌동을 중심으로 방이동·가락동 일대까지 무려 293기의 백제 돌무지, 무덤(적석총)이 흩어져 있었다. 백제 역사(678년) 중 4분의 3에 가까운 493년(기원전 18~기원후 475)간 백제를 다스린 임금들이 묻힌 공간이다. 특히 근초고왕(재위 346~375)과 근구수왕(375~384), 침류왕(384~385) 등 백제 최전성기를 이끈 임금들이 이곳에 무덤을 썼을 것이다. 신라 경주의 대

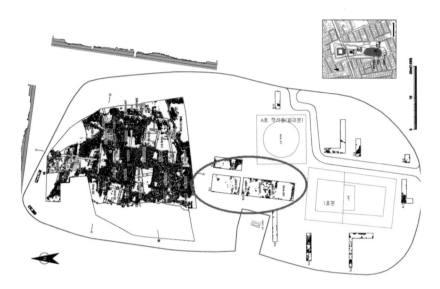

확인된 연접분 기존의 1호분 및 A호 고분과도 연접된 모습을 보여주고 있었다.   한성백제박물관 제공

릉원에 비견되는 한성백제의 '왕릉지구' 위상을 갖춘 곳이다. 하지만 현실은 어떤가.

이곳은 293기의 고분을 확인하고도 그대로 훼손·방치되었다. 해방 후 한국전쟁과, 그 이후 급속도로 진행된 도시화 와중에 유구가 99% 이상 사라지는 참화를 겪고 말았다. 석촌동 3호분을 관통하는 도로를 건설하려다가 한 고고학자(이형구 선문대 석좌교수)의 동분서주로 겨우 고분 밑 지하도로(백제고분로)로 설계변경된 사례가 석촌동 고분의 수난사를 상징한다. 이 교수의 보존운동이 결실을 맺어 1985년 석촌동 고분군의 사적 지정면적을 기존 1,513평에서 1만7,000평으로 확대하는 등의 조치가 내려졌다.

지금 석촌동 고분군 중 5기의 고분만이 유적공원 내에 복원되어 있다. 하지만 이 중 한 변의 길이가 50m가 넘는 3호분(동서 50.8m, 남북 48.4m)이 근

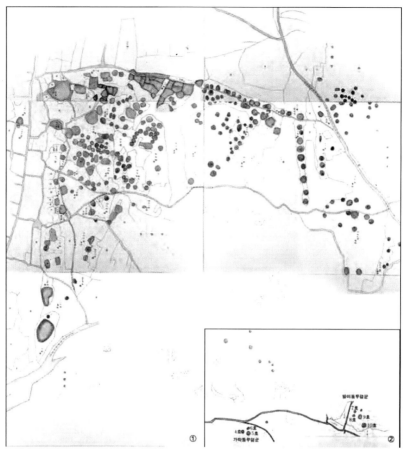

일제강점기에 석촌동 가락동 방이동 일대에는 293기의 백제 고분이 존재했다고 한다.　　한성백제박물관 제공

초고왕릉으로 비정(比定)되고 있을 뿐이다. 한 변의 길이가 고구려 광개토대왕(391~412)이나 장수왕(413~491)의 무덤일 가능성이 높다는 장군총(35.6m)보다 훨씬 크다는 점에서 백제 최전성기를 이끈 근초고왕을 지목하는 것이다. 최진석 학예연구사는 "또 1984년 3호분 발굴조사에서 금으로 만든 영락, 옥연석(연마한 옥) 등과 함께 출토된 청자반구병(입이 쟁반처럼 넓은 청자병)의 연

일제강점기에 찍은 석촌동 1호분의 모습. 그 당시에도 윗부분이 상당부분 훼손되었지만, 해방 후에도 파괴가 계속됐다.   국립중앙박물관 소장

대가 4세기 후엽(중국 동진)으로 편년됐다."고 밝혔다. "372년(근초고왕 27년) 동진에 사신을 보내 교류했다."는 <삼국사기> '백제본기' 기록이 이를 뒷받침한다는 것이다.

눈감고 코끼리 만지듯

하지만 석촌동 고분들이 윗부분이 심하게 깎이고, 훼손되는 바람에 무덤 주인공이 묻힌 공간인 매장주체부가 거의 남아 있지 않다. 예컨대 계단식 적석총인 3호분은 도로개설과 가옥축조 등으로 윗부분이 상당 부분 파괴되었다. 다른 1·2·4·5호분은 말할 것도 없다.

조사된 '연접분' 16기 역시 무덤 윗부분이 깎여 있었던 탓에 매장주체부는

연접분의 매장 의례부에서 확인된 금제 귀고리 1쌍과 달개 장식 4점. 유리구슬도 70여 점 출토됐다. 무덤 주인공의 위상을 알 수 있는 유물들이다.
한성백제박물관 제공

보이지 않았다. 그러니 무덤의 구조와 성격, 그리고 주인공의 정체 등을 파악하기 힘들다. 그러니 '눈감고 코끼리 만지듯' 할 수밖에 없는 것이다. 물론 이번에 전혀 새로운 개념의 '연접분'이 나오고, 매장의례 공간 내에서 무수한 인골 파편이 쏟아지는 등 나름대로 획기적인 발굴성과를 얻어냈다. 하지만 기존 자료가 부실하다 보니 여전히 수수께끼 투성이다. 쾌도난마, 명쾌한 해석도 좋지만, 자칫 앞으로의 발굴에서 전혀 새로운 조사결과가 나올 수 있다. 잘못 입을 놀려 단정했다가 망신당할 수 있으니 조심스러울 수밖에 없다.

그냥 던져보는 궁금증들

그냥 지금까지의 발굴성과를 토대로 몇 가지 궁금증을 던져보는 수밖에 없다. 우선 최근 몇 년간의 발굴성과인 '연접분'은 과연 여기서만 나올까. 기존에 1호분(남북분)과 A호 고분까지 연접된 것을 확인했다면 어떨까. 기존의

2·3·4·5호분도 실은 연접분일 가능성은 없을까. 근초고왕릉으로 비정되는 3
호분의 동쪽 고분군은 어떨까. 이미 조사된 고분 내 유구들은 어떨까. '꺼진
불도 다시 봐야 하는 것' 아닐까.

매장의례 공간에서 아주 작은 뼛조각이 되어 나타나는 백제인들은 누구일
까. 이들은 무덤 주인공이 남긴 화장 유골 중 일부일까, 아니면 무덤조성 후
희생양이 된 순장자의 뼛조각인가. 무엇 때문에 그렇게 완전 소각되어 가루
와 같은 뼛조각으로 남았을까. 384년(침류왕 1) 도입된 불교의 상장의례와 관
계가 있는 것일까.

궁금증은 계속 이어진다. 백제왕과 왕족의 무덤이 분명한 석촌동 고분군
에서 왜 이처럼 무덤을 계속 이어 조성했을까. 문득 고구려 간첩 도림의 꾐
에 빠져 궁실과 성곽을 화려하게 고치고 "맨땅에 임시로 매장돼있는 선왕의
해골을 잘 수습해서 욱리하(한강)에서 채취한 큰 돌로 만든 덧널 안에 묻었
다"(<삼국사기> '백제본기')는 개로왕대의 기사(475)가 눈에 밟힌다. 개로왕대
에 이뤄진 대대적인 토목공사의 하나로 선왕들 유골을 모아 이곳 석촌동 고
분에 잘 묻어주고 제사를 지낸게 아닐까. 그러나 발굴된 유물과 유구의 연대
가 4세기 후반으로 편년된다는 약점이 있다. 그냥 4세기 후반 어느 임금의
시기에 차례차례 무덤을 이어 나갔다고 볼 수도 있다.

모자이크 맞추듯

모든 것이 수수께끼 투성이다. 발굴을 담당했던 정치영 팀장은 "99% 훼
손·파괴되어 그 실체를 파악하기 어렵기 때문에 모자이크를 하나하나 맞춰
가는 느낌"이라고 밝힌다. 임영진 마한연구원장은 "예컨대 1980년대 서울대
박물관의 발굴도 지하로 관통하는 백제고분로의 기둥을 박는 부분에서만 긴
급히 이뤄졌다."고 아쉬움을 표했다. 권오영 서울대 교수(국사학과)는 "석촌

근초고왕릉으로 비정되는 석촌동 3호분의 모습. 제2롯데월드 건물이 마치 근초고왕릉의 구조물처럼 어우러져 보인다. 3호분은 한 변의 길이가 50m가 넘는 초대형 고분이다. 고구려 장군총보다도 규모가 크다.

동 고분군의 성격을 밝히기 위해서는 지금의 영역이 너무 좁다.”면서 “낮게 기초를 판 주변 주택이나 연립주택 단지의 땅 밑에도 고분의 흔적이 남아 있을 가능성이 짙다.”고 밝혔다. 신희권 서울시립대 교수(국사학과)는 “발굴 영역을 좀더 넓혀 고분군의 성격을 하나하나 파악해내기를 기대한다.”고 말했다. 이형구 선문대 석좌교수는 “축소 복원된 3호분도 고구려 장군총(7단)만큼 재조정해야 하고, (1980년대 화장유구가 노출됐다는) 3호분 동쪽 고분군 유적도 재평가하고 재발굴해야 한다.”고 주문했다.

백제의 ‘리즈’ 시절을 이끈 왕들의 자취

석촌동 고분군이 어떤 곳인가. 백제의 최전성기를 이끈 근초고왕과 그 후예들의 '사후 공간'이었다. 태자(근구수왕)와 함께 고구려군을 참패시키고 (369년) 황제의 깃발을 의미하는 황색 깃발을 휘날리며 대대적인 열병식을 열었고, 2년 뒤(327년)에는 급기야 3만 대군을 이끌고 평양 원정에 나서 고구려 고국원왕까지 죽인 근초고왕이다. <송서>와 <양직공도> 등 중국 사서에 '요서경략' 기사가 등장하고 <양서>에는 "요서에 근거를 둔 백제가 근구수왕, 전지왕(405~420), 비유왕(427~455) 때 백성을 파견했다"는 대목까지 보인다. 이 기록을 부인하는 학자들도 많다. 하지만 통일신라시대 최치원(857~?)이 당나라 문하시중(태사)에게 올린 편지의 내용 역시 심상치 않다.

"고구려와 백제의 전성기에는 강한 군사가 100만이었습니다. 남으로는 오·월을 침공했고, 북으로는 연·제·노의 지역을 어지럽혀…"(<삼국사기> '최치원 열전')

최치원은 "전성기 고구려와 백제가 중국 대륙을 괴롭혔다"고 증언하고 있다. 그뿐인가. 근초고왕은 가야연맹의 7개 소국을 정벌하고 남쪽으로는 침미다례(전남 해안)를 무찔러 비리 등 4읍의 항복을 받아냈다.

369년(근초고왕 24년) 무렵에는 왜왕에 칠지도를 하사했으며(최근 408년 하사설 등장), 박사 고흥을 시켜 역사서 <서기(書記)>를 편찬하도록 했다. 시쳇말로 석촌동 고분군의 주인공들이 '백제의 리즈' 시절을 구가했다는 얘기가 아닌가. 그러나 이 순간도 그 전성기의 백제를 증거할 석촌동 고분군은 그저 수수께끼로만 남아있을 뿐이다.

<참고자료>
한성백제박물관, <서울 석촌동 고분군-1호분 북쪽 연접 적석총 상·하>(한성백제박물관 유적조사보고 6), 2019
정치영, '백제 한성기 왕실묘역 돌무지 무덤에 묻힌 화장 인골들의 증언', <한국고고학저널>,

국립문화재연구소, 2019

강현숙, '고구려 고분 연구–편년과 분포를 중심으로', 서울대학원 박사논문, 2000

하대룡·이준정, '서울 석촌동 고분군 적석총 출토 화장인골에 대하여' <서울 석촌동 고분군-1
호분 연접적석총 하>(한국백제박물관 유적조사보고 6), 한성백제박물관, 2019

이병호, '일제강점기 백제 고지에 대한 고적조사보고사업', <한국고대사연구> 61, 한국고대
사학회, 2011

40년 만에 공개된 몽촌토성 '곰발바닥'…백제판 '강남개발'의 증거?

가지런히 놓인 말머리 뼈, 사람 손과 너무 닮은 발톱 잘린 곰 발바닥뼈의 정체는 무얼까.

1983~89년 조사된 몽촌토성의 미정리유물 일부가 2023년 40년 만에 공개됐다.

서울대박물관은 당시 '왕도한성:몽촌토성 1983~2023' 특별전(5월 23~8월 31일)에서 나무상자 속에 보관해왔던 동물 유체 등 유물 일부를 꺼내 정리한 결과물을 내놓았다. 그 가운데 최초로 정리·공개된 제사의 흔적 유구와 유물이 특히 눈길을 끌었다.

발굴 40년 만에 정리·분석·공개된 몽촌토성(1983~1985)의 출토유물 중 동남지구에서 확인된 곰 앞발 뼈와 말의 치아. 사람의 손과 흡사한 곰의 앞발 뼈는 끝마디가 모두 잘린 것 같은 모습이었다. 말의 치아는 위치 이동없이 가지런히 놓여있었다. 온전한 말머리가 묻혀있다가 다른 부위는 유실된 것으로 보인다.   서울대박물관 제공

특히 40년 동안 수장고에 보관되어 있던 동·식물 유체 400여 점을 분석한 결과가 흥미로웠다. 즉 소·사슴과·멧돼지·말·곰·개·꿩 등 포유류 및 조류와 대구, 숭어·백합 등의 어·패류 등으로 분류됐다.

사람 손뼈와 똑같은 곰 발바닥뼈

이중 순서대로 가지런히 놓인 치아가 보이는 말의 머리뼈가 도드라진다. 대략 8~9년가량 된 성숙한 말로 판단된다.

인근 풍납토성 발굴에서도 제사용으로 묻은 말머리 뼈가 확인된 바 있으니 예사롭지 않은 유물이라 할 수 있다.

필자의 시선을 확 잡아끈 뼈는 곰의 오른쪽 앞발이었다. 영락없는 사람의 손뼈로 보여 잠깐 흥분했지만, 분명 곰의 발뼈가 맞았다. 분석을 담당한 고은별 서울대 고고미술사학과 박사과정도 "곰의 발뼈와 사람의 손뼈는 얼핏 보기에 흡사해서 헷갈릴 수 있다."고 웃었다. 권오영 서울대박물관장도 "엄청 비슷하다."고 했으니 필자가 무식한 것은 아닌 듯 싶었다.

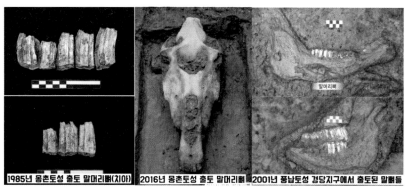

몽촌토성과 풍납토성에서는 제사에 쓰인 것으로 보이는 말머리 뼈가 심심찮게 확인된다.
서울대박물관·한성백제박물관·이형구 선문대교수 제공

1980년대 남한산에서 바라본 몽촌토성 일대 **몽촌토성 일대에서 찍은 항공사진**

몽촌토성은 남한산(해발 480m)에서 뻗어 내려온 낮은 구릉에 조성됐다. 최고봉인 망월봉의 해발고도는 44.8m에 불과하다. 하지만 구릉부에 서면 사방이 탁 트인 '한강뷰'와 '북·남한산뷰', '평지뷰'를 만끽할 수 있다.

서울대박물관·한성백제박물관 제공

그러고 보니 이 곰 앞발뼈가 수상하다. 완벽한 듯 싶은데, 유독 발톱이 달린 뼈 끝마디가 모두 잘려있다.

사람이 날카로운 부위인 발톱 부분만 의도적으로 제거한 것이 분명하다.

'곰발바닥 요리만 먹고 죽을게'

곰발바닥 요리는 중국의 8대 진미 중 하나다. 오죽하면 맹자가 "내가 좋아하는 물고기와 곰발바닥 중 하나만 고르라면 곰발바닥을 택하겠다."(<맹자> '고자')고 했을까. 또 <사기> '초세가'에 유명한 일화가 나온다.

춘추시대 초나라 성왕(재위 기원전 671~626)이 태자 책봉 문제로 다른 아들(목왕·기원전 재위 625~614)에게 죽임을 당할 처지에 놓였다. 이때 성왕이 "곰발바닥 요리를 먹고 죽게 해달라."고 간청했다. 이유가 있었다.

딱딱한 곰발바닥이 완전히 익는 데는 최대 10일 정도가 걸린다. 성왕은 시간을 벌어 구원병을 기다리려고 한 것이다.

그런 얕은 수가 통할 리 없었다. 단칼에 거절당한 성왕은 결국 극단적인 선택으로 생을 마감했다.

그렇다면 몽촌토성의 저장구덩이 속의 '발톱 잘린 곰발바닥'은 무엇일까.

1983년부터 시작된 몽촌토성 발굴에서 확인된 '동전무늬 도기편'과 '금동제 허리띠 꾸미개'. 중국 서진 시대까지 올려 볼 수 있는 유물이어서 몽촌토성의 축조연대를 3세기 중후반으로 보는 견해도 나왔다.   서울대박물관 제공

만약 식용이었다면 몽촌토성에 곰발바닥 요리를 즐길 만큼 지체 높은 분들이 살았다는 증거가 된다.

'특수 부위'였던 것을 감안하면 하늘 제사 혹은 조상 제사에 쓰였을 가능성도 배제할 수는 없다.

또한 확인된 동물 뼈 중 멧돼지와 노루, 꿩 등에서는 한 가지 흥미로운 양상을 보인다.

야생 멧돼지의 경우 성숙한 수컷과 암컷 각 1개체씩, 생후 14~17개월 정도의 미성숙한 암컷 1개체로 추정된다.

사슴과의 경우 27~42개월(1개체), 42개월 이상(1개체), 20~23개월 미만(1개체)가 고루 출토됐다. 꿩 역시도 수컷(1개체), 암컷(1개체), 새끼(1개체) 등이 고루 확인됐다.

만약 단순한 식용이었다면 이렇게 정연하게 암컷과 수컷, 성숙한 개체와 미성숙한 개체 등을 세트로 묻었을까.

일정 기간 가둬놓고 사육했다가 제사 의식에 제물로 썼을 가능성이 있다.

| 굽다리 손잡이 잔 | 굽 달린 항아리와 뚜껑 | 네 귀 달린 항아리(고구려계) |
| 원통형 토기받침 | | 손잡이 잔 |

1983~89년 사이 몽촌토성에서 출토된 주요 유물들. 제사와 관련된 심상치 않은 유물들이다. 서울대박물관 제공

스토리 없는 밋밋한 발굴

2023년 '몽촌토성 특별전'을 취재하면서 느낀 바가 하나 있었다. '제목'이 '왕도한성=몽촌토성'이지 않은가.

그런데 발굴보고서를 비롯해 어떤 지면에서도 그 흔한 발굴기조차 정리되지 않았다.

무령왕릉(1971)·천마총(1973)·전곡리(1979~1993)·금동대향로(1993)·풍납토성(1997~) 같은 대형발굴을 떠올려보라.

기막힌 발견 및 발굴 사연부터 뼈저린 반성문 등을 포함해서 학계는 물론이고 대중에게까지 미주알고주알 알려졌다.

웬만한 유적조사의 발굴기는 '인디애나 존스의 낭만'을 자극하는 멋진 스토리텔링이 아닌가.

그렇다면 몽촌토성의 경우 왜 발굴기가 없을까. 연구자들에게 물어봤더니 몇 가지로 이유를 풀어주었다.

우선 무령왕릉·전곡리·금동대향로·풍납토성처럼 드라마틱한 발견에 이은 발굴도 아니요, 천마총·황남대총처럼 학술조사도 아니기 때문이라는 것이다. 몽촌토성 발굴은 88서울올림픽 개최의 산물이었다.

몽촌토성 일원이 올림픽경기장 건립지로 선정됨에 따라 시작된 발굴조사였다.

그랬으니 매우 극적이거나 심금을 울릴만한 발견·발굴기가 나오기 어려웠다.

애매한 발굴 성과

또한 1989년까지 총 6차례 진행된 발굴조사 결과 또한 애매했다.

물론 구릉이라는 자연지형을 이용하면서 구간별로 단단한 판축기법으로 쌓은 몽촌토성벽의 위상은 예사롭지 않았다.

많은 노동력이 동원될 수밖에 없는 토목공사라 할 수 있기 때문이다.

유물 가운데는 '동전무늬 도기편'(서진·265~317)과 '금동제 허리띠 꾸미개'(동진·317~420)가 의미심장했다.

이 중국제 유물들로 몽촌토성의 축조 시점을 3세기 후반까지 올려보는 견해도 나왔다.

1989년 발굴에서 적심석(돌 따위를 쌓을 때 안쪽에 심을 박아 쌓는 돌)을 갖춘 건물터가 확인됐다. 여기에 조경의 의미가 큰 연못지의 흔적도 보였다. 그래

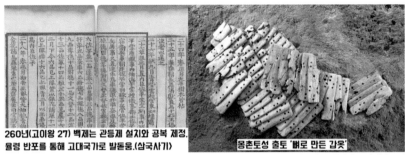

260년(고이왕 27) 백제는 관등제 설치와 공복 제정. 율령 반포를 통해 고대국가로 발돋움.(삼국사기)

몽촌토성 출토 '뼈로 만든 갑옷'

몽촌토성에서 위상이 만만치 않은 유물이 출토되고, 일부 중국제 유물로 비춰볼 때 몽촌토성의 축조연대가 3세기 중후반으로 올려보는 견해가 등장했다.

서울대박물관 제공

서 1989년판 <몽촌토성 보고서>는 '몽촌토성=한성백제 시대의 도성일 가능성이 있다'는 결론을 내렸다. 한성백제 시대의 도성이라면 무엇인가. 바로 <삼국사기>에 등장하는 왕성인 '하남위례성'이다.

비록 축조 시기가 <삼국사기> '온조왕'조의 기록처럼 '기원전 6년'은 아니지만 3세기 중후반에 성을 쌓았다면 어떨까.

백제가 관등제 설치와 공복 제정, 율령 반포를 통해 고대국가로 발돋움했다는 고이왕(재위234~284)의 치세와 얼추 맞아 떨어진다.

통설이 된 몽촌토성=위례성설

그러나 여전히 석연치 않은 구석이 있었다. 서울대박물관이 펴낸 1987년·89년 발굴보고서에 그러한 고민이 읽힌다.

'아직 핵심세력 집단이 거주한 기와 건물이 나오지 않았다'(1987), '도성임을 뒷받침할만한 궁궐터나 관청터 같은 확실한 증거는 아직 없다'(1989)는 등의 서술이 그렇다. 아닌 게 아니라 1989년 확인된 '적심 건물터'에서도 기와가 출토되지 않았다.

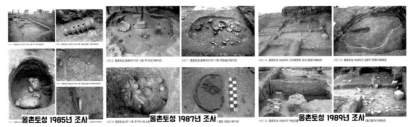

몽촌토성 조사는 1983~89년 사이 6차례 진행되어 높은 위상의 유구와 유물이 확인됐다. 그러나 궁궐터나 관청 터로 추정되는 기와 건물터가 발견되지 않아 '몽촌토성=왕성'을 주장하기에는 약간 애매했다.

서울대박물관 제공

그랬는데도 별다른 대안이 없었던 탓이었을까. '몽촌토성=왕성(하남위례 성)'으로 비정하는 견해가 통설로 굳어졌다.

하지만 1997년부터 몽촌토성과 750m 떨어진 풍납토성에서 경천동지할 유구와 유물이 쏟아지자 급반전이 이뤄졌다.

풍납토성 발굴결과 지하 2.5~4m에 걸쳐 유물포함층이 광범위하게 보였 다. 특히 왕궁터로 추정된 경당연립주택 지구에서 집자리와 제사 관련 대형 건물터가 확인됐다. 이곳에서는 전돌·와당·초대형 항아리·중국제 도자기·오 수전(중국 동전)·'대부(大夫)'명 항아리 등 500상자 분량이 넘는 유물이 쏟아 져 나왔다. 또한 판축기법으로 쌓은 성벽은 폭 43m 이상에 현존 높이만 11m 에 이르는 대규모 토성이라는 것을 확인했다.

위험한 쾌도난마

'하남위례성=풍납토성' 견해가 급부상하자 이른바 '몽촌토성 통설파'가 한 때 거센 반격에 나서기도 했다.

이들은 특히 "국립문화유산원구원이 풍납토성 서벽 및 해자 흔적을 발굴 하면서 자연제방을 성벽으로 둔갑시켰다."고 폄훼했다. '인공적으로 쌓거나

판축기법으로 쌓은 풍납토성(재현)

현존높이 11m, 폭 43m에 달하는 풍납토성

백제 유구와 유물이 쏟아진 풍납토성 내부 조사

풍납토성 모형

1997년부터 시작된 풍납토성 발굴에서 풍납토성이 한성백제 시기의 왕성인 하남위례성이라는 고고학적인 증거가 속출했다.

국립문화재연구원·한성백제박물관 제공

만든 성벽이 아니라 홍수와 같은 자연현상으로 저절로 형성된 흔적'이라는 것이다.

그러나 이런 주장은 하루가 다르게 쏟아지는 풍납토성의 발굴성과에 급격하게 힘을 잃었다.

필자는 20년이 지난 지금도 그때의 기억이 또렷하게 떠오른다.

고고학 분야에서 '쾌도난마'가 얼마나 위험한 것인가. 어찌 살아보지도 않은 1,000년, 2,000년 전의 역사를 두고 '내 말만이 옳다'는 딱 잘라 말할 수 있단 말인가.

'한산, 별궁, 남성=몽촌토성'

아무튼 그렇게 우여곡절 끝에 발견·발굴된 풍납토성이 한성백제 왕성이라는 데는 누구도 토를 달지 못한다.

그렇다면 한때 '하남위례성'으로 대접받았던 몽촌토성과의 관계는 어떨까.

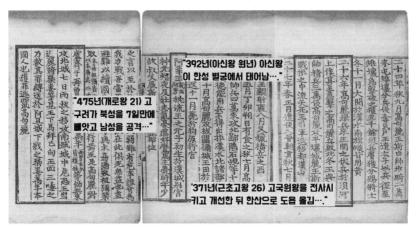

<삼국사기>에는 371년(근초고왕 26) 고구려 고국원왕을 전사시키고 개선한 뒤 한산으로 도읍을 옮겼다는 기사가 있다. 이후 392년 아신왕이 한성의 별궁에서 태어났고, 475년 고구려군이 침략해서 7일 만에 북성을 함락시킨 뒤 개로왕이 피신한 남성을 공격했다는 기사가 보인다.

일단 축조 시기는 '풍납토성 먼저(3세기 이전~4세기 초)', '몽촌토성 나중(3세기 중후반~4세기 후반)'이라는 데는 이견이 거의 없다. 두 성의 관계를 두고도 다양한 견해가 등장했다.

우선 <삼국사기> '근초고왕'조에 "371년 도읍을 한산으로 옮겼다(移都漢山)."는 기사가 보인다. 이 기사에 주목해서 근초고왕이 원래의 도성(풍납토성)에서 한산(몽촌토성)으로 옮겨갔다는 주장이 나왔다. 또 <삼국사기> '아신왕'조는 "392년 아신왕이 한성의 별궁(몽촌토성)에서 태어났다."고 기록했다. 아신왕이 태어난 별궁이 바로 '몽촌토성'이라는 견해가 나왔다.

이어 <삼국사기> '개로왕'조에 "475년 고구려군이 '북성(北城)'을 빼앗고 (개로왕이 몸을 피한) '남성(南城)'을 공격해서…"라는 표현이 있다. 이에 따라 '풍납토성=북성', '몽촌토성=남성'이라는 해석이 있다.

<삼국사기> 기사에는 공통점이 있다. 근초고왕 재위(346~375) 시절부터 두

**한성백제 시대 도심 재건축 및 재개발 현장
(4~5세기 도심 확장의 증거)**

신천동 잠실 진주아파트 부지

방이동 올림픽콤플렉스 부지

신천동 진주아파트 재건축 부지와 방이동 올림픽콤플렉스 부지에서 드러낸 1,600년 전 한성백제판 도심재개발 및 재건축의 증거들. 다양한 주거지와 창고 등으로 쓰인 각종 구덩이, 도로 등이 중첩되어 출토됐다.

도원문화재연구원·경상문화유산연구원 제공

궁궐을 경영했다는 것이다.

근초고왕은 삼국 중 가장 먼저 최전성기를 이룬 군주다. 369년 고국원왕

근초고왕릉(3호분) 등 한성백제 시대 전성기를 이끈 임금들이 묻힌 것으로 추정되는 석촌동 고분. 1·2·4·5호분
등이 복원되어 있다.　　　　　　　　　　　　　　　　　　　　　　　　　　한성백제박물관 제공

(331~371)이 이끄는 고구려군을 무찌른 뒤 한강 남쪽에서 대대적인 열병식을
벌였다. <삼국사기>는 "근초고왕이 군대 사열 때 (황제의 색깔인) 황색의 깃발
을 사용했다."고 했다. 근초고왕은 '백제=황제국'임을 뽐낸 것이다.

2년 뒤(371) 평양성을 공격한 근초고왕은 고구려 고국원왕을 죽이고 한반
도의 패자로 자리매김했다.

그런 뒤 곧바로 도읍을 한산(몽촌토성)으로 옮겼다.

한성백제판 비버리힐스 구축?

근초고왕은 왜 '풍납토성·몽촌토성'이라는 '2성 체제'를 구축했을까.

당시 한성백제가 전성기를 구가하게 되자 위례성(풍납토성)에는 수많은 인
구가 몰려들었다.

풍납토성 내부에 대한 발굴조사 결과 유구의 밀집도가 매우 높았다는 사실
이 이를 증명해준다.

성 내부는 점차 포화 상태에 이르렀고, 도성민들의 공간이 성 바깥으로 계속 확대되기에 이르렀다.

최근 들어 천호동과 풍납동, 방이동, 신천동 등 풍납토성 외곽지역에서 4~5세기 여러 차례 대규모 재개발·재건축이 이뤄진 명백한 흔적이 쏟아져 나오고 있다.

이렇게 기존의 왕성(풍납토성) 내외가 폭발적으로 확대되자 왕과 왕·귀족들은 제2의 공간을 찾게 된다.

그곳이 바로 '한산', '별궁' '남성'으로 일컬어진 몽촌토성이었을 것이다.

한강뷰, 북·남한산뷰, 평지뷰

몽촌산은 남한산(해발 480m)에서 뻗어 내려온 낮은 구릉을 이루고 있다. 최고봉인 망월봉의 해발고도는 44.8m에 불과하다. 하지만 해발 40~20m 정도의 구릉부에 서면 사방이 탁 트인 '한강뷰'와 '북한산 및 남한산뷰', '평지뷰'를 만끽할 수 있다. 만약 371년 무렵 근초고왕을 비롯한 지배 세력의 입장에서 바라보면 어떨까.

비록 고국원왕을 죽이는 등 대승을 거두었지만, 고구려의 반격에 대비해야 했다.

그렇다면 한강 북쪽과 도성(풍납토성)을 한눈에 볼 수 있는 몽촌산에 방어성을 조성할 필요가 있었다.

또 왕과 왕·귀족 입장에서는 인구 포화를 이룬 도성보다는 도성민들이 접근하기 어려운 몽촌산 쪽에 '배타적인 그들만의 공간'을 마련한 것일 수도 있다. 한성백제판 강남개발일까, 혹은 '비버리힐스' 조성일까.

그렇다면 기와를 얹은 궁궐터나 관청터가 아직 보이지 않은 것은 어떻게 설명할 수 있을까.

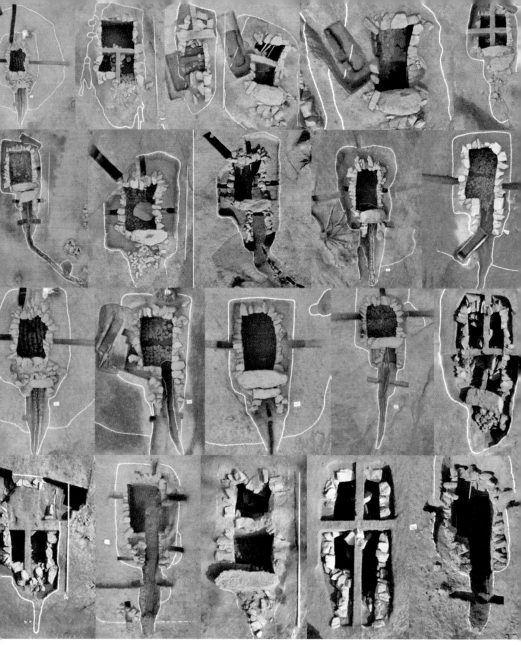

풍납토성에서 4㎞ 떨어진 경기 하남 감일지구 택지개발사업부지에서 한성백제 시대의 굴식돌방무덤(횡혈식석실분)이 줄줄이 엮어져 나왔다. 한성백제 귀족들의 공동묘지로 추정된다. 고려문화유산연구원 제공

사람얼굴 새긴 세발도기

사람 얼굴이 새겨진 도기 뚜껑

몽촌토성에서 출토된 사람얼굴 도기. 당시 도기를 만든 장인의 자화상인지, 아니면 다른 사람의 얼굴을 장난스럽게 새겨 넣었는지는 알 수 없다.
한성백제박물관 제공

어떤 연구자는 "애초부터 몽촌토성에서는 기와 궁궐 및 관청을 짓지 않았을 수도 있다."고 해석하기도 한다.

일본 아스카(飛鳥·538~710) 시대의 일왕 거처인 이타부키궁(板蓋宮)처럼 나무 지붕을 이은 '특별한 별궁'을 건설했을 수도 있다는 것이다. 그러나 아직 몽촌토성 내부를 전면 발굴하지 않은 상황이므로 속단하기는 어렵다.

추후 발굴에서 기와를 얹은 궁궐이나 건물이 나올 수도 있지 않을까….

몽촌토성 및 풍납토성 출토 원반 흙제품

몽촌토성 북문터 집수지 명문목간(고구려)

몽촌토성 집수지 고구려 자?

풍납토성 및 몽촌토성에서 확인된 유물들. 사방치기(땅따먹기)나 제기차기용 도구가 나왔고, 한성함락 이후 몽촌토성을 점령한 고구려인이 남긴 목간과 자(尺·추정) 등이 보였다.　　　　　한성백제박물관 제공

2016년 풍납토성과 4㎞, 몽촌토성에서 2.5㎞ 정도 떨어진 경기 하남 감일동에서 의미심장한 고분군이 발견됐다.

한성백제 시대의 굴식돌방무덤 52기였다. 새롭게 확인된 감일동 고분군은 한성백제 귀족의 공동묘지로 해석됐다.

땅따먹기, 제기차기의 흔적

2013년 이후 몽촌토성에서는 북문터 발굴이 이어졌다.

우선 한성백제인들의 유물 중에는 몽촌토성 얼굴무늬 도기 두 점이 눈길을

한성백제 왕성인 풍납토성과 몽촌토성, 그리고 왕릉인 석촌동 고분. 한성백제 493년(기원전 18~기원후 475)의 영화를 증거해주고 있다.
한성백제박물관 제공

끊다.

당시 도기를 만든 장인의 자화상을 새겨 놓은 것인지, 혹은 다른 사람의 얼굴을 새겨 놓은 것인지 알 수 없다. 어떤 경우든 한성백제인의 얼굴인 것은 분명하다.

또 하나 몽촌토성과 풍납토성 출토 유물 중 마치 원반처럼 생긴 흙제품이 흥미롭다. 최근 사방치기(땅따먹기)와 제기차기의 도구(심)로 사용했을 가능성도 있다는 분석이 나왔다.

475년 한성 함락 이후 고구려가 몽촌토성을 점유했음을 알려주는 유물도 다수 출토됐다. 고구려가 백제가 조성한 도로와 건물 등을 개보수해서 사용한 흔적을 확인한 것이다. 특히 백제가 조성한 회전교차로와, 그 안의 집수정

(우물 혹은 연못)에서 고구려계 유물이 대거 쏟아져 나왔다. 가장 오래된 명문 목간(5~6세기)과 추정 자(尺·30.1㎝)가 출토됐다.

1,600~1,700년 전 한성시의 모습은?

새삼 1,600~1,700년 전의 백제의 도읍인 '한성시'가 한눈에 펼쳐졌다.

근초고왕 시대, 즉 371년 무렵 한강을 중심으로 물류가 넘쳐나고 최전성기를 구가했던, 그래서 인구 폭발로 도심(풍납토성)이 확장되던 그 시대, 제2의 왕성을 '뷰 값'하는 곳(몽촌산)에 쌓았던…. 그것이 도성(풍납토성)에서 750m 떨어진 몽촌토성이다. 그 사이 공간엔 도로와 민가, 경작지, 공방 등이 빼곡하게 들어차 있었을 것이다.

또 왕성 외곽으로 석촌동 고분군과 같은 왕릉과 감일동 고분군 같은 귀족 및 관료의 묘역이 신분에 따라 입지를 달리하여 형성되었을 것이고….

<참고자료>

권오영·고은별·이정은·홍승연, <몽촌토성, 새롭게 다시 보고하다>(서울대 박물관 학술총서 21). 2023
한성백제박물관, <왕도 한성-풍납토성과 몽촌토성>(개관 10주년기념 특별전시), 2022
이형구, '몽촌산성에서 발굴된 백제 유적과 통일신라 유적의 역사적 의의', <신라사학보> 34, 2015
몽촌토성발굴조사단, <몽촌토성발굴보고>, 1985
서울대박물관, <몽촌토성 동북지구 발굴보고>, 1987
서울대박물관, <몽촌토성 동남지구 발굴보고>, 1988
서울대박물관, <몽촌토성 서남지구 발굴보고>, 1989

"'일본국보' 칠지도는 408년 백제 전지왕이 왜왕에 하사했다"

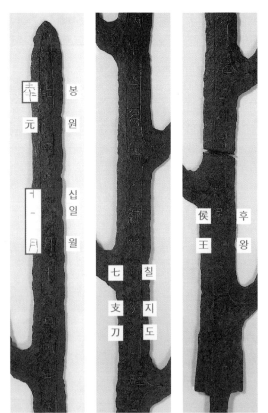

일본 나라현(奈良縣) 덴리시(天理市)의 이소노카미 신궁(石山神宮)에는 예부터 내려오는 신비한 이야기가 있었다. 출입금지 지역인 '금족지(禁足地)' 안의 남서쪽에 설치된 신고(神庫·보물창고)에 '육차도(六叉刀·가지가 6개인 검)'를 모신 특수상자가 있다는 것이었다.

칠지도에 앞면. 새겨진 명문의 제작연대는 '태화(泰和)4년(369) 5월 16일' 이라는 게 정설이었지만, 제작 일자가 '5월'이 아니라 '11월'이라는 X선 촬영결과가 주목되고 있다. 최근에는 중국 연호인 '태화'가 아니라 백제 전지왕의 연호인 '봉원'이라는 주장이 제기됐다. 명문에는 칠지도를 '제후국 왕(후왕·諸侯)에게 줄 만 하다'는 내용이 들어 있다.

사진은 이소노카미 신궁 홈페이지, 판독은 홍성화·박남수 씨 제공

판도라의 상자를 연 스가 마사모토

그런데 1873년 신궁의 주지로 취임한 스가 마사토모(혹은 간 마사스케·菅政友·1824~1897)가 그 '판도라의 상자'를 열었다. 심하게 슬어있던 육차도의 녹을 칼로 긁어낸 스가는 녹 사이에서 반짝거리는 금빛 글자를 보았다. 예리하게 파낸 뒤 금을 밀어 넣어 새긴 이른바 금상감(金象嵌) 기법의 글자들이었다. 녹을 긁어내자 앞면에 34자, 뒷면에 27자 총

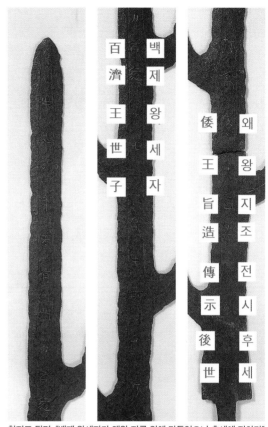

百濟王世子

백제왕세자

倭王旨造傳示後世

왜왕지조전시후세

칠지도 뒷면. "백제 왕세자가 왜왕 지를 위해 만들었으니 후세에 전하라"는 요지의 내용으로 읽을 수 있다.
사진 이노소카미 신궁 홈페이지, 판독은 홍성화 교수·박남수 연구원

61자의 글자가 보였다. 앞면에는 육차도가 만들어진 내력과 제작한 연·월·일이 새겨져 있었다. '육차도'에는 몸체의 좌·우에 어긋나게 양날을 가진 각 3가닥씩의 가지가 있었다.

명문은 다음과 같이 판독됐다. 앞면은 '태○4년 ○월16일 병오 정양 조백련강 칠지도 ○백병 의공공후왕 ○○○○작(泰○四年○月十六日丙午正陽造百

2004년 일본 나라(奈良)국립박물관에서 열린 '칠지도와 이소노카미 신궁(石上神宮)의 신보(神寶)' 특별전에 출품된 '칠지도'. 일본학계는 "372년 백제가 칠지도와 칠자경을 일본천황에 바쳤다."는 <일본서기> 기록을 근거로 백제 헌상설을 주장해왔다.
연합뉴스

練鋼七支刀○百兵宜供供侯王○○○○作)' 등 34자, 뒷면은 '선세이래 미유차도 백제왕세자 기생성음 고위왜왕조 전시후세(先世以來未有此刀百濟王世子奇生聖音故爲倭王旨造傳示後世)' 등 27자였다. 그중 맨 처음 글귀, 즉 황제 혹은 국왕의 연호인 듯한 '泰○四年(태○4년)~'이 핵심 문구였다.

"백제가 헌상했다"

일본 학계는 중국 동진 시대(317~419)의 명문 유물 중 '태(泰)'자가 종종 '태(太)'자로도 쓰이는 경우가 있다는 점을 주목했다. 따라서 '泰○'로 시작되는 명문은 '太和(태화) 4년', 즉 369년이라는 것이다. '태화'는 동진의 해서공(재위 365~371)의 연호(366~371)이다. 일본학계는 이 '369년 설'에 집착한다.

그들은 "왜국이 신라를 쳐서 가라제국을 평정했고, 침미다례를 함락하여 백제에 주었고", "백제가…왜왕에게 칠지도(七枝刀) 1자루와 칠자경 1면 등 여러 보물을 바쳤다."는 <일본서기>(369·372) 기록을 인용한다. 일본학계는 이소노가미 신궁의 '육차모'가 <일본서기>가 언급한 바로 그 '칠지도'라 여겼다. 칠지도는 가지가 6개인 것 같지만 몸체 상부의 칼날까지 합하면 가지 칼은 7개로 볼 수 있다. 그래서 '칠지도'라 하는 것이다. 따라서 일본학계는 이것을 일본이 고대 한반도의 남부지방을 지배하고 식민지로 삼았다는 소위 임나일본부설을 뒷받침하는 물증으로 삼았다. 그래서 칠지도의 '태화 4년 (369)'설을 정설로 여긴 것이다.

"백제가 제후왕인 왜왕에게 하사했다"

반면 한국학계는 묵묵부답이었다. 그런데 1963년 북한 학자 김석형 (1915~1996·김일성대 교수)이 처음으로 '백제 헌상설'을 뒤집는 파격적인 주장을 펼쳤다. 김석형은 "칠지도는 5세기대 고유 연호(태화)를 쓰며 '황제'를 칭한 백제왕이 제후국왕(후왕·侯王)의 위치에 있던 '일본에 있는 소국의 백제왕'에게 하사한 것"이라고 주장했다. 칠지도 논쟁은 새로운 국면에 접어들었다.

결은 다르지만, 남한에서도 이병도 교수(1896~1989)가 호응했다. 이병도 교수는 1976년 "'태화'는 백제의 고유 연호가 분명하고 백제 왕세자가 하위자인 왜왕에게 내린 것으로 해석해야 한다."고 주장했다. 삼국시대 금석문에서 중국의 연호를 사용한 예가 한 번도 발견되지 않았다는 것이었다.

사실 <삼국사기> 등에서 고구려가 연호를 썼다는 기록은 보이지 않는다. 하지만 '광개토대왕비문'에는 분명히 '영락(永樂)' 연호를 쓰고 있다. '신라 진흥왕 순수비'에도 '태창(太昌)' 연호와 황제를 뜻하는 '짐(朕)'자가 들어있다.

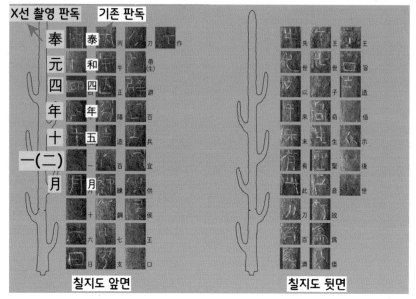

X선 촬영 결과와 최근의 연구성과를 반영한 판독문. 기존 정설은 '태화 4년 5월16일'이었으나 '5월'이 아니라 '11월(혹은 12월)'이라는 X선 촬영 결과가 제시되고, 연호도 '태화 4년'이 아니라 '봉원(奉元) 4년'으로 읽으며, '봉원 4년'은 중국 연호가 아니라 백제 전지왕 4년(408년)이라는 주장이 새롭게 제기됐다. 칠지도 명문은 '칠지도를 후왕(候王·제후국 왕)에게 나눠 줄 만 하고, 백제 왕세자가 왜왕을 위해 만들었으니 후세에 전하라'는 글자로 읽을 수 있다. 　　　　　　　　　　　　　　　　　　　 한성백제박물관의 특별전 도록 '백제왕의 선물', 2016에서 정리

백제의 경우 연호 사용례를 찾기 어렵지만 '무령왕릉 지석'에 황제에게만 쓰는 '붕(崩)'자가 보인다. 5~6세기 삼국이 독자성과 주체 의식을 드러내고 있었음을 보여주고 있다.

　게다가 칠지도가 제작됐다는 369년 무렵이면 백제 근초고왕 시대이다. 바로 그해, 즉 369년(근초고왕 24) 고구려군 5,000여 명을 격파했고, 371년(근초고왕 26)에는 평양성에서 고구려 고국원왕(재위 331~371)을 죽였다. 마침 "369년 근초고왕이 한수(한강) 남쪽에서 군사를 사열하면서 황색 깃발을 사용했다."는 <삼국사기> 기록이 눈에 띈다. 황색은 전통적으로 황제를 상징하는 색깔이다. 근초고왕이 고구려와의 전쟁에서 대승을 거두고 '황제국'임을 만

천하에 과시한 것으로 볼 수 있다.

그렇게 절정기를 구가하던 백제가 일본의 야마토 정권에 칠지도를 만들어 바친다는 것은 망발처럼 들린다. 게다가 명문은 "칠지도를 만들어 '후왕'인 '왜왕'에게 하사했으니(宜供供侯王) 그것을 후세에 널리 알리라(傳示後世)"는 식으로 나열된다. 그러나 지금까지 '백제 헌상설'이든, '하사설'이든 '제작연대=369년, 일본 전달 연대=372년'설이 지금까지 정설로 굳어졌다.

十(십)…새롭게 판독한 명문의 정체

그런데 학계가 주목하지 않은 연구가 이미 40여 년 전 진행된 바 있다.

즉 1981년 일본 NHK가 칠지도를 촬영한 X-선 촬영 사진에서 흥미로운 글자가 보인 것이다. 즉 명문의 앞머리 부분인 '泰○四年○月十六日丙午正陽'에서 '년(年)'자와 '월(月)'자 사이에 보이는 글자가 기존에 판독했던 '오(五)'가 아니라 '십(十)자'가 분명하다는 것이었다.

1996년 일본학자 무라야마 마사오(村山正雄)가 펴낸 <칠지명문도록>에는 1977~78년 찍은 확대사진이 나오는데, 거기에는 십(十)자 밑에 일(一)자가 보였다. 일(一)이 아니라 이(二)일 수도 있다. 한마디로 칠지도는 '태○4년 11월(혹은 12월)16일 병오(丙午)'에 제작되었음을 알 수 있다는 것이다. 하지만 일본학계는 새로운 판독글자에 크게 주목하지 않았다.

왜냐면 제작 월이 5월인지, 11월(혹은 12월)인지는 그리 중요하지 않게 보았기 때문이다.

사실 기존 학계의 판독대로 '태○4년 ○월 16일 병오(丙午)'에서 '○월'을 '오(五)월'로 보면 '369년 5월16일 병오'여야 한다. 그러나 실제로 369년 5월 16일의 일간지는 '병오'가 아니라 '을미'이다.

하지만 일본학계는 개의치 않았다. 틀릴 수 있다고 봤다. 그들은 중국 후한

최근 박남수 동국역사문화연구소 선임연구원은 연호로 추정되는 칠지도 첫머리 글자를 '봉원(奉元)'으로 읽었다. 홍성화 건국대 교수와 박남수 연구원 등은 칠지도가 408년(전지왕 4년) 제작되어 후왕(제후)에게 내려줬다고 해석했다.

의 사상가 왕충(27~104)이 "의기 등을 주조할 때의 길일은 화기(火氣)가 강한 '5월 병오일'"(<논형>)이라고 설명한 것을 인용했다.

따라서 다른 날 주조했어도 그냥 길일인 '5월 병오'에 주조했다고 새겨넣는 경우가 있다는 것이다. '운수 좋으라고 새겨넣은 문구'라 해서 '길상구'라 한다.

일본학계는 한나라 시대 청동거울에서 일간지가 일치하지 않은 사례를 찾아냄으로써 '칠지도 명문의 일간지 불일치'를 설명했다. 그래서 X선 판독으로 '5월 병오'가 아니라 '11월(12월) 병오'라는 결과가 나왔지만, 은근슬쩍 넘어간 것이다. 내심으로는 <일본서기> 기록을 근거로 줄기차게 주장해온 '369년 제작, 372년 헌상설'에 걸림돌이 되지 않을까 우려한 측면도 있겠다.

"재수 좋으라고 써넣은 길상구라고?"

하지만 과연 '칠지도의 일간지 불일치'를 그냥 길상구로 넘길 수 있을까. 견강부회가 아닐까.

2009년 홍성화 교수(건국대)가 전수조사에 나섰다. 즉 중국 한나라, 삼국 및 육조시대에 출토된 명문 거울 133사례를 수록한 <한삼국육조기년경도설>이라는 책을 검토했더니 길일이라는 '병오'가 적힌 명문 거울은 21사례 뿐이었다. 실제 주조할 때 '병오'라는 일간지를 그리 심각하게 여기지 않았다는 것이다. 물론 몇 사례에서 실제 연대와 일간지가 불일치한 예가 보였다. 하지만 절대 다수가 1년 앞뒤의 책력을 잘못 보거나, 혹은 하루 차이인 것으로 드러났다.

박남수 동국대역사문화연구소 선임연구원도 "제작연대와 일간지가 불일치한 몇몇 경우가 있지만 '길상구' 차원에서 새긴 것은 아니"라고 풀이한다. 즉 그 해당 연도에 역법의 계산 방법을 바꾸었던지, 혹은 왕조마다 다른 역법을 썼든지 하는 경우 불일치한 현상이 보인다는 것이다. 무엇보다 칠지도의 제작연대와 비슷한 시기인 육조시대(229~589) 이후의 명문 거울에서는 일간지와 실제 연대가 일치하지 않는 경우는 없었다.

한마디로 '길상구' 차원에서 실제 제작 년월일과 다른 일간지를 새겨넣었다는 것은 견강부회라 할 수 있다.

'369년설'을 고수하려는 일본학계의 안간힘을 한국학계도 별다른 비판의식 없이 답습해왔다는 것이다.

"408년 11월 16일(전지왕 4년) 병오가 맞다"

그렇다면 어떻게 봐야 할까. 최근 들어 정설로 굳어진 '369년설' 깨기에 나선 연구자들이 있다.

X선에서 새롭게 읽힌 '태○4년 11월(혹은 12월) 16일 병오' 문구를 주목하자는 것이다.

홍성화 교수는 칠지도 제작 연도로 추정되는 4~6세기에 한정해서 11월 16일이나 12월 16일의 병오 간지에 해당되는 날을 찾았다. 그랬더니 11월 16일은 '408년(전지왕 4), 439년(비유왕 13), 501년(무령왕 1), 532년(성왕 10)'이었고, 12월 16일은 '413년(전지왕 9), 537년(성왕 15), 563년(위덕왕 10), 594년(위덕왕 41)'이었다. 이중 홍 교수의 눈에 걸리는 것이 바로 408년(전지왕 4)이었다.

우선 '태○4년'의 '4년'과 전지왕 '4년'이 일치한다. 그렇다면 '태○'는 백제 전지왕의 연호일 가능성이 짙다. 홍 교수는 '광개토대왕비문'을 떠올렸다.

<삼국사기> 등에는 삼국이 독자 연호를 썼다는 기사가 보이지 않는다. 그러나 광개토대왕 비문에는 고구려 광개토대왕이 '영락(永樂)'이라는 연호를 썼고, 백제의 경우 연호를 사용했다는 금석문은 발견되지 않았지만 '무령왕지석'에 황제의 죽음을 표현한 '붕(崩)'자가 새겨져 있다. 삼국이 독자적이고 주체적인 세계관을 갖고 있었음을 보여준다.

国宝・重要文化財（美術品）

主情報

名称 : **七支刀**

ふりがな : しちしとう

員数 : 1口

種別 : 考古資料

国 : 日本

時代 : 古墳

年代 :

西暦 :

作者 :

寸法・重量 :

品質・形状 :

ト書 : 泰□四年□月十六日在銘

画賛・奥書・銘文等 :

伝来・その他参考とな : るべき事項

指定番号（登録番号） : 00015

枝番 : 00

国宝・重文区分 : 国宝

重文指定年月日 : 1949.05.30(昭和24.05.30)

国宝指定年月日 : 1953.11.14(昭和28.11.14)

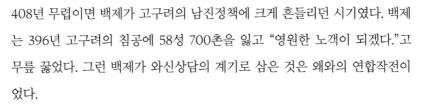

칠지도는 1953년 일본의 미술품 부문 국보 제15호로 지정됐다. '372년 백제가 일본에 바친 보물'이라는 평가가 컸을 것이다.
일본 문화청 홈페이지

408년 무렵이면 백제가 고구려의 남진정책에 크게 흔들리던 시기였다. 백제는 396년 고구려의 침공에 58성 700촌을 잃고 "영원한 노객이 되겠다."고 무릎 꿇었다. 그런 백제가 와신상담의 계기로 삼은 것은 왜와의 연합작전이었다.

'광개토대왕비문'을 보면 고구려의 침공을 받은 백제가 "왜와 화통했다(百殘違誓 與倭和通)."는 기록이 있다. "397년(아신왕 6) 백제가 태자인 전지를 왜에 볼모로 보냈다."는 <삼국사기> '백제본기·아신왕조' 기록과 부합한다. 전지왕이 태자 시절 일본에서 머물렀다는 얘기다. <삼국사기>에 따르면 부왕 (아신왕)의 서거 이후 귀국해서 왕위에 오른 전지왕은 409년(전지왕 5) 왜국이 파견한 사신을 맞이한다. 이때 왜국은 전지왕에게 보물로 여겨지는 야명주(밤에 빛나는 구슬)를 바쳤다. 홍성화 교수는 이때를 주목한다.

전지왕이 '408년 11월 16일 제작한 칠지도'를 왜국 사신에게 내려준 것이 아닐까. 즉 전지왕은 어려울 때 군대를 파견해준 왜왕을 후왕(侯王)의 지위로 승인하는 차원에서 칠지도를 내린 것이 아닐까. 백제가 지원군을 보낸 왜에 박사 왕인(王仁) 등을 파견한 것(405)도 같은 칠지도 하사와 같은 맥락이라는 것이다.

그리고 명문 중에는 제작의 주체로 '백제왕세자'가 등장한다. 전지왕 때의 세자는 구이신왕(재위420~427)이다. <삼국사기> '백제본기·전지왕'조는 "팔수부인이 구이신을 낳았다"고 기록했다. 학계 일각에서는 전지왕이 태자시절 일본에 머물렀던 것을 주목하고 있다.

이중에는 전지왕의 부인인 팔수부인이 일본 여인일 가능성을 배제할 수 없다는 연구도 있다. 만약 팔수부인이라는 여인이 왜계라면 칠지도는 구이신이 태어난 것을 왜국에 알리기 위해 제작된 것은 아닐까. 그래서 '왕세자가 부처님의 가호로 귀하게 태어난 것을 왜왕에게 알리려고 칠지도를 만들어 하사하니 후세에 널리 전하라'는 명문을 새긴 것인가. 이것이 홍성화 교수의 추론이다.

'태화4년'이 아니라 '봉원4년'이다

지난 2021년 6월 열린 '동아시아 속 백제문화' 학술대회(한성백제박물관)에서도 주목할만한 논문 한 편이 발표됐다. 박남수 동국역사문화연구소 선임연구원의 논문('백제 전지왕 봉원 4년명 칠지도와 그 사상적 배경')이었다. 박연구원은 이 논문에서 칠지도의 첫머리 연호를 기존의 '태화(泰和)4년'이 아니라 '봉원(奉元)4년'으로 판독한 연구 결과를 반영했다. 그는 "연호 첫 글자는 지금까지는 '태(泰)'의 이체자로 인식됐지만 <경전문자변증서>에 따르면 '봉(奉)'의 이체자 중 속자임을 분명히 확인할 수 있다."고 밝혔다.

일본 덴리시 이소노카미 신궁의 금족지. 절대출입금지 지역이었는데, 1874년 신궁의 주지로 취임한 간 마사토모가 발굴 허가를 받아 취색 곡옥(曲玉) 11점과 대롱옥 293점, 동경 6점, 환두대도 머리파편 등 수많은 유물을 찾아냈다.

또 두 번째 글자는 판독불명('○')이었지만, '태화(泰和·369년)'이라는 선입견 때문에 '화(和)'자로 인식됐다. 그러나 X선 판독사진을 검토한 박남수 연구원은 "이 글자는 '원(元)'의 이체자로 보인다."고 말했다.

박남수 연구원에 따르면 '봉원'은 백제 전지왕의 연호이며, '봉원 4년'은 전지왕 4년(408)을 가리킨다. 그는 "고대 동아시아에서 즉위 4년의 일간지(병오·丙午)를 만족시키는 사례로 전지왕 4년이 유일하기 때문"이라고 설명했다. 따라서 칠지도의 제작일은 '전지왕 4년(408) 11월 16일 병오(丙午)'라고 확정할 수 있다는 것이다.

그렇다면 전지왕은 왜 '봉원(奉元)'이라는 연호를 썼을까. 박 연구원은 '즉위한 임금은 천지를 일으키는 기운을 키우는 것을 받든다(奉元養)'는 <춘추공양전> '은공'를 인용했다. 따라서 '봉원'은 '원(元)을 받든다(奉)'는 의미이며, 전지왕의 '봉원(奉元)' 연호는 "임금은 하늘(天)의 뜻을 계승한다'는 유교적 정치이념에 따라 제정됐다는 것이다. <삼국사기>는 "전지왕이 즉위 2년 동명왕의 사당에 배알하고, 남단에서 천지에게 제사를 지냈다."고 했다. 이 기록이 전지왕이 조상과 하늘신·땅신에게 즉위 사실과 연호 제정 사실을 알리는 의식을 치렀다는 사실을 암시하는 대목이라는 것이다.

그렇다면 칠지도 명문의 제작일시, 즉 '병오 정양(丙午 正陽)'은 무슨 뜻일까. 박남수 연구원은 칠지도를 제작한 날(병오 정양·11월 16일)은 중국 주나라 정월 초하루에 상응하는 동짓날이라는 점을 주목했다. 예부터 이날은 땅에서의 초목의 형상이 만들어지기 시작하는 의미로 여겨졌다. 또한 기존에는 명문 중 '기생(奇生)'을 백제왕세자의 이름 등 인명으로 보았다. 하지만 박남수 연구원은 "<주역>에서 '기생은 기(奇), 즉 양(陽)이 새롭게 자라난다'는 용어"라는 점을 들어 "칠지도의 7가지는 바로 이 주역의 의미를 디자인한 것"이라고 해석했다.

408년설을 소개하는 이유

그렇다면 칠지도의 명문은 어떻게 읽어야 할까. 2016년 한성백제박물관이 '백제왕의 선물'이라는 특별전을 열면서 펴낸 도록은 좀 헷갈린다. '칠지도' 설명문을 보면 기존의 통설을 반영한다. 앞면은 "태○4년 5월16일 한낮에 백 번이나 단련된 강철로 칠지도를 만들었다. 이 칼로 온갖 적병을 물리칠 수 있으니 제후국의 왕에게 나눠줄만 하다. ○○○○제작하다(泰○四年五月十六日 丙午正陽造百練鐵七支刀辟百兵宜供供候王○○○○作)"는 내용이다. 뒷면은 "지

칠지도는 이소노카미 신궁의 금족지 안 남서쪽에 조성한 신고(神庫)에 보관되어 있었다.
이소노카미 신궁 홈페이지에서

금까지 이런 칼이 없었는데, 백제왕세자 기생성음이 일부러 왜왕 지를 위해 만들었으니 후세에 전하라(先世以來未有此刀百濟王世子奇生聖音故爲倭王旨造傳示後世)"는 것이다.

　그런데 도록의 '사진 판독 자료'를 보면 '태○년'은 그대로 두었지만 '월' 부분에서 새롭게 판독된 '十'을 먼저 쓰고 괄호안에 '五'를 넣었다. 주객이 바뀐 것이다. 그리고 바로 뒤의 글자는 '一'로 표기했다.

　도록 한 권에서 다른 판독 결과를 반영했다는 것은 무엇을 의미하는가. 앞으로도 심도깊은 연구가 필요하다는 의미일 것이다. 필자는 최근 408년 제작설을 반영한 최신 연구자들의 판독 결과를 제시해본다.

　"태○4년(전지왕 4년·408년) 11월 16일 병오 정양에 백년철로 칠지도를 만들다. 전장에 나아가 능히 백병을 피할 수 있다. 이 칼을 마땅히 후왕에게 제공한다….(앞면) 선세 이래 이런 칼이 없었다. 백제왕세자가 부처님의 가호로 태어났다. 왜왕을 위해 만들 것을 지시하니 후세에 전하여 보이라.(뒷면)"(홍성화 교수)

"봉원 4년(408년) 11월 16일 병오 정양에 백련철 칠지도를 만드니, (칼이) 나오자마자 백병의 임금으로 후왕에게 주기에 마땅하다….(앞면) "선세 이래로 이런 칼이 없었는데, 백제의 왕세자가 기생(奇生)의 말씀으로 왜왕을 위하여 지(旨)를 내려 만들었으니, 세(世)에 전하여 보이도록 하라.(뒷면)" (박남수 연구원)

물론 최근 연구성과, 즉 '408년설'이 100% 맞는지 과문한 필자는 장담할 수 없다.

다만 1874년 칠지도가 공개된 이후 지금까지 150년 가까이 지났지만 <일본서기>의 기록에 끼워맞춘 '369년 제작설, 372년 헌상설'은 여전히 극성을 떨고 있다. 한국학계는 '백제 헌상설'이 아닌 '하사설'로 무장하고 있지만 일본학계가 쳐놓은 '369년'의 틀에서는 좀체 벗어나지 못하고 있다. 진실 여부를 떠나 좀 논의를 넓혀가야 하지 않을까. 필자가 408년설을 소개하는 이유이다.

<참고자료>
간 마사토모(管政友), <大和國石上神宮寶庫所藏 七支刀>,<管政友 全集>, 1907
김석형, '백제 칠지도 명문의 재검토', <역사교육론집> 역사교육학회, 1990
이도학, <백제고대국가연구>, 일지사, 1995
임길채, <일본 고대국가의 형성과 칠지도의 비밀>, 범우사, 2002
홍성화, <칠지도와 일본서기>, 경인문화사, 2021
홍성화, '석상신궁 칠지도에 대한 일고찰', <한일관계사연구>, 경인문화사, 2009
박남수, '백제 전지왕 봉원4년(奉元四年)명 칠지도와 그 사상적 배경', 동아시아 속의 백제 문화 학술대회 발표논문, 동아시아비교문화연구회, 2021

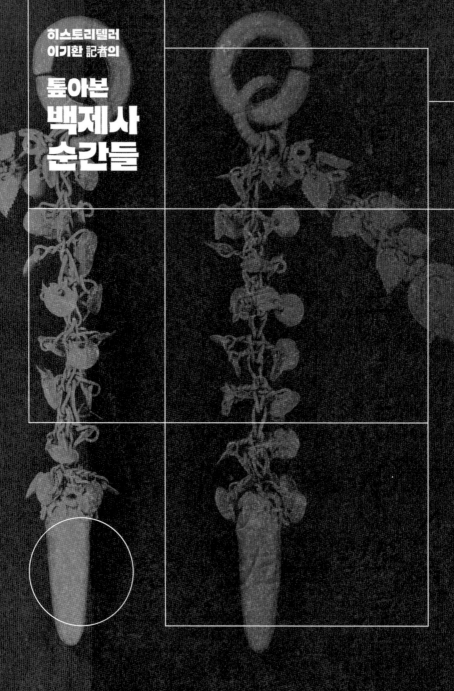

한국 고대사 최대 사건, 무령왕릉 발견

무령왕릉 발굴,
고대사의 블랙박스를 열었다…

　1971년 7월5일 부여에서 무량사 목조문화재를 점검하고 있던 윤홍로 기사에게 오토바이를 탄 부여군청 직원이 달려왔다. 윤홍로는 문화재관리국 건축기사로 공주·부여지역 문화재공사 감독관직을 맡고 있었다.

　"공주에서 긴급전화가 왔습니다. 빨리 전화 받으랍니다."

　윤홍로 기사는 가슴이 덜컥 내려앉았다. 무슨 사고라도 난 것일까. 그는 부리나케 달려갔다.

　"윤기사님 아무래도 수상합니다. 빨리 오십시오."

　문제의 공사현장은 공주 송산리 고분군 아래쪽에 자리 잡고 있는 5호분(석실분)과 6호분(벽화분)이었다. 무슨 공사냐.

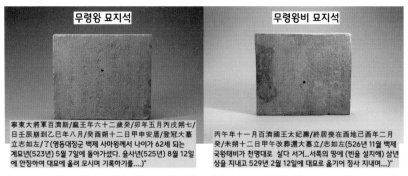

무령왕의 묘지석은 널길의 가운데 배치된 돌짐승 앞쪽에서 확인되었다. 무령왕이 "향년 62세 되는 523년 5월 7일에 서거했고, 525년 8월 12일에 안장하여 대묘에 올려 모셨다."고 했다. 무령왕비의 묘지석은 "526년 11월 왕비가 천명대로 살다 돌아가셨다. 서쪽의 땅에서 삼년상을 지내고 기유년(529년) 2월 12일에 다시 대묘로 옮기어 장사 지냈다."고 했다.
국립공주박물관 제공

해마다 여름철만 되면 실내외 온도차이로 인해 이른바 결로현상이 일어났으며 벽면에 물이 흘러 벽화가 큰 피해를 입고 있었다. 이를 방지하기 위해 당시 문화재관리국은 6호분(벽화분) 봉토 북쪽 3m 떨어진 위치에 깊이 3m의 단수구(斷水溝)를 파 돌리는 공사를 진행하고 있었던 것이다.

한 가지 여담. 이 공사는 원래 고분발굴이 아니었지만 중요한 고분의 바로 옆에서 벌이는 일이었고, 어쨌거나 봉토의 뿌리를 산맥에서 끊어놓는 일이었기에 조심스러웠다.

그래서 간단한 위령제를 지내는 등 신중에 신중을 기했다. 그런데 바로 그 위령제를 지내기 위해 마련한 제사상 자리가 나중에 보니 무령왕릉 안으로 들어가는 연문(羨門)자리였다. 무령왕이 도운 것일까.

여하간 긴급전화를 받은 윤홍로 기사가 정신없이 현장으로 달려갔다. 전화를 건 이는 공사를 담당한 전일기업의 현장책임자 김영일이었다. 윤홍로의 회고.

"사고인줄 알고 달려가 보니 김영배 공주박물관장과 안승주 공주사대 교수가 인부들을 독려해서 파고 있었어요. 안되겠다 싶어 작업을 중단시켰지요. 김관장이 '당신이 뭔데 작업을 중지시키느냐'고 한바탕 야단치는 바람에 소동이 일어나기도 했어요. 그러나 어쩝니까. 공사감독관으로서 이 문제는 짚고 넘어가야 했어요. 정식 발굴 조사를 벌여야겠기에 작업을 중단시킨 거지요."

알고 보니 내막은 이렇다. 윤홍로 기사는 미리 공사 책임자인 김영일씨에게 "뭔가 이상한 유물이라도 발견되면 즉시 공주박물관장의 지시를 받아 처리하라."고 신신당부해 놓았다.

그런데 이날 공사인부의 삽날이 전돌, 즉 벽돌의 모서리를 친 것이었다. 지체 없이 김영배 관장에게 연락됐고, 김영배 관장은 직감적으로 이것이 백제시대 전돌로 만들어진 무덤일 것으로 판단했다.

1971년 7월 5일 배수로 공사중 우연히 발견된 백제 무령왕릉. 무덤방이 전돌로 완전히 밀봉된채 노출되었다.
국립공주박물관 제공

김관장은 흥분을 감추지 못한 채 안승주 교수를 불러 함께 파내려 가기 시작한 것이다.

이 와중에서 현장소장인 김영일씨가 감독관인 윤홍로 기사에게 긴급연락을 하게 된 것이다.

"국장님, 큰 일이 터졌습니다."

바로 공사작업을 중단시킨 윤홍로 기사는 당시 허련 문화재관리국장에게 긴급보고를 했다. 1,450여 년의 긴 잠에서 깨어 우리 눈앞에 백제 제25대 무령왕이 환생하는 순간이었다.

비상사태였다. 보고를 받은 허련 국장은 문화재관리국 학예직원들을 실무원으로 하는 발굴단을 조직하고 그 지휘를 국립박물관(관장 김원룡)에 맡도록 조치했다.

7월 7일

문화재 관리국 장인기 문화재과장, 이호관 학예연구관, 조유전, 손병헌, 지건길 학예사 등을 급파했다. 현지의 김영배, 안승주, 박용진(공주교대 교수) 등도 발굴단에 편입됐다.

김원룡 발굴단장도 오후 3시쯤 공주에 도착, 현장을 지휘하기 시작했다.

"자, 전벽(벽돌벽)과 아치형 구조가 뭔지 확인해야지."

오후 4시쯤, 전벽 정상으로부터 약 1m 밑에서부터 아치형 입구를 전돌(벽돌)로 옆으로 가득 쌓아 막아놓은 모습이 나타나기 시작했다.

"아, 전축분이 확실하다."

발굴단은 누구나 할 것 없이 짜릿한 흥분감에 몸을 떨기 시작했다. 하지만 입구 앞 흙 등으로 메운 부분이 너무 단단해서 작업 진도가 지지부진한 채로 어느덧 저녁이 되었다.

"철야 작업이라도 해서 끝내자. 그래야 내일(8일) 아침이면 연문(널길로 통하는 문)을 열고 들어가서 본격적으로 조사할 수 있잖아."

이 무렵 전축분 발견 소식을 들은 서울의 중앙지 기자들이 속속 도착하고 있었다. 해질녘부터 내리기 시작한 비는 어느덧 호우로 변하기 시작했다.

큰일 난 것이다. 입구 앞 구덩이에 물이 고이게 되고 만약 그것이 불어 버리면 무덤 안으로 역류하는 날에는 끝장이었다. 발굴단은 비를 흠뻑 맞은 채 쏟아지는 빗물을 밖으로 흘려 내보내야 했다.

급조된 배수구가 설치된 것은 밤 11시 30분이었다.

밤사이에 소문이 퍼졌다. 비는 새벽이 되어서야 그쳤는데 "왕릉의 입구를 파헤치자 천둥번개와 함께 소나기가 내렸다."는 말이 삽시간에 공주시내에 퍼진 것이다.

7월 8일, 그 운명의 하루

새벽 5시부터 재개된 발굴은 난공사의 연속이었다. 오후 3시가 되어서야

조사단원과 기자들이 뒤엉켜 난장판이 된 무령왕릉 발굴현장(1971년 7월8~9일)
발굴이 시작된 7월8~9일 사이 조사단원과 기자들이 뒤엉켜 난장판이 된 무령왕릉 현장. 하룻밤 사이에 유물을 쓸어담아 옮겼다.   국립공주박물관 제공

입구 바닥까지 내려갔다.

무덤의 주인공이 무령왕인 줄은 까마득하게 몰랐다. 다만 도굴의 화를 입지 않은 처녀분이라는 것은 확실했기에 발굴단의 마음은 들떠 있었다.

막걸리와 수박, 북어 뿐인 간단한 제사상(지금 생각하면 무령왕에게는 너무도 큰 실례였지만)으로 위령제를 끝냈다.

▲4시 15분=김원룡과 김영배, 지건길이 드디어 밀봉된 폐색부의 맨 위 전돌 2개를 들어냈다. 원래는 그 안쪽에도 또 다른 벽돌 층으로 막아놓았거나 아니면 문짝 같은 것이 있을 줄 알았는데 아니었다. 그냥 뻥 뚫린 널길의 터널이었다.

두 사람은 전돌을 한장 한장 들어냈다. 그러자 기괴한 현상이 일어 났다.

"쏴아아." 자동차 에어컨을 틀었을 때 뿜어지는 하얀 수증기. 천수백년 묵은 안 공기가 바깥의 따뜻한 공기와 만나면서 일어나는 일순의 결로현상. 이 현상은 또 한 번 억측을 낳았다.

왕릉의 문을 열자 오색의 무지개가 섰다느니, 바깥 공기 때문에 안에 있던 모든 유물이 일시에 썩었다느니 하는 갖가지 소문들….

김원룡과 김영배 등은 벽돌 틈으로 무덤 안쪽을 들여다보았다.

"어, 저게 뭐지?"

둘은 속삭였다. 연도 바깥쪽을 향해 서 있는 일각(一角·뿔 하나)의 돌짐승 (石獸). 즉 기기묘묘하게 생긴 짐승상이 두 사람을 뚫어지게 노려보고 있었다. 섬뜩했다. 그 앞에는 두 장의 석판(石板)이 보였다.

김원룡은 고개를 돌려 뒤를 보았다. 무덤 밖에서 침을 꿀꺽 삼키면서 서있 는 발굴관계자와 보도진, 그리고 운집한 구경꾼들…. 그는 김영배에게 속삭 이며 주의를 환기하였다.

'자, 흥분한 표정 짓지 말고, 침착하게.'

두 사람이 흥분하면 군중도 흥분하게 되고, 그러면 무슨 일이 벌어질지 모 르니까.

아무 말 없이 남은 전돌을 모두 걷어낸 두 사람은 무덤 안으로 들어갔다.

널길의 오른쪽(동쪽) 구석에는 청자 사이호(四耳壺·네 귀 달린 항아리)가 보였 다. 반대쪽에는 또 하나의 사이호와 동배(동으로 만든 잔) 등 유물들이 있었다.

"단번에 강한 국제성을 느꼈어요. 사이호는 분명 중국의 육조(六朝) 자기였 는데 신라토기로만 가득 차 있는 경주 고분과는 달랐어요. 무덤의 주인공이 중국과 활발한 교류를 벌였다는 사실을 알 수 있었습니다."

두 사람은 엽전 한 꾸러미가 놓여있는 석판으로 다가갔다. 허리를 구부려 들여다보았다.

심장이 멎는 듯했다. 동쪽 석판의 첫줄에 '영동대장군백제사(寧東大將軍百

관대 위에 놓인 부재

왕의 베개 파편

청동거울과 금제 뒤꽂이

머리에 쓰는 금제관장식 1쌍

무덤방 내에는 무령왕과 왕비가 안장된 관이 보였다. 오랜 세월 때문에 무너져 버린 관과 바닥 사이 무령왕 부부가 착장했을 각종 유물이 뒤엉켜 있었다.

국립공주박물관 제공

濟斯)'의 8자가 달필의 해서로 새겨졌고, 그것은 둘째 줄의 '마왕년육십이세계(麻王年六十二歲癸)'로 이어졌다.

백제사에 밝은 김영배 관장은 가슴이 터지는 듯 했다. 흥분을 애써 감추려 나지막하지만 힘찬 목소리로 외쳤다.

"사마왕? 아아!! 바로 무령왕이다!"

김원룡의 회고담.

"가슴이 덜컹하고 '아이구' 소리를 지를 뻔 했어요. 난 그때까지 여러 번 발굴하는 꿈을 꾸었어요. 너무나 많은 보배들과, 너무나 귀한 명문 자료들이 쏟아져 나오는 꿈. 미쳐 날뛰다가 잠을 깬 적이 한두 번이 아니었는데. 솔직히 말해 저는 발굴 운이 나쁜 사람이었습니다. 무슨 특별하게 중요한 발굴을 해본 적이 없었어요. 그러니 꿈에서나마 그런 꿈을 꾸었나 봅니다.”

그의 회고가 이어진다.

“그런데 그 꿈에도 잊지 못할 명문, 그것도 삼국시대 명문이 눈앞에서 튀어나오는 것이 아니겠습니까.”

둘은 감격에 부르르 떨면서 연도의 끝, 현실(玄室·무덤방)의 문턱까지 들어가 현실 안을 훑어보았다. 무덤방의 사방 벽은 아름답고 또렷한 연화문 전돌로 가득 차 있었다. 벽마다 벽돌 틈으로 나무뿌리들이 흐트러진 실처럼 늘어져 있었고, 바닥에도 나무뿌리들이 수세미처럼 솟아 나와 있었다.

벽면에 만들어진 5개의 하트형 감(龕)에는 타다 남은 심지가 그대로 붙어 있는 백자등잔이 하나씩 놓여 있었다. 1,450년 전 이 무덤을 만든 사람들의 체취가 그대로 묻어나왔다.

등잔에 불을 하나하나 붙이는 백제인의 모습. 등잔에서 올라온 그을음이 감(龕)바깥 머리에 그대로 남아있었다.

그야말로 미도굴분인데다, 주인공이 “바로 나(무령왕)요”하고 손을 든 격인 백제왕릉이 바로 김원룡과 김영배의 눈앞에 모습을 드러낸 것이었다.

▲4시 30분=‘타임머신’을 탄 듯 15분간 백제여행을 끝낸 두 사람이 밖으로 나오자 아수라장이 됐다. 몰려드는 기자들로 북새통이 되었다.

김원룡은 떨리는 목소리로 내부의 광경을 정리했다. 마침 윤홍로가 곁에서 밑줄이 그어진 ‘동양 연표’를 들어 보였다. 김원룡이 확인했다.

“맞았어. 맞아. 이거야.”

“무령왕의 무덤입니다. 무령왕과 왕비의 지석을 갖춘 완전분입니다. 관재(棺材)와 중국 육조(六朝)의 사이호 등이 보였습니다.”

왕릉이라는 발표에 한바탕 난리가 났다. 그것은 엄청난 기사거리였다.

“사진 좀 찍읍시다.”

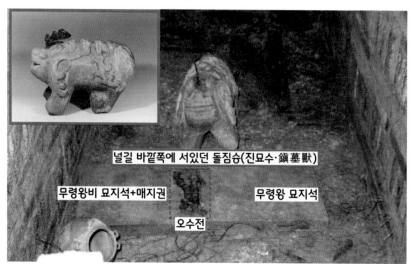

널길 바깥쪽에 서있던 돌짐승(진묘수·鎭墓獸)

무령왕비 묘지석+매지권   무령왕 묘지석

오수전

널길 바깥쪽을 향해 서있던 뿔 하나 달린 돌짐승.. 기묘하게 생긴 짐승상이 발굴단원을 뚫어지고 쳐다보고 있었다.
국립공주박물관 제공

사생결단한 기자들이 아우성쳤다. 자칫하면 통제 불능의 상태로 변할 수 있었다.

"좋습니다. 사진을 찍게 할 텐데 자, 한 사람씩 차례로 찍읍시다."

혼잡, 그리고 불의의 사고를 감지한 김원룡은 한 가지 조건을 내세웠다.

"사진도 한 커트씩만 합시다."

정말 순진한 제안이었다.

사진기자들이 차례로 서서 찍어대고는 '다음 다음'으로 넘어가는 촌극이 빚어졌다.

'새로운 발견 전분(塼墳)은 무령왕릉'이라는 뉴스가 전파를 타고 전국으로 퍼졌다. 그러자 각 신문들은 경쟁적으로 기자들을 증원, 현장에 배치했다.

이 발굴 소식을 특종 보도한 한국일보는 부장을 포함해서 무려 7명의 기자가 급파됐다. 얼마나 엄청난 기사거리였는지 다음과 같은 일화를 보면 알 수 있다.

"뒤늦게 달려온 중앙일보의 이△△ 기자는 '왜 나에게만 늦게 연락을 했느냐'고 문화재관리국 장인기 과장의 뺨을 다짜고짜 때렸다."

김원룡은 발굴 20주년 기념으로 펴낸 단행본에서 이례적으로 실명을 거론하면서까지 당시의 상황을 밝히고 있다.

평소에 친했던 두 사람이었는데 상황이 상황인지라 그만 이성을 잃어버렸던 것이다. 사진기자들은 각 사(社)당 1커트씩이라는 취재 제한에도 아랑곳하지 않고 연문(무덤 밖에서 널길로 통하는 문)을 떠나지 않았다.

누군가는 널길로 들어서서는 안된다는 규칙을 깨고는 안으로 들어가서 근접촬영을 하다가 육이호(六耳壺·귀가 여섯 개 달린 항아리) 옆에 있던 청동숟가락을 밟아 부러뜨리는 '만행'을 저질렀다.

"자, 뭔가 조치를 취해야겠습니다. 이러다 큰일 나겠습니다."

취재진이 사진 촬영을 하는 동안 긴급회의가 열렸다. 이 아수라장을 정리할 특단의 조치는 과연 무엇인가. 해방 이후 이렇게 큰 발굴은 경험해보지 못해 혼란의 연속이었다.

그랬으니 유적보호를 위한 보안조치가 마련되지 못했던 것이다. 유적 발굴 때마다 기자들이 현장에 상주해서 난리를 떨고, 기자들의 극성에 현장책임자들은 문화재관리국의 승인 없이 작업하다 말고 밖으로 나와 생중계하듯 브리핑하는 우를 범하고 있었던 것이다.

"할 수 없습니다. 될 수 있는 한 발굴을 빨리 끝내는 편이 좋겠습니다."

그러나 이 결정은 결과적으로 천추의 한을 남겼으니. 김원룡 단장은 두고 두고 참회했다.

"아무리 기자들이 흥분해서 빨리 공개하라고 졸라대도 신중했어야 하는

무령왕릉은 중국 양나라 지배층 무덤구조를 모방해서 축조한 전돌(벽돌) 무덤이다. 연꽃무늬, 격자무늬, 문자 등
이 새겨진 벽돌을 하나하나 쌓아 올려 무덤방을 만들고 그 위에 흙을 덮어 봉분을 조성했다.

국립공주박물관 제공

데. 그만 발굴단 자체가 흥분해서 '졸속 발굴'을 결정했으니 이 얼마나 무식
한 짓입니까. 그 책임은 모두 발굴단장인 이 김원룡에게 있었습니다."

이 말도 안되는 발굴을 교훈 삼아 2년 뒤에 있었던 경주 천마총 발굴은 그
야말로 철저한 현장관리와 보도 통제 속에서 이뤄졌다. 발굴 현장에 대한 '보
안 전통'은 이때부터 생겼다.

▲밤 8시=한바탕 전쟁을 치르고 무덤 내부에 대한 실측에 들어갔다.

내부의 현상을 실측하려면 무덤방(석실) 안에 서서 북쪽으로 자리를 옮겨
야 했다. 무너져버린 상태의 관재들이 깔려 있었으므로 넘어가기가 불가능했
다. 그러니 날아가지 않는다면 밟고 갈 수밖에.

고민하던 조유전 학예사가 61㎏의 몸무게를 천천히 실어보았다. 의외로 관

재는 튼튼했다. 죽으라는 법은 없었던 것이다. 무령임금은 이 못난 후손들에게 길을 열어 주었던 것이다.

실측은 밤 10시가 되어서야 끝났다.

▲밤10시~9일 아침 9시=10시, 썩어 내려앉은 널판을 들어낸 뒤 그 아래에 널린 유물을 모눈종이와 연필 한 자루만 가지고 와서 위치표시를 해가며 수습하기 시작했다.

전돌바닥과 벽돌틈새로 빽빽이 비집고 나온 잔뿌리에 유물들이 얼기설기 뒤엉켜 한 치 밑도 분간하기 어려운 상황. 밤 12시, 최초의 유물이 반출되기 시작했으니, 그것은 연도에 있던 육이호였다.

다음으로 지석과 석수, 그리고 현실에 들어가 입구 쪽의 사이호, 동으로 만든 잔, 은장식 등을 차례차례 들어냈다.

상부의 널판들만 비교적 온전했을 뿐, 바깥쪽으로 쓰러진 채, 혹은 주저앉은 채 썩어있던 왕과 왕비의 목관. 목관을 들어내니 왕, 왕비 모두의 금제관식이 입구 쪽 머리 근처에서 나타났다.

철야작업으로 내부 조사를 일단 마쳐야 했기에 큰 유물만 대충 수거하고, 나머지는 큰 삽으로 무덤 바닥에서 훑어내 자루에 쓸어 담았다.

세상에. 여러 달, 아니 몇 년이 걸려서라도 사진 찍고, 실측하고, 연구하면서 조심스럽게 했어야 할 작업을 하룻밤 사이에 해치워버린 것이다.

당시 막내였던 조유전 조사원(전 국립문화유산연구원장)의 회고다.

"우리는, 발굴단은 심하게 말해 도굴꾼만도 못했습니다. 유물층을 조사하는 과정에서 삽으로 긁어낸 것은 무엇으로도 용서받지 못할 짓이었습니다."

김원룡 단장의 후회담도 뼈아프다.

"썩은 나뭇가지와 거미줄 같은 나무뿌리의 층막 속이어서 유물수습이 여간 힘든 게 아니었습니다. 유물의 위치를 기록하고 사진 촬영과 약도를 그려

벽면에 만들어진 5개의 하트형 감(龕)에는 타다 남은 심지가 그대로 붙어있는 백자등잔이 하나씩 놓여 있었다.

가며 유물들을 상자에 담아 들어냈습니다. 그러나 나중에 보니 사진이 선명치 않았어요. 만약 그때 사진과 약도에만 의존하지 않고 정확한 실측도를 작성했다면... 이런 졸속은 더욱 돌이킬 수 없는 잘못으로 남게 됐습니다.”

이 대목에서 한 가지 변명을 하자.

발굴단이 얼마나 열악한 환경에서 일했는지... 당시 발굴단은 야간 경비용으로 사용할 수 있는 자가 발전기 1대만(그것도 공주군청 공보실용 장비 빌린 것) 갖추었을 뿐이었다. 발굴조사에 필요한 촬영기구 하나 변변히 마련하지 못했다. 카메라는 일본제 아사히 펜탁스 1대뿐.

이 카메라 역시 실내 촬영 때는 스트로보(섬광등)를 부착하거나, 플래시를 터뜨려야 했다. 그런데 갖추어진 스트로보는 없었고 준비된 플래시 역시 어떻게 장착하는 지 몰라 결국 실패하는 결정적인 실수를 저지르고 말았다.

즉, 카메라에 스트로보와 플래시를 사용할 때 부착하도록 구멍이 상하로 구분돼있었는데 그만 스트로보 구멍에 플래시 코드를 연결시켜 촬영했던 것이다.

카메라 1대를 사면 내구연한이 10년이기 때문에 10년이 지나야 겨우 새 카메라를 살 수 있었으니 참으로 한심한 노릇이었다. 이런 지경이니 10년 동안 거의 사용하지 않은 카메라라도 10년이 지나면 다시 새것으로 바꿀 수도 있었다.

돌이켜보면 사진기자들에게 촬영을 허락한 것이 부족한 기록을 보충해주는 결과가 되었으니 얼마나 웃기는 일인가.

9일 아침 9시, 11시간의 작업은 현실바닥의 먼지까지 말끔히 청소하는 것으로 끝났다.

고대사의 비밀을 담은 블랙박스는 1,450년 만에 이런 우여곡절 끝에, 숱한 교훈을 남긴 채 홀연히 나타난 것이다. 11시간 동안, 하룻밤에 쓸어 담다시피 수습된 유물은 108종, 3,000여 점에 달했다.

<참고자료>
국립문화유산연구원, <무령왕릉>(발굴조사보고서), 1974
김원룡, '무령왕릉 발굴기', <박물관 뉴스> 17호, 1971
노중국, '무령왕대의 정치·경제와 사회·문화', <백제 무령왕릉>, 충남대 백제문화연구소, 1991
조유전·이기환, <한국사 미스터리>, 황금부엉이, 2004
박상진, <역사에 새겨진 나무 이야기>, 김영사, 2007
성주탁·정구복, '무령왕릉의 지석', <백제 무령왕릉>, 1991

홀연히 나타난 무령왕,
갱위강국 외친 중흥군주

1971년 7월 무령왕릉 발굴에서 수습한 유물은 놀라웠다.

금제 관장식과 금고리, 은팔찌, 금 은제 허리띠, 장식칼, 베개, 다리미, 청동 거울 등 108종 3,000여 점에 달했다.

이 유물들은 모두 서울로 옮겨질 운명이었다.

당시 공주박물관은 80여 평의 목조 단층 건물이어서 이 많은 유물을 보관할 능력이 없었다.

정부는 발굴유물의 정리와 보존처리를 위해 서울 이송이 불가피하다는 사실을 알렸고 2,3년 후에 새 공주박물관이 완공되면 다시 옮기겠다고 약속했다.

그러나 공주 읍민들이 들고 일어났다.

"만약 단 한 점이라도 서울로 가져간다면 실력으로 저지하겠다."면서 공주박물관 앞에서 농성을 벌였다. 조사단원들과 관계관들은 테러 위협을 받았으며 밤에는 박물관 뜰로 돌멩이가 날아오는 등 험악한 분위기가 연출되었다.

"서울에서 연구가 끝나면 반드시 공주 새 박물관에 이관시키겠다."는 김종필 당시 국무총리의 약속, 그리고 가장 낡은 청동제 신발을 들고 "보다시피이 청동신발은 중병에 걸려 있으니 서울에서 고치지 않으면 썩어 없어진다."고 한 김원룡 단장의 설득이 이어졌다.

급기야 공주시민들의 이해를 얻고는 7월16일 새벽 무장 경관의 호위를 받은 무령왕릉 출토품들이 공주를 출발, 오전 9시 40분쯤 서울 국립중앙박물관에 도착한다.

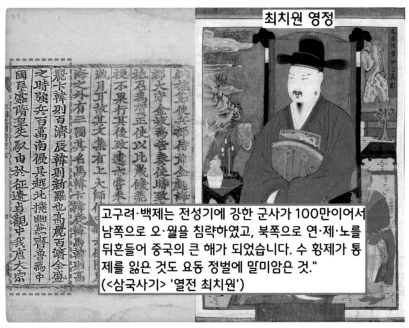

최치원 영정

고구려·백제는 전성기에 강한 군사가 100만이어서 남쪽으로 오·월을 침략하였고, 북쪽으로 연·제·노를 뒤흔들어 중국의 큰 해가 되었습니다. 수 황제가 통제를 잃은 것도 요동 정벌에 말미암은 것."
(<삼국사기> '열전 최치원')

통일신라시대 최치원(857~?)은 당나라 문하시중에게 올린 편지에서 "고구려와 백제의 전성기에는 강한 군사가 100만이었다. 남으로는 (백제가) 오나라와 월나라를 침공하였고, 북으로는 (고구려가) 연·제·노의 지역을 어지럽혔다"(<삼국사기> '열전' 최치원)고 썼다.

마지막으로 실소를 금할 수 없는 사건.

무령왕릉 출토품 가운데 주요 금제 유물들을 당시 박정희 대통령에게 보여 주었다.

대통령은 얼마나 신기하게 생각했던지 유물 가운데 왕비의 팔찌를 들고는 "이게 진짜 순금이냐."며 두 손으로 휘어 보았다. 이때 문화공보부 장관이던 윤주영을 따라 갔던 김원룡 발굴단장은 "순간 가슴이 철렁했다."고 회고했다. 대통령이 뜨거운 관심을 보여서 그랬는지, 혹은 단순한 아부였는지는 알 수 없는 일이다.

수수께끼를 풀어줄 고대사의 블랙박스를 열다

이렇게 못난 후손들을 둔 덕에 욕을 보셨던 무령왕(재위 501~523).

그러나 우리 곁에 홀연히 나타난 임금님은 수수께끼에 가득 찬 고대 백제사는 물론 동아시아사에 엄청난 해답의 실마리를 던져 주었다.

무엇보다도 도굴의 화를 입지 않은 무덤이었고, 왕의 이름과 출생·사망연대 등이 기록된 지석이 발견됐다. 이는 엄청난 의미를 지닌다.

피장자가 밝혀진 고대 임금의 무덤은 무령왕릉이 처음이다.

무령왕이 "내가 무덤의 주인공이요."하고 선언함으로써 이곳에서 발견된 유물들은 모두 삼국시대를 편년하는 기준자료가 되었다.

명문 지석을 통해 삼국사기 백제본기의 내용이 맞다는 사실을 알려주었다. 또한 당대의 장제(葬制)와 역법, 음양오행사상 등을 살필 수 있는 귀중한 자료를 마련해 주었다.

왕의 지석 내용은 이렇다.

"寧東大將軍百濟斯/麻王年六十二歲癸/卯年五月丙戌朔七/日壬辰崩到乙/巳年八月/癸酉朔十二日甲申安厝/登冠大墓立志如左", 즉 무령왕이 523년 5월 7일 죽었고 약 27개월 후인 525년 8월 12일에 대묘에 안장됐다는 뜻이다.

이는 "왕이 523년 5월에 죽었다(夏五月王薨)"는 삼국사기 백제본기 무령왕조 기사와 정확하게 맞는다는 점을 의미한다.

왕의 지석 뒷면은 십간(十干) 십이지(十二支)의 문자가 새겨져 있다. 이를 두고 단순한 방위표라는 해석과, 능묘에 대한 방위표이면서 일종의 능역도를 겸했다는 해석 등 의견이 분분했다.

또한 단순한 방위표가 아니라 묘를 축조하고 매지권을 만든 것과 관련이 있으며, 능역도와 같은 의미에서 묘역도로 해석하는 게 옳다는 주장도 있었다.

다른 1장의 지석 앞면엔 지신(地神·귀신)들로부터 땅을 사서 이 묘를 만들

무령왕비의 베개

무령61.

무령왕의 베개(조각)

무령20.

왕과 왕비의 베개. 왕의 베개는 부식되어 조각만 남아있지만 왕비의 것은 완형이다. 표면에 장방형 금 꾸미개를 이어 붙여서 육각형 무늬를 만들고, 그 육각형 무늬의 모서리와 중앙에는 소형의 달개 달린 꽃모양 금 꾸미개를 붙여 장식했다. 완형으로 확인된 왕비의 베개는 화려한 색체의 문양을 새겨넣었다. 특히 팔메트를 물고 날개를 활짝 펴 비상하는 모습으로 표현한 봉황 머리장식이 눈길을 끈다.

국립공주박물관 제공

었다는 걸 의미하는 매지권(買地券), 그리고 뒷면에는 왕비의 묘지(墓誌)가 새겨져 있었다. 왕과 왕비의 묘지에는 매장자의 직위, 이름, 사망 연월일, 장례 연월일, 묘지의 위치 등이 적혀있다.

앞면(매지권)의 내용은 "錢一萬文 右一件/乙巳年八月十二日寧東大將軍/百濟斯麻王以前件錢詣土王/土伯土父母上下衆官二千石/買申地爲墓故立券爲明/不從律令", 즉 죽은 무령왕이 토지신에게 땅을 사서 무덤으로 조성했다는 내용이다.

이 매지권 석판 위에는 중국 돈인 오수전 90매가 놓여있었다. 바로 이 오수전이 토지매매 대금으로 지불한 것이 아닐까.

뒷면의 왕비 묘지 내용은 "丙午年十一月百濟國王太妃壽/終居喪在酉地己酉年二月癸/未朔十二日甲午改葬還大墓立/志如左"이다.

왕과 왕비의 묘지, 그리고 매지권을 통해 정리하면 무령왕은 523년 5월 7일 붕어하여 3년상을 치르기 위해 27개월 동안 가매장됐다가 525년 8월 12일 신지(申地)인 대묘에 모셔졌다.

그때 왕의 묘지와 간지도, 매지권을 만들었다.

그런데 왕비 또한 526년 12월 죽었고, 서쪽의 땅에서 빈(殯)을 치른 뒤 529년 2월12일에 다시 대묘로 옮겼다. 이때 기왕에 작성해 놓은 매지권 상하를 뒤집어 뒷면에 왕비의 묘지를 써넣은 것이다.

그렇다면 무령왕(재위 501~523)은 누구인가.

이 무령왕릉 발굴로 어떤 고대사의 비밀이 풀린 것일까.

우선 무령왕 시대의 백제를 살펴보자. 무령왕이 즉위한 501년 무렵, 백제는 풍전등화의 상황에 처해 있었다. 기원전 18년 온조왕이 한성에서 나라를 일으킨 뒤 한성백제는 욱일승천의 기세로 뻗어나간다.

근초고왕(재위 346~375) 때는 고구려 고국원왕을 죽이고 백제사를 통틀어

무령왕릉에서 확인된 왕과 왕비의 발받침대. 왕의 발받침대는 표면에 검은칠을 두껍게 한 후 폭 0.7㎝의 얇은 금판을 6각형 거북등 무늬로 만들고, 그 무늬 가운데와 금판이 만나는 6각형 모서리에 각각 금제영락이 달린 금꽃으로 장식했다. 왕비의 발받침대는 붉은칠 바탕에 금박으로 가장자리를 따라 테두리를 둘렀다. 검은색과 흰색으로 연꽃과 구름을 그려넣었다. 윗부분에는 쇠막대를 꽂고 연꽃무늬를 표현했다.　　국립공주박물관 제공

최대의 전성기를 맞이한다. 하지만 고구려 광개토대왕(재위 391~413) 장수왕(재위 413~491)의 남하정책으로 대방 고지(故地)의 영유권을 둘러싸고 줄곧 접전을 벌이다 475년 결국 한성이 함락되는 비운을 겪는다.

　이전에 개로왕(재위 455~475)은 대내적으로 해(解)씨·진(眞)씨 등 귀족세력들을 억누르기 위해 동생(혹은 아들)인 문주를 상좌평에 임명했고, 또 다른 동생 곤지(昆支)에게는 병권을 장악하게 했다. 그러나 이처럼 무리한 친정체제 구축은 귀족 세력들의 불만을 샀다.

　여기에 권력의 과시욕에서 나온 대대적인 궁성 수축, 왕릉의 조영, 치수사업 등으로 국고가 고갈됐고 민력이 급격히 피폐해졌다. 비근한 예로 개로왕을 죽인 고구려군의 걸루와 만년은 원래 백제 출신으로 고구려에 망명한 자들이었다.

　아무튼 한성이 함락되자 백제는 패닉 상태에 빠졌다. 문주는 한성이 풍전

등화의 위기에 시달릴 때 신라에게 1만의 원병을 얻어 달려오는 중이었으나 한성 함락의 비보를 접하게 된다.

그는 개로왕 또한 참살됐다는 소식을 듣고는 조미걸취(祖彌桀取), 목협만치(木協滿致) 등 중신들의 보필을 받아 웅진(熊津) 천도를 단행한다. 신라 원병 1만 명이 든든한 배경이었다. 웅진시대(475~538)의 개막이었다.

하지만 한번 기반이 흔들린 백제는 쉽게 재기하지 못했다. 한성의 상실, 권신의 발호, 왕권의 실추는 잇단 정정불안의 원인이 되었다.

문주왕(재위 475~477)은 병관좌평 해구(解仇)의 발호를 통제하지 못한 채 그의 손에 시해당하고 만다. 해구는 문주왕의 아들로 13살에 불과했던 삼근왕(재위 477~479)을 옹립하고 국정을 농단했다.

그런 해구는 이듬해 478년 봄 옛 왕비족인 진(眞)씨 세력에 의해 제거됐다. 그러나 1년 뒤 삼근왕 역시 의문의 죽음을 당한다. 그 뒤를 동성왕(재위 479~501)이 잇는다.

10대 후반의 나이로 등극한 동성왕은 담력이 뛰어났고 백발백중의 명사수였다. 그는 신흥세력을 등장시켜 옛날 세력과 균형을 꾀했다.

동성왕 12년(490)과 17년(495) 중신들의 구성을 보면 사(沙), 해(解) 등 신 구 귀족들이 골고루 분포돼있음을 알 수 있다.

하지만 말년에 이르자 동성왕도 개로왕의 전철을 밟는다. 정도를 벗어난 토목공사로 민심이 이반됐고, 신료들에 대한 고압책으로 반감을 샀다.

그는 486년 이래 위사좌평직에 있으면서 신진세력으로 부상하던 백가를 가림성 성주로 좌천시켰다. 그러나 이것이 화를 불렀다. 원한을 품은 백가는 501년 11월 자객을 보내 사냥을 하던 동성왕을 찔렀다. 중상을 입은 동성왕은 12월 숨을 거둔다.

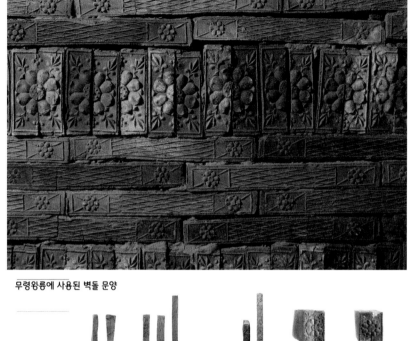

무령왕릉에 사용된 벽돌 문양

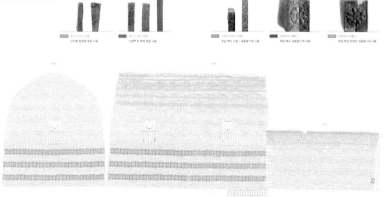

무령왕릉 내부를 장식한 연꽃무늬 전돌. 왕릉은 이와같은 연꽃무늬와 격자무늬 전돌을 하나하나 구워 쌓아올리고 그 위에 흙을 덮어 봉분을 만들어 완성했다.　　　　　　　　　　　　　　　국립공주박물관 제공

누란의 위기에서 조국 구한 무령왕

무령왕은 비명에 간 동성왕에 이어 왕위에 오른다.

삼국사기 무령왕 즉위조는 "이름은 사마 혹은 융이라 했으며 키가 8척이고 눈매가 그림 같았으며 인자하고 너그러워 민심이 따랐다"고 평했다.

어느덧 40세 불혹의 나이로 왕위에 오른 무령왕은 백가가 가림성에서 반란을 일으키자 몸소 군사를 이끌고 토벌했다. 왕은 항복을 청하는 백가를 베어 백강에 던지도록 했다.

혹 무령왕은 동성왕을 시해한 정변의 주모자이거나 배후 조종자는 아닐까. 동성왕 말년의 실정을 계기로 백가를 충동질하여 왕을 죽이게 한 뒤 왕위에 오른 것은 아닐까.

그런 무령왕이 즉위한 지 한 달 만에 한 때의 동지였던 백가에게 동성왕 시해의 책임을 뒤집어씌운 것은 아닐까. 그래서 핀치에 몰린 백가가 반란을 일으켰고 무령왕은 '이때다' 싶어 백가를 참형에 처해 팽(烹)한 것이 아닐까.

어쨌거나 무령왕이 백가의 반란을 진압한 것은 두 마리 토끼를 잡은 셈이었다.

왕이 직접 출병하여 역적의 목을 벰으로써 정치적인 입지를 확보한 데다, 동성왕 이래로 비대해진 신진귀족들의 권한을 통제하면서 왕권을 강화한 것이었다.

우여곡절 끝에 백제의 제25대 왕에 오른 무령왕은 민생안정과 부국강병책, 활발한 대외교류로 중흥의 주춧돌을 놓는다.

전대 동성왕대에는 가뭄 때문에 백성들끼리 서로 잡아먹는 등(499) 도탄에 빠졌으나 왕(동성왕)은 구휼을 하지 않은 채 방관했다.

무령왕은 창고를 열어 민심을 잡고(506) 제방을 쌓아 떠도는 자들을 모아 귀농케 했다(510년). 이는 농업 노동력 확보를 뜻하며 동시에 조세 및 노동력

수취의 기반 확대라 할 수 있다.

특히 한편으로는 불구대천의 원수국 고구려를 압박하고 중국 양나라, 왜, 신라조와 깊은 관계를 맺는다. 무령왕은 당대 세계화 국제화의 기수였으며 누란의 위기에 빠진 조국을 반석 위에 올려놓은 국가 중흥의 영주가 된다.

무령왕은 521년 양나라에 보낸 국서에 "이전 고구려에 의한 어려움을 극복하고 다시 강국이 됐다"고 알렸다. 이에 양나라는 무령왕릉 출토 지석에 쓴 대로 '영동대장군'의 책봉을 내린 것이다.

그런데 지석에는 무령왕의 죽음을 천자의 죽음을 칭하는 '붕(崩)'으로 칭했다. 사람의 죽음을 표시하는 글자로는 사(死), 졸(卒), 종(終), 훙(薨), 붕(崩)을 쓰는데 일반적으로는 사, 졸, 종을 쓰지만, 제후의 죽음엔 훙(薨)을, 천자의 죽음엔 붕(崩)을 쓴다.

이로써 백제의 주체의식을 알 수 있다. 그렇다면 왜 지석의 다른 부분엔 중국 양나라로부터 '영동대장군'이라는 책봉을 받았다는 내용이 있고, 또 제후를 나타내는 왕(王)이란 표현이 있는가.

그것은 결국 사대주의가 아닌가. 영동대장군은 무령왕 21년(521) 양나라에 사신으로 보냈을 때 양나라 무제에게 받은 직위. 대장군은 양나라의 제2품직 벼슬이었다.

그러나 이는 당대 동아시아의 국제적 관행을 잘 보여주는 것에 불과하다. 이병도 교수는 "마치 오늘날 외국에서 명예학위 혹은 명예회원이나 명예훈장을 받는 그런 감각으로 사용한 것일 뿐"이라고 보았다.

또 '왕'이란 칭호는 중국에서도 군주에 대한 고전적인 최고 호칭이었다. 중국도 춘추시대까지 천자라야 왕의 칭호를 사용한 것이다. 전국시대 때 들어서 제후국들도 왕을 칭했다.

중국에서 황제라는 말이 처음 쓰인 것은 진시황(재위 기원전 247~기원전

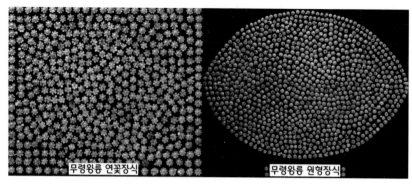

무령왕릉 연꽃장식   무령왕릉 원형장식

무령왕릉 안에서 확인된 황금 연꽃 모양의 장식. 금함유량은 93.4~94.1%(큰 것)과 98.8~99.5%(작은 것)로 순금(24K)이라 해도 과언이 아니다. 순금 연꽃 668점, 은 연꽃 137점 등 805점의 연꽃 장식이 수습됐다. 연꽃장식 말고도 금·은·동 원형장식이 1,910점이나 쏟아졌다. 이 가운데 순금제만 1,039점에 이른다.

국립공주박물관 제공

210) 때에 이르러서이다.

천하를 통일한 진시황은 "덕은 삼황(三皇)을 겸하고, 공은 오제(五帝)보다 높다."고 하여 황제를 칭했고 그에 따라 왕의 칭호가 격하됐던 것이다.

무령왕릉은 웅진시대(475~538)에만 잠깐 선을 보인 전축분(벽돌분)이다. 이는 전형적인 중국(양나라)식 묘제이다. 무령왕릉 발굴 후 10년 뒤 중국에서 발굴된 남경연자기묘(南京燕子磯墓)와 똑같은 양식이다.

이 묘는 중국에서 처음 발견된 양 보통 2년(梁普通 二年) 명문이 남아있는 양나라 시대묘(양나라는 무제인 소연이 건국하여 경제인 소방지 때 멸망할 때까지 불과 56년 존속했다)이다. 여기서 보통 2년은 521년을 뜻하며 무령왕릉보다 4년 이른 것이다.

더욱이 지석판 위에는 무령왕이 죽은 523년 양나라가 주조한 90매의 오수전(五銖錢)이 놓여있었다.

원래 오수전은 후한 광무제 건무 6년(기원후 30)에 철 오수전이 주조됐지만 얼마 지나지 않아 폐기됐다. 양무제 천감(天監) 연간(502~519)에도 여오수전 (女錢五銖)를 주조했지만, 화폐가 얇고 작았다.

양나라는 보통 4년(523) 영을 내려 될 수 있는 한 동전 유통을 중지시키고 철전을 다시 사용하게 했다. 양나라에서 철로 주조한 오수전을 다시 사용한 때가 523년이라는 뜻이다.

그런데 공교롭게도 무령왕은 523년에 죽었고, 지신에게 줄 토지대금을 이 오수전 꾸러미로 지불한 것이다.

왕비가 526년 죽었고 529년에 장사지냈다 하더라도 오수전이 이곳에 묻혀 있었다는 것은 돈의 전파속도가 얼마나 빠른지를 알 수 있는 대목이다.

중국 측 자료인 양서 백제전에는 "백제가 양조에 공장(工匠)과 화사(畵師) 등 인원 파견을 요구했다."는 기록이 있을 정도로 교류가 활발했다.

양나라와 백제의 친밀도는 상상을 초월한다. 심지어 대륙 본토에서 양나라가 관할하던 다른 지역보다 더 친했다. 예컨대 후난성(湖南省) 샤오량(邵梁) 양조묘 안에 있는 묘 벽의 문자는 뜻밖에 '양 보통(梁 普通) 10년'의 연호를 사용하고 있다.

'보통 8년' 이후 양나라의 연호가 '대통(大通)'으로 바뀌었는지를 후난성에 서조차 모르고 있었던 것이다.

양나라 무덤에 일본제 목관의 비밀

지난 1991년 무령왕이 안치됐던 관의 재질이 일본 남부에서만 자라는 금송(金松)이라는 사실이 밝혀지면서 또 한 번 파란이 일었다. 이를 처음 밝혀낸 나무학자 박상진(교수 당시 경북대)의 말을 들어보자.

"발굴한 지 꼭 20년이 지난 1991년 무령왕의 관재 조각을 입수한 나는 급히 프레파라트(표본)를 만들어 현미경 접안렌즈를 들여다보았다. 확대된 세포 모양을 확인하는 순간, 놀라움을 금할 수 없었다. 일본인들이 자기네들 나라에만 있다고 자랑해 마지않은 금송의 세포 배열이 잃어버린 기나긴 세월을 일깨워주듯 나와 눈을 맞추고 있었던 것이다."

박상진 교수는 3년 뒤 공주박물관 지하수장고에 보관된 무령왕릉의 열한 개 나무 관재 하나하나를 조사했다.

모두 금송이었다. 함께 보관된 작은 나뭇조각에서 삼나무가 검출됐는데 이 삼나무도 일본에서만 자라는 나무였다.

금송은 겉씨식물 바늘잎나무 무리에 들어가는 '늘 푸른 나무'이다. 식물학적으로는 낙우송과(科) 금송속(屬)으로서 자손이 귀한 집안의 외동아들이다. 오로지 일본열도 남부지방에서만 자란다.

판자를 만들어 놓으면 연한 황갈색을 띠어 고급스럽고 나이테가 살짝 드러나는 은은함이 돋보인다. 잘 썩지 않고 습기가 많은 장소에 쓰더라도 오래 견딜 수 있어 나무관 재료로는 최상품. 일본에서도 예로부터 고급 관리나 임금의 관재로 쓰였다.

목관의 제작에 필요한 시간을 고려한다면 무령왕은 미리 일본에서 많은 양의 금송을 입수 관리하고 있었고, 목관의 제작도 어느 정도 진행되고 있었다는 얘기다.

이 무슨 조화인가. 학계는 들끓었다. 가뜩이나 무령왕의 출자(出自)와 관련된 끊임없는 논쟁이 벌어지던 중이었다.

물론 여전히 그 논쟁은 끝나지 않고 있다. "무령왕이 동성왕의 아들이니(삼국사기), 개로왕의 아들 혹은 개로왕의 동생인 곤지(昆支)의 아들이니(일본서기)"하는 팽팽한 논전이 계속되고 있다.

어쨌든 이 금송의 확인은 6세기 전반대 백제가 문물뿐 아니라 오경박사 같은 기술자들을 왜 야마토(大和) 정권에 보냈다는 점을 상기하면 흥미로운 일이 아닐 수 없다.

또 하나 일본서기 기록(雄略記 5년·461년)도 시사하는 바가 크다.

즉 개로왕이 동생 곤지를 일본에 보내려 한다. 그런데 곤지는 야릇한 조건을 단다.

임신 중인 개로왕의 여자, 즉 형수를 달라는 것이었다. 왕의 허락을 얻은 곤지는 왜국으로 떠났다. 다만 개로왕은 왜국으로 가는 도중에 아이를 낳으면 모자 함께 같은 배를 태우고 돌려보내도록 명했다.

개로왕의 여자는 각라도(各羅島·佐賀縣 松浦郡 鎭西町 加唐島?)에 이르러 아이를 낳았다.

그가 바로 무령왕이라는 것이다. 왕의 명에 따라 이 왕자에게 도왕(嶋王·せまきし)이라고 이름 붙여 백제로 돌려 보냈다. 백제인은 이 섬을 니리무세마(にりむせま)라고 했다.

이 니리무는 고대언어로 국주(國主)라는 뜻이라고 한다.

전승에 따르면 무령왕은 현해탄에 면하는 사가현 가당도에서 태어났다고 한다. 2000년 9월 문경현 경북대 교수가 가당도를 조사하여 일본서기의 기록을 확인했다는 보도도 있었다.

어쨌거나 이 해괴한 형제공처(共妻) 내용은 신뢰성을 떨어뜨린다는 지적도 많지만, 무령왕의 백제와 왜 사이에 뭔가 특수관계가 있었음을 시사하는 사료이기도 하다.

그렇다면 "간무(桓武)천황의 생모가 백제 무령왕의 자손이라고 적은 속일본기(續日本記)의 기록으로 보면 한국과의 친연관계를 느낀다."고 한 아키히토 일왕의 발언(2001년 12월23일)은 무얼 암시하는가.

바로 간무일왕을 낳은 화씨부인(?~789)이라는 여인이 바로 백제계인 것이다.

화씨부인의 아버지는 왜 왕실의 조신(朝臣)인 야마토노 오투츠쿠(和乙繼)인데 그 뿌리를 찾으면 바로 무령왕에게 닿는다는 것이다.

이 발언의 의미를 두고 학계에서 일찍부터 공인된 이야기를 발설하는 것은 이른바 일선동조론(日鮮同祖)을 제기하는 게 아니냐는 따가운 시선을 받았던 건 사실이다.

어쨌거나 무령왕과 무령왕릉 발굴은 비밀에 싸였던 동아시아 고대사의 블랙박스를 연 것이었다.

<참고자료>
국립문화유산연구원, <무령왕릉>(발굴조사보고서), 1974
정재윤, <사료를 보니 백제가 보인다(국외편)>, 주류성, 2007
이기동, '무령왕대의 국내외 정세', <발굴30주년 기념 국제학술대회-무령왕릉과 동아세아 문화>, 국립부여문화재연구소·국립공주박물관, 2001
지건길, '무령왕릉 발굴의 성과와 의의', <백제 사마왕 특별전 도록>, 국립공주박물관, 2001
이남석, '백제 웅진기 고분문화를 통해 본 무령왕릉 축조의 의미', <발굴30주년 기념 국제학술대회-무령왕릉과 동아세아 문화>, 국립부여문화재연구소·국립공주박물관, 2001
박상진, <역사에 새겨진 나무이야기>, 김영사, 2007
국립공주박물관, <무령왕릉을 격물하다>(무령왕릉 발굴 40주년 기념 특별전 도록), 2011

무령왕 부부 3년상 완전 복원...
제사상에 은어 3마리 올린 이유는?

"영동대장군 사마왕(무령왕)이 62세가 되는 계묘년(523) 5월 7일 돌아가셨다. '신지(申地)'의 땅을 사서 무덤을 조성했다. 을사년(525) 8월 12일 대묘에 안장했다."

1971년 7월 세상을 깜짝 놀라게 한 백제 무령왕릉 발굴의 출토품은 5,000점이 넘는다. 그 가운데 12건(17점)이나 국보로 지정되었다. 그러나 그중 '원

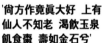

'尚方作竟眞大好 上有
仙人不知老 渴飮玉泉
飢食棗 壽如金石兮'

'상방에서 만든 거울은 참으로 좋아. 천상에는 신선이 있어 늙는 줄 모른다. 목마르면 맑은 샘물을 마시고 배고프면 대추를 먹으니 목숨이 금석처럼 길도다.'

무령왕의 발치 쪽에서 확인된 청동거울. "천상에는 신선이 있어 늙는 줄 모른다. 목마르면 맑은 샘물을 마시고 배고프면 대추를 먹으니 목숨이 금석처럼 길다."는 명문이 새겨져 있다. 부왕(무령왕)의 혼이 하늘나라로 영원불멸하기를 바라는 상주(성왕)의 바람이 담겨있다.
이양수 국립청주박물관장 도움 정리

무령왕의 발쪽에는 청동거울과 함께 청동신발도 놓여있었다. 무령왕의 혼을 천상으로 올려줄 승선 도구로 삼은 듯 하다.
국립공주박물관 제공

강원표 국립중앙박물관 학예연구관 복원

무령왕릉 무덤방 입구에서 확인된 제사상과 제기의 모습　출토양상과 주변의 제기 등을 토대로 복원한 무덤방 입구 제사상

무령왕릉 무덤방 입구 쪽에서 확인된 나무판(제사상)과 나무판 위의 제기 자국을 토대로 복원해본 제사상. 가장 큰 두 점의 그릇은 칠기 그릇으로 추정된다.
강원표 국립중앙박물관 학예연구관 제공

톱'을 꼽자면 금은으로 치장한 화려한 유물이 아니다. 생뚱맞지만 '돌판' 2점 이다.

무령왕릉 유물의 '원톱'

하지만 예사로운 '돌판'이 아니다. 무령왕의 돌판, 즉 무덤 임자의 인적사항을 기록한 묘지석이다.

그 돌판엔 '주인공=사마(斯麻)'라고 적혀있었다. <삼국사기> '백제본기·무령왕'조를 보라.

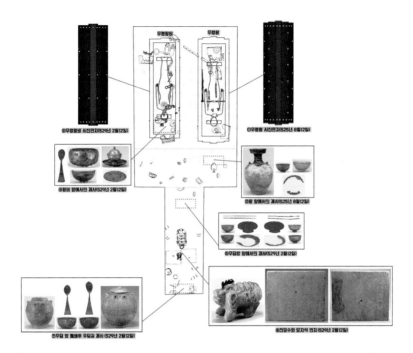

무령왕릉 안에서는 최소한 4차례 제사를 치른 흔적이 보인다. 왕과 왕비의 시신 앞에서 한 번씩, 무덤방 입구에서 한 번, 무덤길 앞에서 한 번 등이다.
강원표 학예연구관 제공

"무령왕의 이름이 '사마'라 했고"(501년), "523년 5월 홍(薨·서거)했다"고 기록되어 있다.

삼국시대 고분 중 유일하게 주인공이 "나요!"하고 손들고 나선 최초의 무덤이 출현한 것이다.

<삼국사기> 기사와 소름 끼치도록 정확히 일치하는 명문 돌판이 1500년 만에 나타난 것이기도 했다.

다른 돌판 1장의 앞면에는 '땅의 신'에게 무덤터를 사들인 내용을 적은 매지권(토지매매 계약서)이 새겨져 있었다.

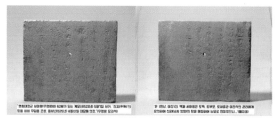

무령왕릉은 삼국시대 왕릉 가운데 신원이 밝혀진 유일한 능이다. 무덤의 주인공이 사마왕, 즉 무령왕과 무령왕비임을 분명히 밝힌 묘지석이 나왔다. 또한 무덤조성을 위해 토지신에게 땅을 구입했다는 '매지권'까지 보였다.
국립공주박물관 제공

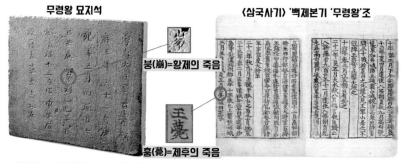

<삼국사기>는 무령왕의 서거를 알리면서 제후의 죽음을 뜻하는 '훙(薨)'자를 썼다. 그러나 당대의 자료인 무령왕의 '묘지석'은 '천자(황제)의 죽음'을 지칭하는 '붕(崩)'자를 사용했다. 백제가 밖으로는 '제후'를 칭했지만, 안에서는 '천자(황제)'를 자처했다는 뜻이다.
국립공주박물관 제공

돌판 위에는 매매대금을 상징하는 오수전 90매가 놓여있었다. 그런데 이 '매지권' 뒷면에도 글씨가 새겨져 있다. 무령왕보다 3년 6개월 뒤 서거한 왕비의 묘지(죽은 이의 행적을 담은 글)이다.

"무령왕비가 526년 11월 서거했고, '유지'(서쪽의 땅)에서 빈(殯)을 치른 뒤 529년 2월 12일 대묘로 옮겼다."

무령왕비가 서거하자 고인이 된 남편(무령왕)의 매지권 돌판을 '재활용'해서 뒷면에 왕비의 묘지를 써넣은 것이다.

무령왕릉 묘지석의 '핵심 코드'

이 왕과 왕비의 묘지석에는 간과할 수 없는 코드가 새겨져 있다.

왕과 왕비가 서거 후 27개월(무령왕·523년 5~525년 8월, 무령왕비·526년 11~529년 2월)만에, 비로소 대묘(무령왕릉)에 묻혔다는 것이다. 한마디로 무령왕과 왕비가 햇수로 따져 3년상을 치렀다는 얘기다.

이중 필자의 시선을 잡아끈 장면이 있었다.

성왕이 부모(무령왕과 왕비)의 시신을 안치한 뒤 그 앞에 최소 4차례 제사상을 차려 두 분의 명복을 비는 장면이다.

여기서 잠깐. '한국 고고학 발굴의 흑역사'를 소환하지 않을 수 없다. 무령왕릉 발굴이 한창이던 1971년 7월 8일 밤이었다.

제대로 된 발굴 경험이 없던 조사단의 우왕좌왕과, 역시 발굴 취재의 노하우가 없었던 기자들의 무리한 경쟁이 어우러져 현장은 아수라장이 됐다. 이때 발굴단은 중요 유물을 일단 수습했다. 그러나 바닥에 풀뿌리로 어지럽게 뒤엉켜 있는 자잘한 유물들을 삽으로 쓸어담아 쌀 포대자루에 넣어 싣고 나가는 '만행'을 저지른다.

유물 더미에서 나타난 은어 3마리

그렇게 쓸어 담은 잔존 유물의 더미는 30여 년이 지난 2000년대 초반부터 하나하나 재정리되기 시작됐다.

그런데 흙더미 속에 섞여 있던 유물 중 300여 점의 물고기 뼈가 확인됐다.

이 뼛조각을 하나하나 붙여보니 25㎝ 정도 되는 은어 3마리뿐이었다.

이 은어뼈 대부분은 청색으로 변색되어 있었다. 무령왕의 시신 앞에 제사상으로 쓰인 나무판 조각이 보였다는 기록이 남아있었다. 아마 은어 3마리는 제사상 위에 놓인 청동접시에 고이 담겨 있다가 청색으로 변색했을 것이다,

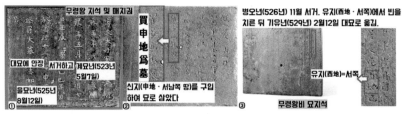

무령왕과 왕비는 두 분 다 3년상을 치렀다. 서거 후 27개월(무령왕·523년 5~525년 8월, 무령왕비·526년 11~529년 2월) 만에, 비로소 대묘(무령왕릉)에 묻혔다. 묻힌 땅은 신지, 즉 서남쪽이고, 햇수로 3년간 빈소를 차린 곳은 유지, 즉 서쪽 땅이었다. 　　　　　　　　　　　　　　　　　　　　　　　　국립공주박물관 자료

이 은어 3마리는 무령왕의 제사에 쓰인 게 맞다. 왜냐. 회귀성 어류인 은어는 봄에 거슬러 올라와 가을까지 강 중·상류에서 서식하며 성체로 자란다. 그러다가 가을철에 강 하구 및 기수역(강과 바다의 경계면)으로 이동해 산란 후 죽는다. 그렇다면 무령왕릉에서 확인된 25㎝ 짜리 은어 3마리는 여름철에 잡은 성체라는 얘기가 된다.

여기서 무령왕과 왕비의 매장일자(무령왕은 8월 12일, 왕비 2월 12일)를 감안하면 어떨까.

은어 3마리는 여름철에 장례를 치른 무령왕을 위한 제사상 차림이라는 것을 짐작할 수 있다. 왜 하필 은어일까. 백제는 물론 신라의 왕릉급 무덤에서 '은어'는 단 한 번도 출토된 바 없다. 절대다수가 바닷고기이며, 민물고기라고 해봐야 잉어와 붕어 정도이다.

하지만 은어는 맛이 담백하고 비린내가 나지 않으며, 살에서 오이향 또는 수박향이 난다. 예부터 왕실 진상품이었다.

무령왕은 유달리 은어라는 생선을 좋아한 임금일까. 아니면 회귀성 어종인 은어를 통해 '내세에서도 언제든 돌아와 백제를 위해 힘을 써달라'는 아들(성왕)의 염원이 투영된 것인지도 모른다.

무령왕과 왕비, 매지권의 내용을 토대로 추정해본 무령왕 부부의 빈전 위치. 공산성을 기준으로 무령왕이 서거한 지 27개월 만에 '신지(서남쪽)', 즉 지금의 무령왕릉에 묻혔고, 무령왕비가 '유지', 즉 정서쪽에 빈전을 마련한 뒤 역시 27개월 뒤에 남편의 무덤에 안장되었다는 내용을 바탕으로 가늠해봤다.　　　　이한상 대전대 교수 정리

나무판에 난 그릇 자국의 정체

무덤방 입구에서 출토된 제사상의 흔적도 흥미롭다.

원래 무덤방 입구에서 발견된 흑칠 나무판의 용도를 알 수 없었다.

처음에는 그 나무판의 표면에 백색의 둥근 테가 그려져 있다는 정도로만 보고됐다. 그런 탓에 주목을 끌지 못했다.

그것이 제사상에 놓은 그릇의 밑동이 자국으로 추정된 것 역시 나중의 일이었다.

자세히 보니 큰 굽 흔적 2개, 푸른색의 작은 굽 흔적 3개, 굽 없는 그릇 2개의 흔적이 남아있었다.

2022년 자국에 남아있는 색깔과 출토유물의 재질 및 형태 등을 맞춰본 결

정지산의 건물터 | 건물터 정리한 모습
정지산 출토 제기 | 정지산 빙고(추정)

1996년 해발 67m의 야트막한 정지산 정상(800여 평)에서 매우 특이한 구조의 기와 건물터(7동)이 발굴됐다. 그중 벽체의 흔적 없이 기둥만 3열 45개 박아놓은 건물체가 특히 수상했다. 이 건물체의 안에 시신을 넣은 관 같은 시설물이 놓여있을 가능성이 짙다. 또 건물터 옆에는 얼음을 보관하는 '빙고'(추정)가 확인됐다. 제사를 지낸 흔적인 제기도 확인됐다. 국립공주박물관 제공

정지산 빈전 | 빈전(재현) | 조문(재현) | 왜계 등 각지에서 온 다양한 양식의 도

정지산 빈전(추정)에는 왜계 도기 등 고창과 나주, 고령 등에서 제작된 것으로 보이는 유물이 상당수 보였다. 국내외에서 조문 행렬이 이어진 것으로 짐작된다. 국립공주박물관 제공

과를 토대로 제사상 복원안을 공개한 논문이 발표됐다. 그에 따르면 무덤방 입구의 제사상에는 주칠기와 청동잔, 청동접시가 각각 2점씩 놓여 있었던 것으로 추정된다.

새삼 무령왕릉 유물의 출토 상황을 정리하면 무덤방 안팎에서는 최소 4차례에 걸쳐 제사를 올린 것 같다.

우선 525년 8월 12일 무령왕 장례 때 왕의 시신 앞에서 1번, 4년 뒤인 529년 2월 무령왕비 장례 때 왕비의 시신 앞에서 1번 등 두 차례의 흔적이 나타나 있다. 또한 무덤 방 앞에서 주칠기 등을 제사상에 올린 3번째 자취가 남아있다.

마지막으로 왕과 왕비의 장례를 완전히 끝낸 다음 무덤을 폐쇄하면서 무덤 길 입구에서 펼친 4번째 제사의 흔적이 있다.

물론 525년 8월 무령왕의 장례 때도 무덤방과 무덤길 입구에서 제사를 올렸을 것이다. 그러나 4년 뒤 어머니의 장례를 치를 때 무덤을 다시 열면서 부왕의 장례식 때 무덤길에 올렸던 제사상은 치웠을 것이다. 그런 다음 다시 두 분을 위한 새로운 제사상을 올렸을 것이다.

'갱위강국'을 외친 아버지

부모의 장례를 치른 아들 성왕의 심정은 어땠을까.

아버지 무령왕(재위 501~523)은 대단한 분이었다. 아버지가 왕위에 올랐던 501년 백제는 풍전등화에 놓여있었다.

고구려 장수왕의 남침(475)으로 한성이 함락된 후 쫓겨 웅진(공주)으로 천도했다.

그러나 개로왕의 뒤를 이은 문주왕(재위 475~477)과 삼근왕(재위 477~479)이 피살(문주왕)되거나 일찍 죽고(삼근왕) 만다. 동성왕(재위 479~501)이 권토중래를 노렸지만, 그 역시 귀족 세력인 백가에게 살해된다.

이러한 위기에서 왕위에 오른 아버지는 난제를 하나하나 풀었다. 창고를 열어 도탄에 빠진 백성을 구휼했고, 제방 등 수리시설을 확대했다. 당대의 자료인 <양직공도>에 따르면 백제가 반파·탁·다라·전라(이상 가야)와 사라(신라), 지미·마련·상기문·하침라(섬진강 유역) 등까지 세력을 떨쳤다.

무령왕릉 묘지석에 나왔듯 아버지가 양나라에게 받은 '영동대장군' 작호는

'백제가 고구려를 여러차례 깨뜨리고(累破句麗) 다시 강국이 되었음을 선언.(更爲强國)"《삼국사기》

475년 고구려의 침공으로 한성을 빼앗기고 웅진으로 천도한 백제는 무령왕 재위 기간에 다시 국력을 회복했다. 무령왕은 521년 양나라에 사신을 보내 "여러 차례 고구려를 깨뜨려…다시 강한 나라가 되었다(갱위강국·更爲强國)."고 당당히 밝힌다.

고구려 안장왕(재위 519~531)의 '영동장군'(520)에 비해 '대'자가 더 붙어있다. 502~512년 사이 백제가 고구려군을 물리친 기록이 <삼국사기>에 여러 차례 등장한다.

아버지는 드디어 521년(무령왕 21) 양나라에 사신을 보내 "여러 차례 고구려를 깨뜨려…다시 강한 나라가 되었다(갱위강국·更爲强國)."고 당당히 밝힌다. 그런 아버지가 불과 2년 만에 세상을 떠난 것이다.

새 임금이 된 성왕 역시도 앞날이 만만치 않았다. 아버지의 유지를 받들어 백제의 중흥을 이끌어야 할 중차대한 과제를 떠안고 있었다. 그런 뜻에서 아버지의 장례식은 아들인 성왕이 성공적으로 치러야 할 첫 번째 정치적인 시험대였다.

고구려의 장례 풍속을 나타내주는 안악3호분 장례행렬도. 고인의 장례 행렬에 64명에 달하는 악대와 함께 춤추는 사람들이 동원됐다.　고구려유적유물도감편찬위의 '<고구려 유적유물도감(5·6)-고구려편3·4>, 1990'에서

　　여기서 흥미로운 착안점이 있다. <삼국사기>는 무령왕의 서거를 알리면서 제후의 죽음을 뜻하는 '훙(薨)'자를 썼다.

　　그러나 당대의 자료인 무령왕의 '묘지석'은 이중적인 자세를 보인다. 즉 중국 양나라의 책봉관작인 '영동대장군'의 수식어를 쓰면서도, '천자(황제)의 죽음'을 지칭하는 '붕(崩)'자를 슬쩍 얹었다. 이게 어떤 뜻인가.

　　성왕이 중국 양나라와의 외교관계를 의식해 '제후의 예'를 취하되 내부적으로는 '천자(황제)'를 칭했음을 알 수 있다.

　　이른바 '외왕내제(外王內帝)'의 관념이다.

성왕이 조문객을 받은 빈소

　　무령왕과 왕비의 묘지석에서 분명히 밝혔듯 무령왕 부부는 별도의 공간에

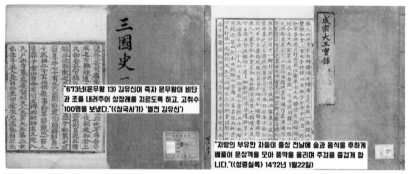

마련한 빈소에서 3년상을 치렀다.

당대의 사서인 <수서> 등은 "(백제와 고구려의 상장례가 같다고 하면서) 사람이 죽으면 집안에 안치했다가 3년 후 좋은 날을 가려 장례를 치른다."고 전했다.

660년 무렵 편찬된 <한원>에 인용된 '괄지지'는 "백제는 3년간 상복을 입는데 산중에 시신을 매장하는 빈을 행했다."고 전했다. 이 기록이 맞다면 고구려는 '집 안에', 백제는 '산속에' 빈소를 마련했다는 얘기가 된다.

그렇다면 무령왕과 왕비의 빈소는 어디에 마련했을까. 왕과 왕비의 묘지석에서 그 해답을 찾을 수 있을 것 같다.

"무령왕이 523년 5월 7일 서거…'신지(申地·남서)'의 땅을 사서 무덤을 조성…525년 8월 12일 대묘에 안장…."

"무령왕비가 526년 11월 서거…'유지(酉地·서쪽)'에서 빈(殯)을 치른 뒤 529년 2월 12일 대묘로 옮겼다."

그러니까 왕과 왕비의 빈소(전)는 '유지(서쪽)'에, 무덤은 '신지(서남쪽)'에 각각 조성했다는 얘기다.

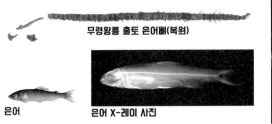

무령왕릉 출토 은어뼈(복원)

은어

은어 X-레이 사진

수습된 은어뼈

무령왕릉에서는 제사상에 올린 것으로 보이는 3마리분의 은어뼈가 확인됐다. 은어는 맛이 담백하고 비린내가 나지 않으며, 살에서 오이향 또는 수박향이 난다. 예부터 왕실 진상품이었다.   국립공주박물관 제공

방위의 기준점은 어디일까. 국왕 부부가 생전에 거처했고, 정사를 펼쳤던 왕궁(공산성)이었을 것이다.

그런데 1996년 공산성을 기점으로 유지, 즉 서쪽에 해당되는 지점에서 의미심장한 유구가 확인됐다.

해발 67m의 야트막한 정지산 정상(800여평)에서 매우 특이한 구조의 기와건물터(7동)가 발굴된 것이다.

그중 벽체의 흔적 없이 기둥만 3열 45개 박아놓은 건물체가 특히 수상했다.

특히 이 건물터의 내부에 세워진 4개의 기둥은 무엇을 말해주는가. 그 기둥 안에 시신을 넣은 관 같은 시설물이 놓여있을 가능성이 짙었다. 또 건물터 옆에는 얼음을 보관하는 '빙고'(추정)로 확인됐다.

또 정지산에서는 왜계 도기들과 함께 고창과 나주, 고령 등에서 제작된 것으로 보이는 유물이 상당수 보였다.

그랬다. 성왕은 부왕이 서거하자 유지(서쪽)의 땅인 정지산에 빈전을 마련한 뒤 27개월 뒤 신지(서남쪽)의 땅(무령왕릉)에 안장한 것이다. 성왕은 이곳에서 국내외 조문사절을 맞이하면서 새 왕의 등극을 만천하에 알린 것이다.

'풍악을 울렸을 장례행렬'

그렇다면 525년 8월 12일 시신을 대묘(무령왕릉)으로 옮기는 장례식의 광경은 어땠을까. 중국측 자료인 <수서>는 '백제와 고구려의 장제가 같다'고 전제하면서 흥미로운 기사를 전한다. "3년후 좋은 날을 가려 장사를 지낸다…장례식 전에는 곡(哭)을 하지만 장사 지낼 때에는 북치고 춤추며 풍악을 울리면서 장송한다"는 것이다. 마침 고구려 고분벽화인 안악 3호분의 '장례행렬도'에 인용할만한 장면이 있다. 고인을 생전 모습 그대로 수레를 태우고 가는데, 64명에 달하는 악대와 함께 춤추는 사람들이 보인다. 장례행렬이 아니라 축제 퍼레이드 같다. 따지고 보면 신라 역시 비슷했다. <삼국사기> '열전·김유신'조는 "673년(문무왕 13) 김유신이 죽자 문무왕이…악대 연주자 100명을 보냈다"고 했다. 무령왕의 운구 행렬도 이런 모습이 아니었을까. 슬픔과 애도의 27개월을 끝내고 새 왕의 등극과 함께 펼쳐질 희망찬 미래를 기대하며 펼친 퍼레이드가 아니었을까.

혼백을 잘 모시다

무령왕의 운구행렬이 대묘(무령왕릉)에 도착했다.

대묘는 "육체의 '백(魄)'은 내려가고, '혼(魂)'은 올라간다"는 <예기> '예운'의 구절에 따라 사들인 무덤터였다. 아버지의 '백(魄)'이 머물 보금자리로 잡아놓은 곳이었다. 상주인 성왕은 그곳에 배타적인 묘제인 양나라식 벽돌무덤으로 부왕을 모실 준비를 마쳤다. 성왕은 아버지의 '백'을 그렇게 모셨고, '혼'이 하늘나라로 올라갈 수 있도록 모종의 장치를 마련했다.

그것이 무령왕의 발치에 나란히 출토된 청동거울과 금동신발이다. 청동거울의 명문을 보라. "…천상에는 신선이 있어 늙는 줄 모른다. 목마르면 맑은 샘물을 마시고 배고프면 대추를 먹으니 목숨이 금석처럼 길도다(…上有仙人

무령왕릉의 북벽. 수를 셀 수 없을 정도로 전돌에 연꽃무늬를 새겨놓았다. 연꽃은 극락세계를 가리키는 것으로 알려져 있다. 성왕은 부왕이 괴로움이 없으며 지극히 안락하고 자유로운 세상인 극락세계에서 살기를 기원하며 연꽃으로 치장한 무덤을 조성한 것으로 보인다. 　　　　　　　국립공주박물관 제공

不知老 渴飮玉泉飢食棗壽如金石兮)."

　곁에는 무령왕을 천상으로 이끌 금동신발이 놓였다. 연꽃무늬와 봉황무늬 등으로 장식한 장례용품이었다. 청동거울과 금동신발은 부왕(무령왕)의 '혼 (魂)'을 천상으로 이끄는 이른바 승선도구로 추정된다.

온통 연꽃으로 장식한 무덤

　부왕을 그렇게 잘 모시고 1년 3개월 후 다시 어머니(무령왕비)를 여읜 성왕은 다시 왕릉 내부를 제대로 꾸민다. 무덤을 온통 연꽃으로 장식한 것이다. 무령왕릉 내부에서 수습된 연꽃 장식은 805점(금제 668점, 은제 137점)에 달한다. '원형 장식'도 1,910점 수습됐다. 이렇게 2,700점이 넘은 이 연꽃 및 원형 장식은 무엇에 썼을까. 연꽃 장식을 붙이거나 꿰맨 휘장을 목관에 덮었을 수도 있고, 벽에 걸고 마지막 의식을 치른 흔적으로 보인다.

"523년 성왕이 즉위했다. 지혜와 식견이 빼어나고 결단력이 뛰어났다. 나라 사람들이 성왕이라 했다."(《삼국사기》 '백제본기 성왕'조)

장장 6년간 부모상을 마친 성왕은 백제의 중흥을 책임질 군주로서 정사를 펼쳤다. 538년 보다 넓은 평야지대를 찾아 부여로 천도함으로써 사비백제 시대를 열었다. 백제는 이후 120여 년간 화려한 문화예술을 뽐냈다.

연꽃 장식처럼 옷이나 천, 휘장 등에 붙어있다가 나중에 흩날리듯 떨어졌을 것이다. 그뿐이 아니다. 벽돌(전돌)로 쌓은 무령왕릉의 벽과 천장은 어떤가. 대충 세어 봐도 1만 개가 넘는 연꽃무늬가 새겨져 있다.

또한 무령왕 부부의 관장식에도 연꽃무늬가 새겨져 있다. 왕과 왕비의 베개와 발받침에도, 청동잔과 동탁은잔에도 연꽃무늬가 새겨져 있다. 무령왕릉 자체가 가히 연꽃 세상이라 해도 과언이 아니다.

장장 6년간 부모상을 마친 성왕은 백제의 중흥을 책임질 군주로서 정사를 펼쳤다. 538년 보다 넓은 평야지대를 찾아 부여로 천도함으로써 사비백제 시대를 열었다. 백제는 이후 120여 년간 화려한 문화예술을 뽐냈다.

성왕은 왜 이렇게 연꽃으로 도배된 무덤에 부모를 묻었을까. 인도가 원산지인 연꽃은 부처의 탄생을 알린 꽃으로 알려져 있다. 극락세계에서는 모든 신자가 연꽃 위에서 신으로 태어난다고도 믿었다. 성왕은 불가의 '전륜성왕(轉輪聖王)'을 롤모델로 삼은 군주라 한다. 전륜성왕은 진리의 수레를 굴리면서 무력을 사용하지 않고도 전 세계를 평정한다는 이상적인 제왕이다. '성왕

(聖王)'이라 일컬어진 것도 그 때문이라는 것이다. 따라서 성왕은 서거한 부모가 괴로움이 없으며 지극히 안락하고 자유로운 세상인 극락세계에서 살기를 기원하지 않았을까. 새삼 1,500년전 공주에서 펼쳐진 무령왕과 그 부인의 장례식 장면이 삼삼하게 떠오른다.

<참고자료>

강원표, '백제 왕실 상장의례의 전개 과정-공주 무령왕릉과 왕릉원을 중심으로', <고대 동아시아의 상장의례>(학술대회 발표집), 국립공주박물관, 2022

강원표·김진경·김현희·김규동·나희라·이윤섭·최성애 등, <1500년전 무령왕의 장례>(특별전 도록), 국립공주박물관, 2023

이한상, '공주 정지산유적의 편년과 성격', <백제의 왕실제사유적- '공주 정지산' 학술발표회>, 국립공주박물관. 1998

김길식, '빙고를 통해본 공주 정지산 유적의 성격', <고고학지> 12, 한국고고미술연구소, 2001

백제문화제재단, <무령왕 유산에 대한 융합적 검토>(무령왕 서거 1500주기 학술대회), 2023

24K 순금만 휘감은
백제 무령왕 부부…
신라왕은 금은 합금 선호

"신체 발부는 부모에게서 물려받는 건데…훼손시키지 않는 게 효도의 시초다. 그런데 요즘 양반이나 평민 남녀 할 것 없이 귀를 뚫고 귀고리를 달아 중국 사람들의 조롱을 받는다…사헌부가 나서 엄벌하라."(<선조실록>)

1572년(선조 5) 9월28일 선조가 '귀를 뚫고 귀고리를 다는 풍습을 엄단한다'는 비망기(특별담화문)를 발표한다. 선조는 "이것은 부끄러운 오랑캐의 풍습"이라고 개탄하였다지만, 사실 선조의 언급은 팩트가 아니다.

<중종실록>은 연산군(재위 1494~1506)의 서자로 9살 때 사약을 마시고 죽은 양평군 이인(1498~1506)의 인상착의를 말하면서 "귀에 귀고리를 꿴 구멍이 있었다."(1513년 1월 7일)고 기록했다. 또한 이유원(1814~1888)의 <임하필기> '귀고리' 조는 선조의 비망기 내용을 인용하면서 "중국에서도 아주 오래전부터 귀를 뚫고 귀고리를 다는 풍습이 있었다."고 고쳐 설명했다.

삼국 명품 귀고리 총출동

지난 2023년 국립공주박물관에서 열린 '백제 귀엣-고리, 자세히 보아야 예쁘다' 특별전을 선조가 보았다면 어땠을까.

이 특별전은 백제 영역에서 출토된 백제산 귀고리 142건 216점을 한자리에 모은 최초의 전시였다.

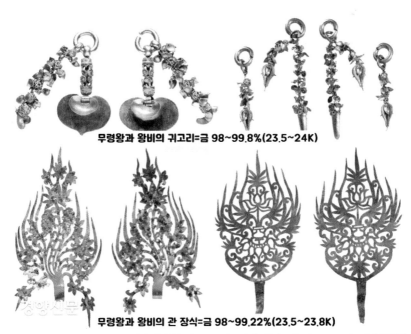

무령왕과 왕비의 귀고리=금 98~99.8%(23.5~24K)

무령왕과 왕비의 관 장식=금 98~99.22%(23.5~23.8K)

무령왕릉 출토품 중 무령왕 부부가 직접 착장했을 것으로 보이는 장신구류의 금순도는 99.99%(24K)에 근접했다. 한성함락과 웅진천도(475년) 이후 쪼그라들었던 국력을 일으켜 세우고 다시 강국임을 선언한 이른바 '갱위강국(更爲强國)'을 외친 군주의 위상에 걸맞은 치장이라 할 만하다. 　　　　　　　　　　국립공주박물관 제공

고구려는 물론 조선시대 귀고리까지 국보 8점, 보물 26점을 포함해서 모두 354건 1,021점의 귀고리가 나왔다.

한마디로 우리 역사를 통틀어 최고의 명품 귀고리가 총출동했다고 보면 되겠다.

백제·신라·고구려 등 삼국의 귀고리가 나름대로 특징이 있다. 백제 귀걸이는 단아함을 기본으로 하되 왕과 왕비의 귀걸이에는 세련되고 조화로운 아름다움을 담았고, 고구려 귀고리는 선이 굵고 강건하며, 신라 귀고리는 정교하고 화려함의 극치를 보인다. 가야 귀걸이는 백제의 영향을 받아 간결하지

무령왕비의 목걸이와 치장용품은 사실상 24K(99.99%) 순금이라도 해도 과언이 아니다.　국립공주박물관 제공

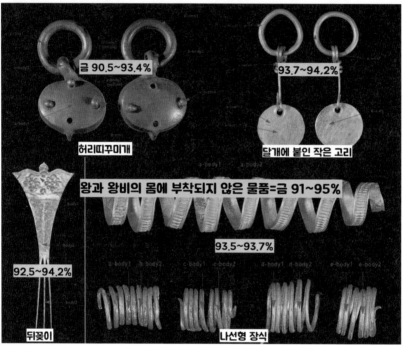
무령왕 부부의 몸에 착장되지 않고 그 부품으로 사용되었거나 단순한 부장품으로 넣은 물품은 상대적으로 금순도가 낮은 재료(91~95% 내외)를 쓴 것으로 분석됐다.

만 여러 줄의 장식을 연결하거나 독특한 끝장식을 매달았다.

　백제와 신라 귀고리의 도드라진 차이점이 하나 있는데, 신라의 주로 여성 무덤에서 출토되는 굵은고리 귀고리가 백제에서는 보이지 않는다는 것이다. 백제에서는 남녀를 막론한 가는고리 디자인을 선호했다는 뜻이다.

그러나 공통점도 있다. 백제 귀고리는 고구려의 특징인 일체형 구조를 받아들였고, 또 원통형 가운데 장식과 굽은옥을 매다는 디자인은 신라 귀고리를 닮았다. 삼국이 치열한 패권 다툼을 벌이던 시기(6~7세기)인데도 미적 감각을 위한 기술 교류가 이어졌던 것이다. 패션의 유행은 극도의 적대감마저 초월하는 것이었다.

4년 간격으로 묻힌 무령왕 부부

뭐니 뭐니해도 무령왕과 왕비가 직접 매달았던 명품 귀고리가 백미라 할 수 있다.

조선조 선조가 봤다면 "아니, 한나라를 다스린 임금이 무슨 귀고리를 저렇게 달았을까."고 의아했을 것 같다.

아시다시피 무령왕과 왕비의 합장묘는 1971년 공주 송산로 고분군의 배수로 공사 도중 우연히 발견되었다.

고분 안에서 발견된 지석은 놀라움을 안겼다. "백제 사마왕(무령왕·재위 501~523)이 523년 5월 7일 서거(崩)했고 27개월 후인 525년 8월12일 안장됐다."는 명문이 나왔고, 다른 1장의 지석에는 "무령왕비는 526년 12월 서거했고, 529년 2월12일 다시 대묘로 옮겼다."는 내용이 들어있었다. "우리가 무령왕 부부요!"라고 손들고 나선 고분이었으니 얼마나 놀라운 일인가.

이렇게 4년 간격(525년, 529년)으로 묻힌 부부의 곁에는 그분들의 금제 장신구가 착장한 그대로 모습을 드러냈다.

24K 순금을 지향한 무령왕 부부

국립공주박물관은 그날 수습한 유물들을 하나하나 정리 분석해왔다.

그중 2007년 무령왕 부부의 곁에서 출토된 장신구 가운데 29건 64점을 대

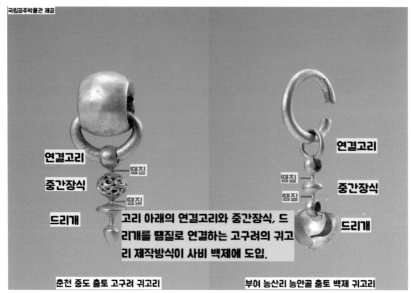

연결고리

중간장식

드리개

땜질

땜질

고리 아래의 연결고리와 중간장식, 드
리개를 땜질로 연결하는 고구려의 귀고
리 제작방식이 사비 백제에 도입.

연결고리

중간장식

드리개

땜질

땜질

춘천 중도 출토 고구려 귀고리

부여 능산리 능안골 출토 백제 귀고리

사비 백제 귀고리는 고구려의 특징인 일체형 구조를 받아들였다. 즉 고리 아래의 연결장식과 중간 장식, 그리고 가장 밑부분인 드리개를 땜질로 이은 방식이 같다.

상으로 한 비파괴 분석에서 주목할만한 결과를 얻어냈다. 바로 상당수 금제 장신구의 금 순도가 24K, 즉 99.99%에 거의 근접한다는 사실이다.

한번 구체적으로 알아보자면 우선 무령왕의 머리맡에서 확인된 금제 관장 식은 어떨까.

관장식의 세부 재료로 사용된 금판과 달개, 금세선의 금 함유량을 재보니 98~99.07%(23.5~23.8K)로 측정되었다.

무령왕이 착용한 귀고리는 어떨까. 몸체에 2줄의 드리개 장식을 한 귀고리 인데, 분석 결과 98~99.84%(23.5~24K)의 금 함유량을 보였다.

그럼 무령왕비의 금제 관장식은 어떨까. 재료로 쓰인 금판의 금 함유량이 99.01~99.22%(23.8K)로 남편(무령왕·98~99%)과 비슷하다. 그러나 관장식의

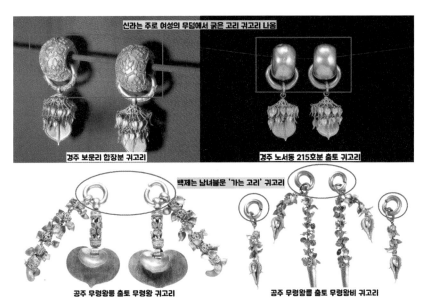

경주 보문리 합장분 귀고리

경주 노서동 215호분 출토 귀고리

백제는 남녀불문 '가는 고리' 귀고리

공주 무령왕릉 출토 무령왕 귀고리

공주 무령왕릉 출토 무령왕비 귀고리

백제와 신라 귀고리의 도드라진 차이점이 하나 있다. 신라의 여성 무덤에서 주로 출토되는 굵은고리 귀고리가 백제에서는 보이지 않는다는 것이다. 백제에서는 남녀를 막론한 가는고리 디자인을 선호했다는 뜻이다.

끝부분은 순금이 아니라 순동판에 수은을 이용해 도금한 금동제품인 것으로 확인됐다.

왕비의 귀고리를 살펴보면 왕비의 관장식 오른쪽에서 출토된 이 귀고리 1쌍은 몸체에 가는 고리 1개를 연결하고 이 가는 고리에 다시 2줄의 드리개를 연결한 형태이다.

이 귀고리의 각 부분 재료에 쓰인 부위별 금 함유량은 98~99.8%(23.5~24K)에 이른다.

또 이 귀고리의 동쪽에서 나온 또 하나의 금제 귀고리 1쌍 역시도 97~99.83%(23.3~24K)로 측정되었다.

이와 함께 왕비가 걸고 있던 아홉마디 목걸이의 경우 98.9~99.1%(23.7~

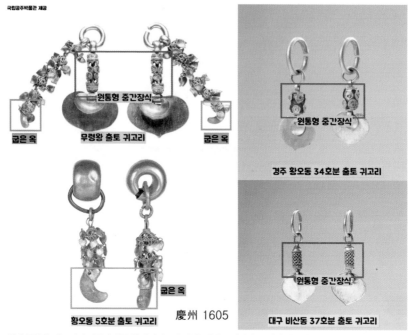

원통형 중간장식

굽은 옥

무령왕 출토 귀고리

굽은 옥

원통형 중간장식

경주 황오동 34호분 출토 귀고리

굽은 옥

慶州 1605

황오동 5호분 출토 귀고리

원통형 중간장식

대구 비산동 37호분 출토 귀고리

백제 무령왕 귀고리의 가운데 원통형 장식과 굽은 옥을 매다는 디자인은 신라 귀고리를 닮았다.

23.8K)였으며, 또 일곱마디로 제작한 목걸이는 98.2~98.8%(23.6~23.7K)였다. 또 왕비의 머리 오른쪽과 가슴부위에서 출토된 '굽은옥에 씌운 금 모자(금모곡옥)' 등 각종 금제 모자의 금 함유량은 99.87%, 즉 24K인 것이 상당수였다.

착장품은 98~99.9%, 부장품은 91~95%

그런데 분석 결과 재미있는 착안점이 보인다.

왕과 왕비가 직접 착장한 것으로 보이는 관장식과, 그 관장식을 꾸미려고 사용한 부품, 그리고 금귀고리, 금목걸이 등의 금함유량이 순금(24K)에 근접했거나 24K에 도달했다는 것이다. 그러나 왕의 머리 뒷부분에 꽂힌 금뒤

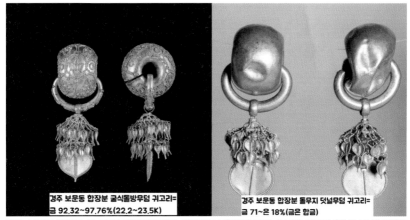

경주 보문동 합장분 굴식돌방무덤 귀고리=
금 92.32~97.76%(22.2~23.5K)

경주 보문동 합장분 돌무지 덧널무덤 귀고리=
금 71~은 18%(금은 합금)

경주 보문동 합장묘 중 굴식돌방무덤(6세기 전반)에서 출토된 국보 순금제 귀고리 1쌍은 금 함유량은 92.32~97.76% 정도이다. 무령왕릉 출토품보다 낮다. 합장묘 중 돌무지덧널무덤에서 나온 귀고리는 금은 합금 (71%, 은 28%)이다. 신라 고분에서 출토되는 장신구는 대부분 금·은 합금으로 이뤄졌다.   국립경주박물관 제공

꽃이나 머리카락을 흐트러지지 않게 잡아 묶는 데 사용한 각종 장식 등은 90.5~96.5% 정도로 제작되었음을 알 수 있다.

종합해 보면 금제 관장식과 금귀고리, 금목걸이 등 왕과 왕비가 직접 착용한 물품은 이른바 '포 나인', 즉 99.99% 순금제였다는 사실을 짐작할 수 있다. 반면 무령왕 부부의 몸에 착장되지 않고 그 부품으로 사용되었거나 단순한 부장품으로 넣은 물품은 상대적으로 순도가 낮은 재료(91~95% 내외)를 쓴 것으로 보인다.

합금을 선호한 신라 임금들

그렇다면 비슷한 시기의 신라 고분은 어떨까. 경주 보문동 합장묘 중 굴식돌방무덤(6세기 전반)에서 출토된 국보 순금제 귀고리 1쌍은 금 함유량은 92.32~97.76% 정도다. 무령왕릉의 순도보다는 약간 낮은데, 합장묘 중 돌무

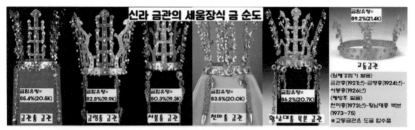

신라 금관 6점(발굴품 5점, 도굴품 1점)의 성분분석 결과 금 함유량은 80~89% 선인 것으로 확인됐다.

신용비 국립중앙박물관 학예연구사 제공

지넛널무덤에서 나온 귀고리는 금은 합금(71%, 은 28%)이다. 신라 고분에서 출토되는 장신구는 대부분 금·은 합금으로 이뤄졌다.

신라의 대표 유물인 금관 역시 순금으로 만들어지지 않았다. 일정량의 은이 함유되어 있었는데, 금관의 세움장식 순도를 기준으로 보면 금관 6점의 금 함유량은 80~89% 선이었다. 교동(89.2%)-황남대총 북분(86.2%)-금관총(85.4%)-천마총(83.5%)-금령총(82.8%)-서봉총(80.3%) 순이었다. 순도로 따지면 21.1K(교동)~19.3K(서봉총)이었다. 은 함유량은 10.9(교동)~18.8%(서봉총) 사이였다. 관테(둥근 밑동)의 금함유량 역시 차이가 있었는데, 88.1(교동)~81.4%(서봉총)였다. 달개(영락)는 88.2(교동)~79.3%(서봉총), 금실은 85.8(황남대총)~77.9%(서봉총) 사이였다.

6점의 금관이 금관별, 부위별로 금 함유량(순도)이 다르지만 대체로 90%를 넘지 않는다는 사실을 알 수 있다. 금관과 함께 출토된 관장식(새 및 새날개형)의 경우 82.9(천마총)~87.1%(금관총)였으며, 허리띠와 허리띠 장식의 경우 대략 75~85%의 금 함유량을 보였다. 목걸이 역시 71.4~98.3%까지 다양했다.

한마디로 말하면 백제 무령왕 부부는 24K를, 신라 왕들은 금은 합금을 선호했다는 것이다.

순금의 합금의 차이는?

여기서 의문점이 든다. 신라는 왜 백제 무령왕 부부가 좋아한 순금을 지향하지 않은 걸까.

여러 가지 분석이 나왔다. 단순히 금의 함유량만으로 판단할 수는 없다는 것이다.

사실 금은 부드러운 성질을 갖고 있기에 순금만 사용했을 경우 연성이 강해서 굽어지거나 휘는 경향이 생긴다.

신라의 경우 시기가 빠른 교동 금관의 순도가 상대적으로 높은데, 처음엔 순금에 가까운 금관 제작을 추구했다가 금관의 강도를 유지하려고 은을 섞었을 것이라는 추정이 가능하다. 붉은빛을 띠는 순금도 좋지만, 은을 섞으면 반짝거리는 광택이 날 수도 있기 때문에 순금을 고집하지 않았다는 것이다. 더 강하고, 더 반짝거리는 금관을 위해 은을 섞었다는 얘기다.

그러나 100% 확언할 수는 없다. 신라금관은 은을 적게 섞었든, 많이 섞었든 무척 약하다. 관테도 2개의 금못으로만 고정하고 있으니, 조금만 움직여도 세움장식이 꺾여 내려앉는다.

그래서 단순히 강도를 높이려고 은을 섞은 것으로 볼 수 없다는 해석도 있다. 혹은 소비량이 급증한 금을 그만큼 구하기 어려워졌기 때문은 아닐까. 금관을 비롯한 신라의 황금 유물은 5세기 초부터 6세기 초반까지 약 100여 년 유행했다.

그 사이 "신라 눌지왕(재위 417~458)이 434년 백제 비유왕(재위 427~455)에게 황금과 야광구슬을 예물로 보냈다."는 기록(<삼국사기>)이 보인다. 신라에 황금문화가 유행하고 있었음을 암시하는 것이다. 그러나 황금에 열광할수록 금 소비량이 급증했을 것이고, 갈수록 금을 구하기는 만만치 않았을 것이다. 점차 금 확보가 쉽지 않게 되자 금관의 금 함유량을 줄여간 것일 수도 있다.

금실로 꿰맨 흔적

앞 부분

무령왕의 귀고리

뒷 부분

무령왕의 귀고리 1쌍 중 한 점을 보면 끊어진 부위를 금실로 꿰맨 흔적이 있다. 이렇게 꿰매지 않으면 부품 자체를 완전히 교체해야 했다. 무령왕이 생전에 이 귀고리를 달고 다니다가 끊어지자 보수한 것으로 볼 수 있다.
국립공주박물관·이한상 대전대 교수 제공

백제의 명품 디자이너는 '다리'

물론 백제 역시도 황금의 조달이 쉽지 않았을 수 있다. 그러나 갱위강국(更爲強國), 즉 한성함락과 공주 천도(475) 이후 쪼그라든 국력을 추슬러 다시 강국이 되었음을 선언한 무령왕과 그 부인이 아닌가.

생전에 당대 최고의 장인이 만든 명품으로 치장했을 거고, 두 분이 서거하자 그 유품을 생전에 장착한 그대로 묻어주었을 것이다. 아니 두 분이 돌아가시고 난 뒤에 제작해서 놓은 장례용품일 수도 있지 않을까.

물론 그럴 수도 있겠다. 그런데 '생전 사용'을 방증하는 자료가 보인다. 예컨대 무령왕의 귀고리 1쌍 중 한 점을 보면 끊어진 부위를 금실로 꿰맨 흔적이 있는데(이한상 대전대 교수), 이렇게 꿰매지 않으면 부품 자체를 완전히 교체해야 했다. 무령왕이 생전에 이 귀고리를 달고 다니다가 끊어지자 보수한 것으로 볼 수 있다. 백제 온조왕의 창업정신인 '검이불루 화이불치', 즉 '검소하지만 누추하지 않게, 화려하지만 사치하지 않게' 정신에 부합되는 것이다.

또 하나 움직일 수 없는 생전 착용의 증거가 있는데, 무령왕비가 찼던 '용

명품 장인인 다리가 무령왕비를 위해 제작한 한정판 팔찌!

'다리(장인 이름 추정)이 경자년 2월(520년) 대부인(왕비)에게 230주이(主耳·단위)를 들여 만들었다'
(庚子年二月多利作大夫人分二百卅主耳)

무령왕비가 찼던 용무늬 은팔찌'(국보)의 안쪽에는 "다리라는 장인이 520년 대부인(왕비)에게 230주이(主耳·단위)를 들여 만들었다."는 내용이 새겨져 있다. 520년은 무령왕비가 서거하기 6년 전의 일이다.

무늬 은팔찌'(국보)의 안쪽에 새겨진 명문이 그것이다.

"다리라는 장인이 경자년 2월(520) 대부인(왕비)에게 230주이(主耳·단위)를 들여 만들었다."(庚子年二月多利作大夫人分二百卅主耳)는 내용이 새겨져 있는데, 무엇을 말하는 것일까. 520년이면 무령왕비가 서거하기 6년 전의 일

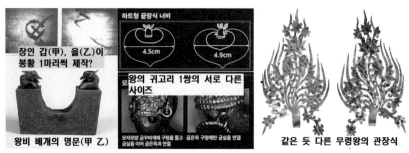

하트형 끝장식 너비

장인 갑(甲), 을(乙)이
봉황 1마리씩 제작?

4.5cm   4.9cm

왕의 귀고리 1쌍의 서로 다른
사이즈

왕비 배개의 명문(甲 乙)

모자모양 금꾸미개에 구멍을 뚫고 금은목 구멍에만 금실을 연결
금실을 뚫어 금은목과 연결

같은 듯 다른 무령왕의 관장식

각 1쌍씩 출토된 무령왕의 금제 관장식과 귀고리, 왕비의 은제 팔찌 등을 보면 미묘한 차이가 있다. 무령왕릉 왕
비의 베개에서도 '갑'과 '을'의 명문이 확인되었다. 장인 두 사람의 작품일 가능성이 제기된다.

선조의 귀뚫기 엄금 조치에 따라 귀를 뚫지
않고 귓바퀴에 거는 형태의 귀걸이 나타남

비단실로 땋은 고리를 귓바퀴에 걸게 만든 귀
걸이. 비단실 고리에 금속 귀고리를 걸었다.

귀를 뚫지 않고 귓바퀴에 거는 귀걸이

1572년(선조5) 조선조 선조 임금이 '귀 뚫고 귀고리 다는' 풍습을 엄금하자 새로운 형태의 귀고리가 등장했다. 귀
를 뚫지 않고 귓바퀴에 거는 귓바퀴 걸이, 즉 명실상부한 귀걸이가 등장한것이다.   아모레퍼시픽미술관 소장

이다. 백제 최고의 장인이었을 '다리'가 왕비, 한 분을 위한 팔찌를 제작한 뒤
자신의 사인을 새겨넣은 게 아닐까. 무령왕비를 위한 한정판 명품이었겠다.

또 하나 주목할 만한 것이 있다. 각 1쌍씩 출토된 무령왕과 왕비의 금제 관
장식, 왕비의 은제 팔찌 등을 보면 한 사람 작품이 아닌 것 같다는 지적이 있
다. 한쪽의 제작기법이 좀 더 숙련되었다는 인상을 준다는 것이다.

이는 한 쌍의 유물을 한 사람이 순차적으로 만든 것이라기보다는, 두 사람

의 장인이 동시에 하나씩 만들었을 가능성을 배제할 수 없다는 것이다. 무령왕릉 왕비의 목제 두침(베개)에서 '갑'과 '을'의 명문이 확인되었는데, 이것은 두 마리의 봉황을 각각 만들었던 방증자료가 될 수 있다. 그렇다면 무령왕과 왕비의 장신구를 제작한 것은 '다리'와 같은 장인을 책임자로 둔 명품 제조 업체였을 수도 있다.

귀고리와 귀걸이의 차이

그런데 '귀고리와 귀걸이'는 어떻게 다른 것인가.

예전 국립공주박물관의 특별전 제목이 '귀엣-고리'였는데, 이 귀엣고리가 바로 귀고리의 옛말이다. 얼마 전까지 귀걸이가 아니라 귀고리를 표준어로 채택했던 것으로 알고 있는데, 요즘은 귀고리와 귀걸이 모두 표준어라 한다.

그런데 두 용어에 미묘한 차이가 있다. '귀고리'는 '귓불에 다는 장식품'의 의미로 더 오랜 시간 사용해 왔다.

예전부터 귀고리(귀걸이)는 둥근 고리 모양으로 만들어 착용했다. 귓불에 구멍을 뚫고 안정적으로 고정하려면 고리 모양이 가장 알맞기 때문이었다. 조선조 선조 임금은 바로 남자들까지 귀를 뚫고 귀고리를 다는 풍습을 개탄한 것이다.

선조가 이렇게 귓불을 뚫는 것을 금하면서 고리 모양은 점차 사라지고 귓바퀴에 거는 걸이 모양으로 바뀐 것이다. 귀고리가 귀걸이로 바뀌는 것인데, 그럼에도 최근까지 '귀고리'를 표준어로 쓴 이유가 무엇일까.

그만큼 귓불을 뚫고 고리를 매다는 '귀고리'의 역사가 더 뿌리 깊다는 사실을 알 수 있다.

<참고자료>

최기은·유혜선, '비파괴 분석법을 활용한 무령왕릉 출토 금제유물의 제작 특성 연구', <백제 무령왕릉 출토 유물 분석보고서 II>, 국립공주박물관, 2007

신용비, '신라 금제품의 화학조성과 누금기술', 공주대 박사논문, 2020

이한상, '무령왕릉 출토품으로 본 삼국의 문화교류'(무령왕릉 발굴 50주년 기념학술대회-무령왕릉 새로운 반세기를 준비하며), 공주시·국립공주박물관·충남역사문화연구원, 2020

주경미, '무령왕릉 출토 금속공예품의 현황과 특징'(무령왕릉 발굴 50주년 기념학술대회-무령왕릉 새로운 반세기를 준비하며), 공주시·국립공주박물관·충남역사문화연구원, 2020

일본 국보 2호에 찍힌
'사마'(무령왕) 명문…
누구를 위해 만든 거울일까

"사마(斯麻)가 오래 받들 것(장수)을 생각하며…청동거울을 만들었다."

일본 와카야마현(和歌山縣) 하시모토시(橋本市)에 스다하치만(隅田八幡)이라는 조그마한 신사가 자리잡고 있다.

이 신사에는 언젠가부터 심상치 않은 유물이 보관되어 있었다. '인물화상경'이다.

지름 19.8㎝ 정도인 인물화상경에는 9명의 인물상과 기마상이 그려져 있

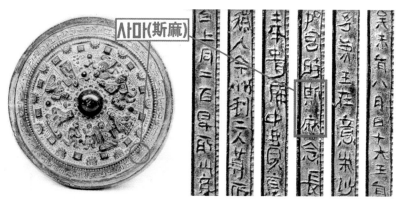

일본 와카야마현(和歌山縣) 하시모토시(橋本市) 스다하치만(隅田八幡) 신사에 보관되어 있던 '인물화상경'. 9명의 인물상과 기마상이 있고, 거울 둘레에 빙 둘러서 48자가 새겨져 있다. 그중 '사마'라는 두 글자가 관심을 끈다. 국립도쿄박물관 소장·국사편찬위원회 한국사데이터베이스 사진자료

인물화상경이 보관되어 있던 스다하치만(隅田八幡) 신사. 인물화상경은 지금 국립도쿄박물관이 소장 중이고, 신사에는 인물화상경을 본뜬 기념비를 세워놓았다.   홍성화 건국대 교수 제공

다. 거울의 둘레에 빙 둘러서 48자의 글자가 새겨져 있다. 현재 국립도쿄(東京) 박물관이 소장중인 '인물화상경'은 일본 국보(고고자료 2호·1951)로 등재됐다.

지금까지 알려진 명문 해석은 심상치 않다.

'계미년 8월…대왕의 치세에 남제왕이 오시사카궁에 있을 때 사마가 오래 섬길 것(장수)을 생각하며…최고급 구리 200한으로 이 거울을 만들게(취하게) 했다.(癸未年八月日十大王年男弟王 在意柴沙加宮時 斯麻念長奉遣…所白上銅 二百旱 取此竟)'

'사마'하면 백제 무령왕인데…

이 '인물화상경'을 두고 에도(江戶) 시대(1837)에 간행된 <기이국명소도회>는 "진구 왕후가 삼한을 정벌한 뒤 받은 거울"로 소개했다. 1914년 '인물화상경'를 처음 연구한 다카하시 겐지(高橋健自) 역시 이 점에 주목했다.

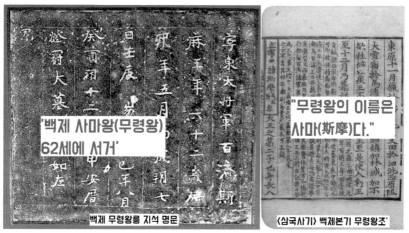

일본 국보 '인물화상경' 명문에 보이는 '사마'는 백제 무령왕인 것이 틀림없다. 1971년 무령왕릉에서 출토된 지석에서 '백제 사마왕(무령왕)' 명문이 보인다.

즉 "진구 왕후가 366년 (왜국의 호족인) '사마숙례(斯摩宿禰)'를 탁순국(가야 연맹 소국)에 파견했고", "372년 백제가 칠지도와 칠자경(七子鏡) 및 여러 보물을 바쳤다."(<일본서기>)는 것이다.

다카하시는 백제가 왜에 바쳤다는 '칠자경'을 '인물화상경'에, 한반도에 파견했다는 '사마(斯摩)숙례'를 명문에 등장하는 '사마(斯麻)염장'과 각각 연결하였다. 그런 뜻에서 인물화상경에 등장하는 간지명을 '383년 계미년'으로 해석했다.

하지만 '사마'하면 금방 떠오르는 인물이 있지 않은가. 바로 백제 무령왕 (재위 501~523)이다.

<삼국사기>에는 '斯摩'로, <일본서기>에는 '斯麻'로 한자만 다르게 썼을 뿐 '사마'로 발음되는 것은 같다.

1971년 백제 무령왕릉에서 출토된 지석에서 놀라운 명문이 보였다. '백제

의(矣)
미(未)
년(年)

명문은 '계미년(癸未年)'부터가 아
닌 '미년(未年)'부터 시작. 矣는
'계(癸)'가 아닌 '의(矣)'의 이체자.

인물화상경의 명문 순서

지금까지는 인물화상경의 명문을 '계미년(癸未年)'부터 읽었다. 그러나 최근 국내 연구자들이 '계(癸)'로 읽었던
글자가 종미사인 '의(矣)'의 이체자라는 견해가 제기됐다. 따라서 '인물화상경'의 제작연도 역시 '미년(未年)'이라
는 것이다. 박남수 동국대 역사문화연구소 전임연구원·홍성화 건국대교수 설명

사마왕(斯麻王)이 62세에 서거했다'는 것이다.

이렇게 '사마=무령왕'이 각광을 받게 되면서 '503년 계미년설'이 급부상했다.

명문의 '남제왕(男弟王)'을 게이타이(繼體) 일왕(재위 507~531)과 동일 인물
로 보는 것이다.

<일본서기>는 "부레쓰(武烈) 일왕(재위 498~507)이 후사 없이 죽자 오호도

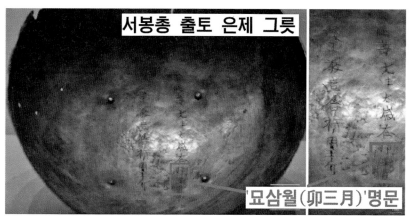

경주 서봉총에서 출토된 은제 그릇. 그릇에 새겨진 명문에는 '천간'(10간)없이 '묘삼월' 처럼 '지간'(12지)만 새긴 글자가 보인다.

국립중앙박물관 소장

노미코토(남대적존·男大迹尊)가 게이타이 천황이 되었다."고 했다. 현대 일본어에서 '인물화상경'에 등장하는 '남제왕'(男弟王)'을 '오오토(ㅋㅗㅏㅏ)'로 읽을 수 있다.

그렇다면 '오오토'(남제왕)와 '오호도노미코토'(남대적존)의 발음이 유사하다는 것이다. 따라서 '오오토', 즉 남제왕은 게이타이 일왕이라는 것이다. 그럼 어떻게 해석할까.

"계미년(503) 사마(백제 무령왕)가…오시사카 궁에 있던 남제왕(게이타이 일왕)의 장수를 기원하면서 청동거울을 바쳤다."는 것이다. 이 '503년설'이 지금까지도 가장 많은 연구자들에게 지지받고 있다.

'계미년이 아닌 미년'

그런데 최근 국내 연구자 둘이 '503년 무령왕의 게이타이 선물설'을 깨뜨리는 견해를 피력하는 논문을 잇달아 발표했다.

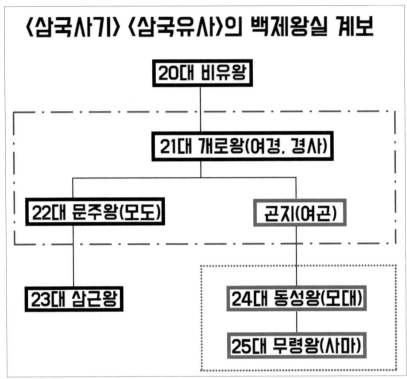

백제 무령왕과 동성왕의 계보는 역사서마다 다르다. 〈삼국사기〉와 〈삼국유사〉는 무령왕이 동성왕의 아들이라
했다.
박남수 전임연구원 정리

박남수 동국대 역사문화연구소 전임연구원(2022년 5월)과 홍성화 건국대
교수(2023년 4월)의 '인물화상경' 관련 연구가 그것이다. 우선 박남수 전임연
구원은 그동안 '계미년(癸未年)'으로 읽은 간지명이 잘못되었다고 논증했다.

그동안 '계(癸)'자로 읽었던 글자는 종미사인 '의(矣)'의 이체자로 읽어야 한
다는 것이다.

즉 인물화상경의 둘레에 빙 둘러 쓴 48자의 명문은 '계미년'으로 시작되는
것이 아니라 '미(未)'부터 시작해서 '의(矣)'로 끝난다는 것이다.

그렇다면 이상하지 않은가. 간지명을 쓸 때 '계미' 아닌 '미'처럼 '천간(십간)'없이 '지간(12지)'만 쓰는 경우가 있는가.

"있다"는 것이다. 경주 서봉총에서 출토된 고구려 '은제 그릇'(391)의 명문 중 '묘삼월중(卯三月中)', '신삼월(辛三月)' 처럼 지간만 표기한 케이스가 있다는 것이다. 또 경남 합천 해인사 길상탑지(895)에서도 7월을 '신월(申月)'로, '건녕 2년 을묘년'을 '녕이묘년(寧二卯年)'으로 표기했다.

홍성화 교수는 '503년 계미년설'의 다른 허점도 지적했다. 무령왕이 501년에 즉위했다. 그랬다면 503년 제작된 인물화상경에는 '사마'가 아닌 '왕'의 칭호를 사용했어야 옳다. 결정적인 흠이 또 있다.

'남제'의 일본 발음인 '오오토'와 '남대적(게이타이 일왕)'의 일본 발음인 '오호도~'는 근본적으로 다르다는 것이다.

게다가 '호(ホ)'는 에도 시대에 들어와서야 '오(オ)로 발음됐다는 게 일본 학자들의 견해라는 것이다.

따라서 5~6세기의 남제왕을 '게이타이 일왕'으로 보는 것은 잘못된 해석이라는 게 홍성화 교수의 주장이다.

무령왕 아버지는 개로왕인가, 곤지인가

'503년 계미년'도, 또 '사마(백제 무령왕)가 일본 게이타이 일왕에게 준 선물'도 아니라면….

대체 인물화상경은 누가 만들어 누구에게 주었다는 것인가.

사실 고대사를 전공하는 연구자들까지도 무령왕과 동성왕의 출자를 두고 무척 헷갈려 한다.

그도 그럴 것이 <삼국사기>와 <일본서기> 등 역사서마다 다르게 기술되었기 때문이다.

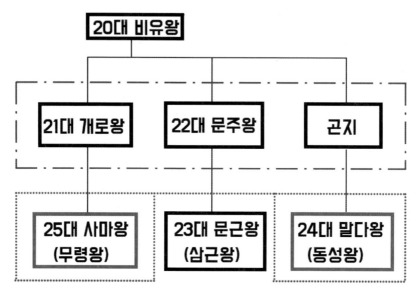

〈일본서기〉의 백제왕실 계보

- **20대 비유왕**
  - **21대 개로왕**
    - **25대 사마왕 (무령왕)**
  - **22대 문주왕**
    - **23대 문근왕 (삼근왕)**
  - **곤지**
    - **24대 말다왕 (동성왕)**

반면 <일본서기>는 무령왕이 개로왕의 아들이고, 동성왕은 개로왕의 동생인 곤지의 아들이라고 했다.

박남수 전임연구원 정리

예컨대 <삼국사기>는 '무령왕=동성왕의 둘째 아들'로 적시했다.

반면 <일본서기>는 각종 역사 다큐멘터리 등을 통해 대중에게도 익숙해진 유명한 일화를 싣고 있다.

즉 461년 백제 개로왕(재위 455~475)이 아우 곤지(?~477)를 일본에 보낸다. 곤지는 "임금님의 부인(婦)을 저에게 달라"고 요구한다. 이에 개로왕은 해산을 앞둔 자신의 부인을 내준다. 과연 임신한 부인은 일본으로 가는 길목인 가당도(加唐島·가카라시마)에서 아이를 낳는다. 곤지 일행은 태어난 아이를 배에 태워 본국에 보낸다. 이 아이가 바로 무령왕이다.

납득할 수 없는 일화다. 개로왕의 동생인 곤지가 감히 임금(개로왕)의 부인

무령왕의 탄생지로 알려진 가카라시마(가당도)

무령왕 탄생지점

무령왕의 탄생지로 알려진 가카라시마(가당도). <일본서기>는 곤지를 따라 일본으로 향하던 개로왕의 만삭 부인이 가카라시마에서 무령왕을 낳았다고 기록했다. <일본서기>는 태어난 무령왕을 다시 본국(백제)으로 돌려보냈다고 덧붙였다.

홍성화 건국대 교수 제공

을 달라고 한 것도, 임신한 부인을 덜컥 동생에게 내준 개로왕도 상식적이지 않다. 아무튼 <일본서기>는 '곤지=개로왕의 동생'으로, '무령왕=개로왕의 아들'로 기록했다.

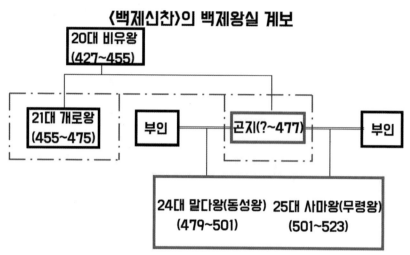

〈백제신찬〉의 백제왕실 계보

20대 비유왕
(427~455)

21대 개로왕
(455~475)

부인

곤지(?~477)

부인

24대 말다왕(동성왕)   25대 사마왕(무령왕)
(479~501)   (501~523)

〈일본서기〉는 501년 무령왕의 등극 사실을 알리면서 〈백제신찬〉이라는 원전 자료를 각주로 달아 "〈백제신찬〉
은 '사마왕(무령왕)은 곤지의 아들이고, 말대왕(동성왕·479~501)의 배다른 형'으로 기록했다."고 전했다.

박남수 전임연구원 정리

"무령왕은 동성왕의 이복형"

그런데 41년 후인 〈일본서기〉 502년 조는 사뭇 다른 내용을 전한다.

무령왕의 등극(501) 소식을 전하면서 〈백제신찬〉이라는 원전 자료를 각주로 달아놓는다.

"〈백제신찬〉은 '사마왕(무령왕)은 곤지의 아들이고, 말대왕(동성왕·479~501)의 '배다른 형'으로 기록했다."

이미 '무령왕=개로왕의 아들'로 서술한 〈일본서기〉 편찬자가 뒤늦게 〈백제신찬〉이라는 사료를 열람한 것 같다.

여기서 '무령왕=동성왕의 배다른 형' 기록을 읽고, 각주로 〈백제신찬〉의 내용을 추가한 것 같다.

그렇다면 〈백제신찬〉은 어떤 사료인가. 실물은 전해지지 않고 오로지 〈일

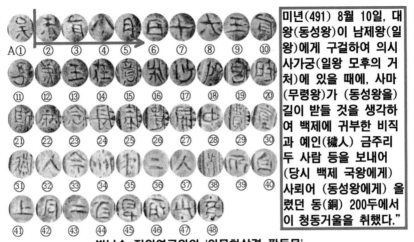

미년(491) 8월 10일, 대왕(동성왕)이 남제왕(일왕)에게 구걸하여 의시사가궁(일왕 모후의 거처)에 있을 때에, 사마(무령왕)가 (동성왕을) 길이 받들 것을 생각하여 백제에 귀부한 비직과 예인(穢人) 금주리 두 사람 등을 보내어 (당시 백제 국왕에게) 사뢰어 (동성왕에게) 올렸던 동(銅) 200두에서 이 청동거울을 취했다."

박남수 전임연구원의 '인물화상경 판독문'

박남수 동국대 역사문화연구소 전임연구원의 '인물화상경' 판독문. '사마(훗날 무령왕)가 일본에 체류 중이던 동성왕에게 보낸 동(銅) 가운데 일부로 청동거울을 제작했다.'고 읽었다.

본서기>에만 인용되는 백제 관련 사서이다.

따라서 어느 정도까지 신뢰할 수 있는지는 단언할 수는 없다. 그러나 한 가지 의미심장한 착안점은 있다.

<일본서기> 461년 7월조는 곤지의 일본 입국을 전하면서 <백제신찬>을 인용하고 있다.

"<백제신찬>은 '신축년(461년)에 개로왕이 아우 곤지를 일본과의 우호를 위해 보냈다'고 했다."

그런데 1971년 무령왕릉 발굴 때 '무령왕이 523년 62살의 나이로 서거했다'는 명문지석이 나왔다고 하지 않았나.

'523년 62세로 서거했다'? 그걸 역산해보면 '무령왕이 461년 태어났다'는 이야기가 아닌가.

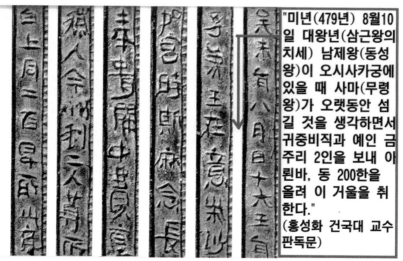

"미년(479년) 8월10일 대왕년(삼근왕의 치세) 남제왕(동성왕)이 오시사카궁에 있을 때 사마(무령왕)가 오랫동안 섬길 것을 생각하면서 귀중비직과 예인 금주리 2인을 보내 아뢴바, 동 200한을 올려 이 거울을 취한다."
(홍성화 건국대 교수 판독문)

홍성화 교수의 판독문. 사마(훗날 무령왕)가 일본에 체류 중에 왕위 계승권자가 된 동성왕을 위해 오래도록 섬길 것을 다짐하며 인물화상경을 제작해서 바쳤다고 읽었다.

바로 <백제신찬>이 기록했다는 신축년(461년)과 딱 맞아떨어진다.

그동안 <일본서기> 중에서도 단편적으로 인용된 <백제신찬> 기록이 나름 정확했다는 이야기가 된다.

그래서 개로왕-곤지-무령왕-동성왕 관련 가계와 관련해서는 <백제신찬> 자료를 신뢰하는 경향이 있다.

무령왕(재위 501~521)이 (개로왕의 동생인) 곤지의 맏아들이고, 동성왕(479~501)의 '배다른 형'일 가능성이 크다는 것이다.

또 하나 의미심장한 기록이 <일본서기>에 있다.

"일본에 온 (개로왕의 동생) 곤지에게는 5명의 아들이 있었다."는 것이다. 그런데 479년 백제 삼근왕이 죽자 일본에 있던 곤지의 둘째아들이 백제로 돌아가 즉위했는데, 그가 바로 동성왕이라는 것이다.

따지고 보면 곤지의 맏아들은 국내에 있던 사마, 즉 무령왕이었다. 그러나 어떤 이유인지 모르지만, 왕위를 잇지 못하고 일본에 있던 동성왕이 귀국해서 등극한 것이다.(사마가 곤지가 일본에서 낳았다는 5명의 아들 중 장남이었는지, 혹은 5명의 아들과는 다른 자녀인지는 설이 분분하다.)

동성왕의 침소를 돌보는 사마(무령왕)

그렇다면 '인물화상경' 명문은 어떻게 읽을 수 있을까.

제작·선물연도가 계미년(503)이 아니라 그냥 '미년'으로 읽힌다면 '언제'라는 말인가.

박남수·홍성화 두 연구자의 견해가 여기서 갈린다. 박남수 전임연구원은 인물화상경의 명문을 다음과 같이 읽는다.

"미년(동성왕 13·491) 8월 10일, 대왕(동성왕)이 남제왕(일왕)에게 구걸하여 의시사가궁(일왕 모후의 거처)에 있을 때에, 사마(무령왕)가 (동성왕을) 길이 받들 것을 생각하여 백제에 귀부한 비직과 예인(穢人) 금주리 두 사람 등을 보내어 (당시 백제 국왕인 문주왕 혹은 삼근왕에게) 사뢰어 (동성왕에게) 올렸던 동(銅) 200두에서 이 청동거울을 취했다."

앞서 밝혔다시피 동성왕은 일본으로 건너간 곤지의 둘째 아들이었다. 그런데 일본에서의 생활을 '구걸'로 표현했을 정도로 곤궁했다는 것이다. 이때 본국에 있던 이복형 사마(무령왕)가 동생의 체재비로 청동 200두를 보냈다는 것이다.

일본에 머물던 동성왕은 그중 일부를 생활비로 쓰고 삼근왕 서거 후 귀국해서 등극한 후 남은 동으로 인물화상경을 제작했다는 것이다. 특히 '491년 미년'은 동성왕으로서는 의미심장한 해였다.

전해(490) 북위의 침공을 격퇴한 뒤 공신들에게 작위를 수여하고, 쪼그라

박남수 전임연구원은 '인물화상경'이 정사를 펼치는 백제왕의 모습을 그렸다고 해석했다. 양팔을 벌리고 중앙에 앉아 있는 인물은 화상인물경의 주인공인 대왕이 아닐까 여겨진다는 것이다. 국왕의 좌우로 문무관료를 배치하고 무관의 앞에 북위의 장군으로 추정되는 무릎을 꿇은 인물이라고 해석했다. 정사를 펼치는 동성왕의 모습이라는 것이다.

든 국세의 회복을 모색했던 시기였다.

바로 그때 일본 체류 때의 일을 회고하며 마음을 다잡는 기회를 삼으려고 '인물화상경'을 제작한 것이 아닐까.

박남수 연구원은 그런 측면에서 '인물화상경' 그림을 분석했다.

세 편으로 이루어진 동경의 그림에는 우선 국왕의 좌우로 문무관료를 배치하고 무관의 앞에 북위의 장군으로 추정되는 '무릎 꿇은 인물'이 보인다는 것이다. 또 국왕의 행차 때 백성을 되돌아보는 화상, 국왕으로 여겨지는 인물의 침소에서 시봉하는 신하(사마·무령왕)의 모습도 나타난다는 것이다. 특히 국왕의 침소를 돌보는 신하의 모습은 '사마(무령왕)가 대왕(동성왕)을 길이 섬길 것(長奉)을 생각했다'는 명문의 내용에 부합된다고 보았다.

박남수 연구원은 이 그림을 두고 "말을 타고 가는 인물이 말 뒤편의 사람을 돌아보는 모습"이라고 보았다. 이것은 국왕이 민정을 시찰할 때 호미 들고 농사짓는 백성들을 뒤돌아보며 흐뭇해하는 모습을 형상화했다고 해석했다.

왜왕이 동성왕의 머리를 쓰담은 이유

홍성화 건국대 교수의 명문 판독은 다음과 같다.

"미년(479년) 8월10일 대왕년(삼근왕의 치세) 남제왕(동성왕)이 오시사카궁에 있을 때 사마(무령왕)가 오랫동안 섬길 것을 생각하면서 귀중비직과 예인 금주리 2인을 보내 아뢴바, 동 200한을 올려 이 거울을 취한다."

박남수 전임연구원의 판독과 같은 듯 다르다. 우선 '제작연도'가 479년(홍성화)과 491년(박남수)으로, '대왕'이 삼근왕(홍성화)과 동성왕(박남수)로 나뉜다. 홍성화 교수는 "461년 일본에 간 곤지가 이윽고(旣而) 아들 5명을 두었고, 479년 그 중 둘째아들(동성왕)이 즉위했다."는 <일본서기> 기록에 주목한다.

<일본서기>는 이 대목에서 "유랴쿠(雄略·재위 456~479) 일왕이 어린 동성왕의 머리를 쓰다듬으며 백제 왕으로 삼았다."고 덧붙였다. 홍성화 교수는 이 대목이 일본 왕실과 동성왕의 특별한 관계를 암시하는 기록으로 보고 있다.

박남수 연구원은 이 그림의 경우 동성왕의 잠자리를 돌보는 모습으로 해석했다. 동성왕의 왜 체류 시절에 오래
섬길 것을 다짐한 기억을 되살리며 동성왕의 잠자리를 시봉한 사마(훗날 무령왕)를 떠올리게 한다는 것이다.

즉 일본에 도착한 곤지가 일본 왕실 여인과 혼인했는데, 그때 낳은 아들 4
명 중 첫째가 동성왕이라는 것이다.

곤지의 일본 부인은 누구일까. 홍성화 교수는 인교(允恭·재위 412~453) 일왕
의 딸과 혼인한 것으로 보았다.

인교 일왕은 부인인 '오시사카 노 오나카쓰 히메(忍坂大中姬)'와의 사이에
서 5남 4녀를 두었다.

그 아들 중 하나가 "어린 동성왕의 머리를 쓰다 듬었다."는 유랴쿠 일왕이
다. <일본서기>에 따르면 외삼촌인 유랴쿠가 어린 외조카의 백제왕 등극을
격려한 셈이 된다.

"일본 왕실 여인과 혼인한 곤지?"

곤지가 일왕의 딸과 혼인한 것이 사실일까.

홍 교수는 동성왕이 머문 '오시사카(意柴沙加)'궁의 발음이 장모 이름인 '오시사카 노 오나카쓰 히메(忍坂大中姬)'와 같다는 점에 주목했다. 그러니까 동성왕이 외가인 오시사카궁에서 태어나 자랐을 가능성이 크다는 것이 홍 교수의 설명이다.

여기서 의문점이 생긴다. 곤지의 첫째아들인 무령왕은 왜 삼근왕 서거 후 왕위를 잇지 못하고 이복동생에게 물려주었을까.

홍 교수는 서자인 무령왕이 일본 여인과 정식 혼인을 통해 낳은 정실자녀(동성왕)에게 밀렸다고 보았다.

그럼 '인물화상경'은 대체 뭐란 말인가. 홍 교수는 삼근왕 서거 직후인 '479년 미년' 8월 이복동생(동성왕)의 왕위 계승을 '쿨'하게 인정하고 동성왕을 '오래도록 섬길 것'(長奉) 서약하며 제작한 것으로 보았다.

삼근왕이 479년 4월에 서거했고(<일본서기>), 일본에 머물고 있던 동성왕이 귀국한 11월 등극한 것으로 보았다.

그 사이 국내에 머물고 있던 이복형 사마(당시 18세)가 삼근왕 서거 후 후계 구도가 정리된 뒤 충성 서약의 징표로 일본에 체류 중이던 어린 동성왕에게 '인물화상경'을 보냈다는 것이다. 이것이 홍성화 교수의 견해이다.

일본과는 하등 관계없는 일본 국보

'인물화상경'은 4세기 진구 왕후의 삼한 정벌과 관련이 있거나, 5세기 일본이 이미 '대왕'이라는 호칭을 썼음을 알려주는 유물로서 일본의 국보로 대접받았다.

그러나 최근 두 연구자의 견해에 따르면 '인물화상경'이 일본과는 하등 관계가 없는 유물이다.

도리어 백제 사마왕(무령왕)과 관련된 풍부한 스토리텔링을 간직한 유물이라는 사실을 알 수 있다.

필자는 '인물화상경'과 관련해서 어떤 선입견도 갖고 있지 않다. 다만 최근 두 연구자의 흥미로운 견해를 풀어봄으로써 대중적으로 거의 알려지지 않은 '인물화상경'을 소개하고자 한다. 1971년 한 무덤에서 나타나는 사마왕, 즉 무령왕 이름이 일본 땅, 자그마한 신사의 청동거울 속에 이미 존재하고 있었을 줄이야.

<참고자료>
박남수, '백제 동성왕 인물화상경과 사마(斯麻)' <동연> 11권, 동아시아비교문화연구회, 2022
홍성화, '隅田八幡神社(스다하치만신사) 인물화상경에 대한 고찰', <한국고대사탐구> 43, 2023
홍성화, <일본은 왜 한국역사에 집착하는가>, 시여비, 2023

끔찍한 상상…
도굴왕 가루베가
무령왕릉 찾았다면?

"아주 나쁜 놈이었다. 송산리 6호분을 완전히 파먹은 자였다. 영원히 잊지 못할 악질 도굴꾼이요, 유물약탈자였다. 일본인 사회에서도 용서받을 수 없는….".

일제강점기 충남 공주를 무대로 활동한 일본인 가루베 지온(輕部慈恩·1897~1970)에 대한 악평이다. 가루베가 과연 어떤 인물인데, 이런 악평에 시달리는 것일까.

가루베 지온이 공주고보 교사로 부임한 1927년의 공주 송산리 고분군 모습. 가루베는 공주 일대의 백제고분을 샅샅이 훑고 다녔다. 국립중앙박물관 소장 자료

시계를 90여 년 전으로 되돌려보자.

공주는 아마추어의 신천지였다

가루베는 와세다대(早稻田大)에서 국어·한학을 전공했다. 역사 및 고고학과는 관련이 없는 비전문가였던 것이다.

그러나 '평소 낙랑 및 고구려에 대한 관심이 남달랐다'는 가루베는 식민지 조선을 찾아 1925년 3월 평양 숭실전문대에서 교편을 잡았다. 하지만 이미 낙랑·고구려 유적은 너무도 유명해져서 비전문가가 취미생활로 접근할 수 없는 '넘사벽'이었다. 결국 충남 공주로 쫓기듯 내려왔다.

공주고보에 부임한 가루베의 담당 과목은 역사가 아닌 국어(일본어)였다. 사실 평양의 경우 낙랑고분 발굴에 혈안이 되어 있던 일제 관학자들의 영향력 때문에 끼어들 틈이 없었다. 그런 의미에서 비전문가인 가루베에게 공주는 신천지나 다름없었다. 부여와 함께 백제의 옛 도읍지였던 공주는 그때만 해도 일제의 주목을 받지 못했던 것이다. 이 틈새를 가루베가 비집고 들어갔다. 가루베에게 웅진백제는 '블루오션'이었다.

1,000기를 조사한 마구잡이 사굴(私掘)

가루베는 신이 나서 공주 지역의 백제 유적을 찾아다녔다. 도착한 지 한 달도 안 되어 이미 도굴로 노출된 송산리 1~4호분을 찾았고, 웅진동과 교촌동, 금학동 등의 공주 시내와 주미산·월성산 등 시내 주변 지역을 샅샅이 누볐다.

"1927~32년 사이 내가 실견한 백제고분이 1,000기에 이르며 그 가운데 송산리 고분을 비롯한 중요 자료 100여 기(182기)는 실측조사했다."고 자랑할 정도였다.

가루베가 천장의 구조에 주목해서 분류한 백제고분은 무려 738기에 이른다. 무엇보다 실측조사했다는 182기를 연도별로 보면 1931(97기)~32년(34기)에 집중돼 있다.

이를 두고 조선총독부 소속 전문학자들조차 "연구목적의 미명 아래 저지른 유례없는 사굴(私掘) 행위"라고 비판했다.

당시 조선총독부 고적조사사무 촉탁이었던 고고학자 아리미쓰 교이치(有光敎一)는 훗날 "5년간 738기라면

1933년 8월 가루베가 찾아낸 송산리 6호분의 배수로 벽돌열. 무덤으로 향하는 길이었다.

1년에 150기 가까운 고분을 조사한 셈인데 고분의 학술적인 조사로서는 상상조차 할 수 없는 숫자"라 비판했다.

고분의 냄새를 맡았다

가루베가 확인했다는 대표적인 유적으로 꼽자면 바로 벽화가 그려진 벽돌분인 송산리 6호분이다.

1931년 가루베는 6호분 인근을 배회하면서 많은 백제 문양전(문양 있는 벽돌)이 흩어져있다는 것을 확인했다. 이미 고분의 냄새를 맡은 것이다. 그런

6호분 입구에서 바라본 무덤길 막음 벽돌층. 1933년 8월 가루베가 무단 발굴했다.

와중에 조선인 농부 몇 명이 무덤길 부근을 도굴하는 것을 목격했다.

그 후 1년 남짓 지난 1932년 10월 송산리 고분군에서 유람도로 진입로를 조성하는 공사가 펼쳐졌는데, 이 과정에서 백제고분 5~8호분이 차례로 노출되기 시작한다.

특히 10월 26일 벽돌로 조성한 6호분의 배수구 일부가 발견됐다. 이미 1년 전부터 이곳에 벽돌무덤이 있을 것이라고 확신한 가루베는 흥분하기 시작했다. 무덤(6호분)으로 향하는 길(배수구)을 찾아냈다는 기쁨 때문이었다.

도굴 증거를 인멸한 가루베?

가루베는 결국 사고를 친다. 배수구 발견 후 8개월 후인 1933년 7월 29일 이른바 무단시굴을 자행하게 된다.

"8월 1일 오후 약 21m를 북쪽으로 파고 들어가 연도 앞 벽 상부에 도달했다.…천장에 해당되는 부분을 아래로 파내려가자 이조 말기의 백자 도기 파편이 나왔다. 근자에 도굴되었음이 확실해져서 실망했다."

하지만 이 발굴은 처음부터 불법이었다. 당시 모든 고분은 1916년 조선총독부령으로 제정된 '조선보물고적보존령'에 따라 엄격하게 보호·보존됐다. 즉 보존규칙 제3조는 '고적 또는 유물을 발견하는 자는 멋대로 그 현상을 변경해서는 안되며 3일 이내에 지역 경찰서장에 신고해야 한다'고 했다.

무엇보다 개인인 가루베가 고분을 발굴했다는 것 자체가 불법이었다. 만약 도굴이 문제가 되어 반드시 발굴조사가 필요했다면 당연히 조선총독부 조사단이 담당해야 했다. 가루베의 발굴은 '사굴(私堀·사사로운 발굴)'로 규정될 수밖에 없었다.

또 하나 가루베는 현장을 보존하지 않은 만행을 저질렀다. 가루베의 연락을 받고 후지타 료사쿠(藤田亮策)와 함께 고분을 조사한 조선총독부 촉탁 고이즈미 아키오(小泉顯夫)가 훗날 쓴 '송산리 벽화전축고분-참담한 도굴분'이라는 제하의 회고담을 보라.

"현장에 도착했을 때 6호분 무덤방의 내부는 도굴분이라 하지만 너무도 깨끗하게 치워져 있었다. 유물이라고는 토기 조각 하나 남아 있지 않았다. 얇은 진흙을 건조한 것 같은 마른 흙먼지 위에 발자국만 어지러이 남아 있을 뿐이었다. 관대 위에 깔아놓은 벽돌도 거의 벗겨졌고, 관대의 주변이나 연문 서쪽의 벽돌상이 뜯겨졌다."

고이즈미가 "어떻게 된 거냐. 유물은 없었느냐?"고 묻자 가루베는 "원래부터 이 상태였고 아무것도 없었다."고 딱 잡아뗐다. 하지만 가루베의 대답은 거짓이었다. 가루베 본인이 훗날 "6호분 안에 상당수의 유물이 있었다."고 털어놓은 것이다.

"무덤 안은 상상 이상으로 완전히 보존되어 벽화, 불감, 관대 등이 있었다. 도굴된 것에 비해서는 유물이 비교적 많이 남아 있어서 그 기쁨 속에…"

송산리 6호분의 관대와 북벽 사진. 유물이 말끔히 치워진 사진이다.

가루베는 그러면서 수습한 유물을 구체적으로 언급했다.

"중요한 유물은 대부분 없어졌지만, 호박의 구옥(勾玉·굽은옥) 1개, 환자옥(둥근 옥) 80여 개, 순금제 귀고리, 대금구(허리띠 장식), 대도(큰칼), 도자(칼), 금동제 영락 등 많은 것이 나왔다. 지금까지 빈약했던 웅진성 시대의 확실한 유물 중 단연 빛난다."

누락된 현장 사진의 정체

가루베의 행적은 짚을수록 의심스럽다. 즉 가루베는 사망하기 1년 전인 1969년 2월 송산리 6호분의 사진과 실측도 사진 자료를 공주고보 시절의 제자에게 보냈다.

그런데 이 자료를 검토하던 정재훈 당시 문화재관리국장은 고개를 갸웃거

송산리 6호분의 북벽과 천정 축조 상황.

렸다. 일련번호가 찍힌 자료 중에 10번이 누락된 상태였기 때문이다. 이 문제
의 10번 사진은 '제6호분의 바닥, 즉 관대와 현실(무덤방)의 유물 노출 상태를
찍은 것'으로 추정됐다. 출토유물 정보를 고의로 은폐한 것이 아닐까. 이것이
합리적인 의심이다.

　사사로이 발굴한 것도 모자라 총독부 조사단이 현장에 도착하기 전에 무덤
안을 깨끗이 치워버리고 "유물이 한 점도 없었다."고 거짓 대답한 것 자체가
용서받을 수 없는 도굴 및 훼손 행위다. 오죽하면 총독부 조사단인 고이즈미
가 "무덤방의 구조물, 즉 관대나 벽돌상을 훼손한 장본인은 가루베"라고 지
칭했을까.

　이것은 '고적 또는 유물을 발견하는 자가 멋대로 그 현상을 변경해서는 안
된다'는 '조선보물고적보존령'을 어긴 것이다. 총독부 조사단을 이끈 후지타

가 가루베를 질책했다는 기록이 보인다.

"저 온후한 후지타 위원의 질책은 현지 관계 유력자를 향한 것이 아니었다. 그들 중에 아무런 내색 없이 설명진에 참가하고 있는 특정인물(가루베를 지칭)을 향한 것임을 우리는 알 수 있었다. 후지타 위원은 경찰서장과 군 면의 수뇌자를 모아 '비록 도굴분이라 해도 법에 따라 절대 개인이 발굴하도록 해서는 안되며 앞으로는 법규에 따라 엄중히 단속해달라'고 신신당부했다."

후지타는 가루베를 겨냥해서 공주경찰서장과 지역 관리들에게 "다시는 불법적인 발굴행위가 없도록 하라."고 엄포를 놓은 것이다.

도굴범은 바로 가루베 자신이 아닐까

한가지 합리적인 의심이 든다. 가루베는 과연 송산리 6호분의 현실(무덤방)에 언제 들어간 것일까. 1931년부터 고분 근처를 배회한 가루베가 몇몇 농부의 도굴사실 등을 알았고, 1932년 10월 26일 배수구 입구까지 확인한 다음 10개월여 만인 1933년 8월 1일 무덤방에 들어간 것이 맞을까.

사실 가루베가 언제 무덤방에 들어갔는지는 전적으로 본인의 언급 말고는 입증할 길이 없다. 가루베는 공주에 온 직후부터 송산리 일대의 고분에 눈독을 들였다.

가루베는 혹시 1931년이나 32년 6호분의 존재를 확인한 다음 본인이 손수 도굴한 것은 아닐까. 그런 다음 예전에 이미 도굴된 것처럼 꾸미려고 다시 원상태로 복구한 것은 아닐까. 아니면 1933년 8월 1일 무단 발굴에서 유물을 빼돌리고 이미 도굴된 것처럼 위장한 것은 아닐까. 그러니까 6호분의 도굴범은 바로 가루베 자신이었을 가능성도 배제할 수 없는 것이다. 이와 관련해서 공주 현지 주민들의 육성을 취재한 이구열 기자(미술 평론가)는 "가루베가 6호분을 도굴하기 전에 개(犬)를 먼저 집어 넣었다."는 증언까지 들었다.

39 壺 1口 〈TJ-1026〉
　三国時代（百済）・5c ~ 6c
　朝鮮公州発見（現韓国忠清南道公州市）
　高さ 16.4、口径 6.5 ~ 6.8、胴径 14.0、底径 8.0
　1932 年（昭和 7）購入（軽部慈恩旧蔵）

Stoneware Jar
Three Kingdoms period (Baekje), 5th-6th century
From Gongju-si, Chungcheongnam-do

1932년 도쿄제실박물관(현 도쿄국립박물관)이 가루베로부터 구입한 백제 토기. 가루베가 이미 1930년대 초에 공주의 백제 고분에서 무단 발굴한 유물들을 일본으로 빼돌려 팔아넘겼음을 알 수 있는 대목이다.

"당시 나이 서른 안팎이었던 가루베는 중학교 교사의 탈을 쓴 천하의 고얀 놈이었다."는 증언도 나왔다. "아무래도 저 가루베가 수상하다."는 등 "가루베 자식, 이번에 한 20만 원 챙겼을 거야."라는 등의 말이 공공연하게 돌았다고 한다.

가루베의 '내로남불'

그런 가루베가 당시 공주 지역에서 자행되는 도굴행위를 개탄하는 글을 남겼다는 것이 흥미롭다.

"고분 내에서 출토되는 유물이 상당한 가격으로 팔렸기 때문에 주민들이 빈번히 도굴을 자행하고…매일 이 귀중한 백제고분을 비롯한 분묘가 파괴되는 것은 유감이 아닐 수 없다."

가루베는 한술 더 떠 "몇 년 혹은 십수 년 후 공주 지방에서 고분의 모습이 사라지지 않을까 우려를 금할 수 없다."고 걱정했다.

가증스러운 '내로남불'이었다. 가루베는 1000여 기의 고분을 실견했고, 그 중 738기의 고분 유형을 분류했으며, 중요한 182기는 실측조사했다. 아마추어 발굴자의 탐욕 때문에 백제 고분이 마구 파헤쳐진 것이다. 이 과정에서 상당수의 유물을 챙겨 무단으로 가져갔다. 문자 그대로 사장(私藏), 즉 '개인 착복'이었던 것이다.

공주고보를 거쳐 1940년 대전 대동여고(대전여고) 교감, 1943년 강경여중 교장으로 옮겨가면서도 공주 일대에서 거둬들인 유물들을 싣고 다녔다.

한 트럭분의 유물은 어디에 있을까

가루베는 훗날 "내가 소장한 자료의 대부분은 한국에서 철수할 때 그대로 남겨두고 왔다."고 술회했다.

1965년 니혼대(日本大) 미시마 분교(三島分校)가 발간한 교지에는 "1945년 패전 직후 알몸으로 철수할 수밖에 없었다."고 언급했다.

유물이 과연 얼마만큼인지, 또 이것이 구체적으로 어떻게 정리됐는지 가루베는 정확하게 밝힌 바가 없다.

당연히 가루베를 둘러싼 의혹이 증폭될 수밖에 없다.

미술평론가이자 기자출신인 이구열의 취재에 따르면 가루베는 1945년 일본이 패망하자 마지막 부임지인 강경에서 트럭 1대에 소장유물들을 몽땅 싣고 재빨리 대구로 도망쳤다. 대구에서 역시 악명 높은 유물약탈자였던 오구라 다케노스케(小倉武之助)와 합류한 뒤 일본으로 밀반출했다는 것이다.

"국립박물관 공주분관장으로 취임한 유시종 당시 관장은 1946년 미군정청 공주지구 군정관인 카터 중령을 앞세워 강경여중을 샅샅이 뒤졌다. 그러

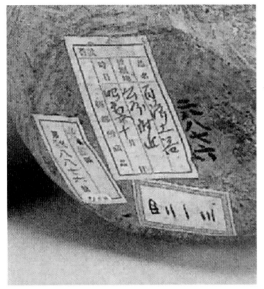

番號			
	時日	發掘地	品名
輕部所藏品	昭和六年十月日	公州附近	百濟土器

가루베가 소장한 백제 토기에는 유물명과 발굴지, 일시 등을 기록한 딱지(레이블)가 붙어있다. 이 백제 토기는 '출토지=공주 부근. 시일은 소화 6년 10월(1932년 10월)'과 '가루베 소장품'임을 입증하는 딱지가 붙어있다. 이하 상 대전대 교수 제공

나 교직원들은 '해방 직후 가루베가 트럭을 대절하여 부산으로 도망쳤다'고 증언했다."(변평섭의 <실록 충남 반세기>, 창학사, 1983년)

이와 관련해서 가루베의 딸인 야마가와 지즈코(山川千鶴子)는 대전 KBS 취재팀에 "아버지(가루베)의 자료는 일본 귀국 때 대전의 전기회사 창고에 옮겨 놓았고, 일부는 강경의 지인에게 맡겨놓은 것도 있었다"고 말했다. 훗날(1968년) 공주를 방문한 가루베는 강경의 지인에게 유물의 소재를 물었으나 "물건은 인민군에게 약탈됐다."는 대답을 들었다고 한다. 하지만 대전 전기회사로 옮겼다는 유물도 확인되지 않았다.

가루베가 소장했다가 모교인 와세다대에 기증한 '목짧은 항아리'(단경소호). 1933년 8월 공주 부근에서 출토된 유물이라는 딱지가 붙어있다.
이한상 대전대 교수 제공

도굴·무단수집한 유물로 팔아넘기고 인심 쓴 가루베

그러나 가루베가 상당수의 백제유물을 일본으로 반출해 간 것은 분명한 사실이다.

해방 직후 한 트럭분을 한 번에 가져가지 않았더라도 그 전부터 차례차례 분산해서 반출한 것이 틀림없다. 가루베는 자신의 소장품에 '가루베 소장품 (輕部所藏品)'이라는 딱지를 붙여놓았다. 여기에 번호와 품명, 발굴지, 시일까지 적어놓았다. 이것이 움직일 수 없는 증거가 됐다. 이한상 대전대 교수에 따르면 가루베는 1932년 도쿄제실박물관(현 도쿄국립박물관)에 18점의 유물을 일괄로 팔아넘겼다. 가루베는 이외에도 '조선 공주에서 발견된 석촉 3건'까지 기증했다. 팔아넘긴 유물 중에는 조선 공주 발견품(토기병 3점, 금제귀고리 2점)이 6점에 이른다. 이 유물에는 '품명=백제토기, 발굴지=공주 부근, 시일=소화 6년 10월(1931년 10월)'이라 적혀 있었다. 가루베는 또 백제토기와 함께 팔아넘긴 금제귀고리와 관련된 논문을 쓰면서 "소화 5년(1930년) 가을 공주 주미리 5호분에서 옥잔과 함께 출토된 것"이라 밝혔다. 그런데 이 논문

博宣項（副槨の構造及び側壁の方置を示せ）

同（奥壁並に側壁の下半部）

左側縦書き

第

圖版第三

公州に於ける古墳の調査

1939년 발굴된 공주 교촌리 3호분. 가루베 지온은 미완성 고분이라고 해석했다.
정치영의 '사이토 다다시의 공주 교촌리 전실분 발굴조사와 가루베 지온 비판' 논문에서

('공주의 백제고분')은 1934년에 쓴 것이다. 가루베가 1930년대 초부터 야금야금 소장유물들을 일본으로 반출했음이 틀림없다.

어디 도쿄제실박물관뿐인가. 가루베가 대학 은사인 아이즈 야이치(會津八一)에게 개인적으로 선물한 백제유물 몇 점이 와세다대 아이즈야이치기념박물관(會津八一記念博物館)에 소장돼있다.

이 중 '목짧은 작은 항아리'(단경소호)는 1932년 8월 공주 지역 고분을 무단발굴할 때 수습한 토기인 것으로 추정된다. 토기에 '소화 7년 8월(1932년 8월)'이라는 딱지가 엄연히 붙어있다. 또 '작은 항아리'(소호)에는 '소화 5년 5월(1930년 5월)'이라는 딱지가, '세발달린 잔'(삼족배)에는 '소화 6년(1931년)'이라는 글이 적혀 있었다.

모두 1930~1933년 가루베가 백제왕릉이 모여 있는 송산리 고분 등을 헤집고 다니면서 도굴 혹은 수집한 유물들이다. 이런 유물들을 자신의 은사에게 자랑스레 선물한 것이다. 남의 땅에서 수집하거나 도굴한 물건을 멋대로 반출해서 팔아넘기고 멋대로 기분을 내서 선물해버리고…. 도굴꾼이자 약탈자가 아니고서야 무엇이겠는가.

백제통으로 행세한 가루베

역사 및 고고학 분야의 '아마추어'였던 가루베는 공주 지역에서의 무단발굴 경험을 바탕으로 '백제 전문가'로 거듭났다.

국어(일본어) 교사였던 가루베는 738~1,000기에 달하는 백제 유적을 조사한 경력을 유감없이 활용했다. 패망 후인 1947년부터 니혼대(日本大)에서 동양사(주로 한국사)를 가르치는 교수로 임용돼 1970년 사망할 때까지 '백제통'으로 행세했다.

가루베는 "내가 조사한 고분 중 대다수는 도굴분이었다."고 변명했다. "내

최근 공주대박물관이 확인한 교촌리 3호분. 무령왕릉에 앞선 시기에 조성된 왕릉급 무덤인 것으로 해석된다.

공주대박물관 제공

가 아니었다면 그나마 조사조차 못했을 테니 고마운 줄 알라."는 소리로 들린다. 하지만 일제강점기에 도굴을 부추긴 자들이 누구인가. 바로 일본인들이었다. 1930년대 평양박물관장을 지낸 고이즈미마저 일본인들에 의해 자행된 무자비한 도굴을 비판했다.

"조선민족은 사욕(死辱·죽은 뒤 모욕을 당하는 행위)을 기혐(忌嫌·꺼리고 싫어함)하는 뿌리 깊은 사상의 소유자들이다. 그러니 어지간히 하급의 무식자가 아니면 이런 일(도굴)을 감히 하지 않았을 것이다. 그러기 때문에 현재에 이르기까지 조선의 고분이 비교적 잘 보존되고 있었다."

그런데 일본인들이 온전하게 남은 조선의 고분들을 마구 파헤치고 있다는 것이다. 고이즈미의 반성 섞인 회고담이 계속된다.

"고분 도굴의 참상은 병합(1910년) 전후부터 내지인(일본)들이 조선의 촌

(村)까지 파고들었다.…일확천금을 꿈꾸고 한국에 온 일본인들이…묘 속에서 금닭이 운다든가 하는 전설의 고분을 요사이 유행인 금광이라도 파낸 것 같은 생각으로 파돌아다는 것 같다."(<조선> '205호'·1932년)

1932년이면 가루베가 혈안이 되어 공주 일대를 파헤치던 바로 그 시기가 아닌가. 고이즈미는 바로 가루베와 같은 '도굴배'를 비판한 것이다.

가루베는 그냥 악질 도굴꾼

한국 학계 일각에서는 가루베의 행적을 두고 '만용과 과욕'이라는 표현을 쓴다. 아마추어가 활개쳤으니 '만용'이요, 욕심이 지나쳤으니 '과욕'이라 표현할 수도 있겠다.

그러나 이 또한 너무 후한 표현이다. 고고학의 훈련도 없으면서 1000여 기의 백제 고분을 자체 조사했고, 송산리 고분을 비롯한 상당수 고분을 무단 발굴, 아니 도굴한 죄는 그 무엇으로도 씻을 수 없는 범죄행위이다. 게다가 발굴 후 현장보존도 하지 않았고, 발굴 후 제대로 된 학술보고서도 내지 않았다. 또 도굴 혹은 수습한 유물을 멋대로 보관했고, 이것을 무단으로 반출했을 뿐 아니라 그 유물의 행방을 두고도 평생 모호한 입장을 보였다.

혹여 "가루베가 자잘한 유물만 반출해 간 것이 아니냐."면서 "그나마 다행"이라고 여길 수도 있겠다. 그러나 가루베가 무슨 자격으로 그런 자잘한 유물이라도 멋대로 가져갈 수 있다는 말인가. 또 가루베는 자신이 가져간 자료를 토대로 공주 지역을 방문하며 공주고보 교사로서의 추억을 되살렸다.

가루베는 공주 지역을 방문하는 유력인사로, 저명인사를 안내하는 학자로서 행세했다. 전형적인 아마추어로서 '고고학자 코스프레'하면서 공주의 고분을 파헤친 가루베는 그저 "악질적인 도굴꾼이요, 유물약탈자"였을 뿐이다.

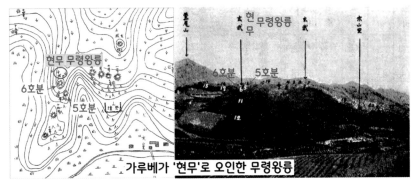

송산리 고분군 분포도. 무령왕릉과 6호분은 바로 붙어있다. 가루베가 무령왕릉을 찾아내지 못한 것이 천만다행이다.

"가루베는 아마추어!"

2018년 공주대박물관이 공주 교촌리에서 송산리 고분군, 특히 무령왕릉과 유사한 형태의 백제 전축분(벽돌무덤)을 발견했다.

다름 아닌 가루베가 공주고보 부임 직후인 1927년 2월과 1939년 10월 조사한 바 있던 교촌리 2호분과 3호분을 일컫는다.

그런데 당시 가루베는 2호분은 이미 인위적으로 파괴된 폐분(廢墳·폐무덤), 3호분은 무덤을 조성하다가 중지한 미완성분이라는 결론을 내렸다. 2호분의 경우 무너져버린 벽돌을 재활용했다는 것이며, 3호분은 천장과 연도가 축조된 바가 없는 미완성 무덤이라는 것이었다.

그러나 이것은 전형적인 아마추어 관점이었다. 당시 가루베의 연락을 받고 조사에 나선 총독부 박물관의 사이토 다다시(齋藤忠)는 가루베의 견해를 정면으로 반박했다. 2호분의 경우 인위적인 폐기의 증거가 없으며, 3호분의 경우도 원래 온전하게 완성된 무덤이었는데, 시간이 지나면서 황폐해지고 유물도 도굴되었을 뿐이라는 것이었다.

하지만 가루베의 주장은 지금까지 80년 가까이 생명력을 잃지 않고 면면히 이어져 왔다. 3호분의 경우 1971년 발견된 무령왕릉을 축조하기 위해 연습용으로 조성했다는 견해도 있었다.

가루베가 무령왕릉을 찾아냈다면

하지만 공주대박물관의 발굴조사 결과 폐무덤이라던 2호분은 원래부터 무덤이 아니라 네모꼴의 석축단이었다.

주변에 무령왕릉에서 나온 문양 벽돌과 같은 연화문 벽돌이 출토된 것으로 보아 웅진백제 시대의 중요시설이었음이 분명하다.

또 '미완성분'이라던 3호분은 송산리 6호분, 무령왕릉과 같은 터널형 구조의 전축분이라는 사실도 밝혀냈다. 여전히 미완성 무덤인지, 아니면 무령왕릉 이전에 조성된 왕릉급 완성 무덤인지 100% 입증할 수는 없다. 그러나 조사단은 미완성 무덤보다는 백제 왕릉급 무덤으로 보는 시각에 무게를 싣는 분위기다. 굳이 미완성 무덤으로 볼 근거가 부족하다는 것이다.

무령왕릉보다 이른 시기의 왕릉급 무덤일 가능성이 짙다. 백제 임금이라면 누구일까. 웅진백제 시기(475~538)의 백제왕은 문주왕(재위 475~477)-삼근왕(477~479)-동성왕(479~501)-무령왕(501~523)-성왕(523~554·538년 사비로 천도) 등 5명이다. 이 중에서 무령왕릉은 1971년 확인됐다. 그렇다면 문주왕·삼근왕·동성왕·성왕 중 두 사람일까. 그중 문주왕과 삼근왕은 재위 3년 만에 정변(문주왕)으로, 혹은 어린 나이(15살)로 세상을 떠났다. 그래도 전축분의 주인공이 되지 말라는 법은 없다. 중국 남조의 남제와 활발하게 교류했던 동성왕은 어떨까. 아니 재위도중 사비로 도읍을 옮긴 성왕도 이곳에 묻히지 말라는 법은 없다. 한가지 송산리 고분군을 둘러싸고 소름이 돋는 에피소드가 있다. 1971년 6호분 배수로 공사 도중 발견된 무령왕릉 이야기다. 6호분은 이미 밝혔듯이 1931~33년 사이에 가루베가 무단으로 파낸 벽화 벽돌분이다. 그런데 가루베는 이 6호분을 무령왕릉으로 오인하고 6호분 뒤에 조성된 구릉(실제로는 무령왕릉)을 6호분의 수호신(현무)으로 여겨 손을 대지 않았다는 것이다. '선무당' 가루베의 오인 덕분에 무단발굴을 피해서 천만다행이지 만약 그가 손을 댔다면 어쩔 뻔 했을까. 물론 무령왕릉 조사도 잘된 발굴은 아니었다. 그러나 부족했든 어떻든 우리 손으로 발굴했고, 그 유물 또한 이 땅에 존재하고 있지 않은가. 만약 가루베가 무령왕릉을 보았다면 어떻게 됐을까. 참고로 가루베는 송산리 6호분을 무령왕릉이라고 짐작했단다. 생각할수록 모골이 송연해진다.

<참고자료>

윤용혁, '가루베 지온의 백제연구', <공주대 백제문화연구소 백제문화연구총서> 제6집, 서경문화사, 2010

윤용혁, '輕部慈恩(가루베 지온)의 백제고분 조사와 유물', <한국사학보> 제25호, 고려사학회, 2006

정치영, '사이토 다다시의 공주 교촌리 전실분 발굴조사와 가루베 지온 비판', <백제연구> 제64권, 충남대학교 백제연구소, 2016

정상기, '일제 강점기 공주 송산리 고분의 조사. <중앙고고연구> 통권 제10호, 중앙문화재연구원, 2012

이구열, <한국문화재수난사>, 돌베개, 1996

정규홍, <우리 문화재수난사-일제기 문화재약탈과 유린>, 학연문화사, 2005

황수영 편, <일제기 문화재 피해자료>, 국외소재문화재재단, 2014

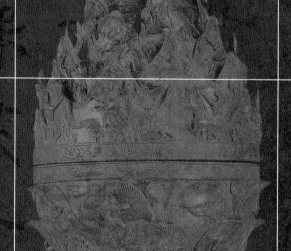

히스토리텔러
이기환 記者의

톺아본
백제사
순간들

백제人의 혈액형은
예술형

'헤어스타일을 보니'…
"백제금동대향로의 5악사는
여성 악단이었다"

위대한 발견은 어느 날 불쑥 예고 없이 찾아온 손님 같다.

그러나 곱씹어보면 그것은 '우연'이 아니라 '필연'이라는 생각이 든다. 예를 들어보자.

중장비 삽날에 흔적도 없이 사라질 판이었다

'국보 중의 국보'로 꼽히는 백제금동대향로는 어떨까. 1992년으로 거슬러 올라가 본다.

백제 왕들의 무덤이 모여있는 '부여 능산리고분군'(현 백제왕릉원)엔 관람객

5악사의 헤어스타일이 같다. 머리를 가지런히 빗어 오른쪽으로 틀어 올렸다. 백제 악단의 공식 헤어스타일 같다. 산 정상에서 악기를 연주하는 전문여성악단은 독립된 지위를 갖고 있는 주악(연주) 선인의 신분을 과시했다는 견해가 있다.
소현숙 원광대 교수의 발표문을 토대로 구성

5악사(거문고·비파·북·피리·퉁소)

뚜껑

선인. 승려 등 9명

코끼리와 말 탄 인물.
기마궁술 인물 등 3명

새(용)탄 선인. 무술(혹은
공중 나는) 선인 등 2명

몸체

금동대향로 인물상(19명)

백제금동대향로에는 뚜껑에 악사 5명을 포함한 17명, 몸체(연꽃)에 선인 2명 등 총 19명의 인물이 보인다.

국립부여박물관 제공 사진을 토대로 정리

들이 증가추세에 있었다. 그러나 주차시설은 턱없이 비좁아서 부여군은 고분 군의 서쪽 능선에 주차장을 마련할 계획을 세웠다.

사전 시굴조사가 진행되었는데, 건물터와 재를 비롯한 불탄 흔적, 그리고 기와와 도기 편들이 보였다.

그러나 주차장 공사를 중단시킬 결정적인 유구·유물이 나오지 않았고, 이런 경우 보통은 공사가 강행된다.

발굴 때문에 비용과 시간을 낭비한다는 비판을 받을 수 있기 때문이다. 그러나 심상치 않은 징후가 보이는데 고고학도로서 그냥 넘어갈 수는 없었다.

신광섭 당시 국립부여박물관장 등 관계 연구자들이 문화재관리국으로 달려갔다.

"아무래도 안 되겠다. 찜찜하니 딱 한 번만 파보자."고 건의한 것이다. 그러나 '민원을 걱정하는' 문화재관리국(국가유산청)이 콧방귀를 뀔 수도 있었다.

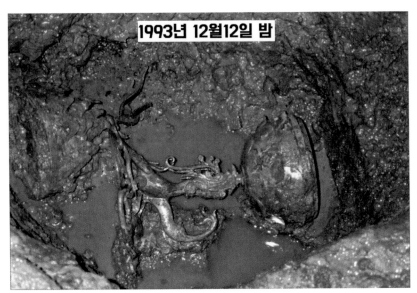

1993년 12월 12일 밤 백제 사비시대 임금들의 무덤이 모인 능산리고분군 서쪽 계곡부 주차장 예정 부지에서 출토된 백제금동대향로. 구유형 물통 속에 숨겨져 있는 모습이었다. 국립부여박물관 제공

그런데 웬일인지 당시 노태섭 문화재관리국 기념물과장이 선선히 "그러자."고 수용했단다.

그러면서 국비(3,000만 원)까지 선뜻 책정해주었다. 만약 "나온 것도 없는데 뭘 파보겠다는 거냐."고 일축했다면 어떻게 되었을까. 금동대향로는 공사 강행과 함께 중장비의 삽날에 찍혀 흔적도 없이 사라졌을 게 분명하다.

강추위 속에 판 물구덩이

이듬해(1993년) 10월부터 본격 발굴에 돌입했다. 계곡부에 자리 잡고 있던 현장 상황은 최악이었다.

산골짜기에서 흘러드는 물 때문에 발굴구덩이가 웅덩이로 변했고, 조사단은 그 물을 빼내느라 악전고투했다.

12월이 되자 강추위까지 불어닥쳤다. 스펀지로 물을 적셔 빼내는 작업은 맨손으로 했는데, 손이 꽁꽁 얼어붙을 정도였다.

그러나 발굴은 기다림의 미학이자 인내의 결정체라 했던가. 그때가 12월 12일, 일요일 오후 4시 30분이었다.

당시 김종만 국립부여박물관 학예사가 발굴사에 길이 남을 '대어'를 낚는다. 발굴구덩이에서 뭔가 이상한 물체가 드러났다. 언 손을 호호 불어가며 발굴 삽으로 천천히 노출시키는 데, 한눈에 봐도 예사로운 유물이 아니었다. 오후 5시쯤부터 전등을 밝혀 놓고 본격 수습 작업에 돌입했다.

밤 8시 30분쯤 '국보 중의 국보'가 물구덩이 속에서 빼어난 자태를 드러냈다. 백제금동대향로였다. 그런데 나중에 보니 상황이 수상했다. 향로가 출토된 타원형 구덩이는 원래 사찰의 공방에 필요한 물을 저장하던 구유형 목재 수조가 놓여있던 곳이었다. 왜 향로가 나무 물통 안에 숨겨져 있었을까.

'잠깐 숨겨놓으면 될 줄 알았는데…'

그럴듯한 해석이 동원된다. 660년(의자왕 20) 나당 연합군의 공세에 사비(부여)가 함락된다.

백제 왕릉을 지키던 이 절의 승려들은 불전에 향을 피울 때 쓰던 대향로를 감추려 했다. 승려들은 백제가 멸망하리라는 것은 상상도 하지 못했다. 며칠만 숨겨 두면 괜찮을 거라고 여겼다.

그래서 급한 나머지 향로를 공방터 물통 속에 감춰두고 도망쳤다. 그러나 오판이었다. 백제는 그 길로 속절없이 멸망하고 만 것이다. 나당연합군은 나라 제사를 지내던 이 절을 불태웠고, 공방터 지붕도 폭삭 무너져 내렸다.

금동대향로도 이후 1300년 이상 묻혀버린 것이다. 허황된 스토리일까.

천제의 사절인 봉황 초대　　봉황　　봉황의 도래=태평성대 구현

거문고　　피리　　완함　　북　　배소(퉁소)

금동대향로 속 여성 5악사의 연주가 천제가 보낸 사절이자 태평성대의 상징인 봉황을 통해 하늘신과 소통하는 기능을 담당했다는 견해가 있다.

소현숙 교수의 발표문을 토대로 정리

　　1995년 절터의 목탑지 밑에서 또 하나의 깜짝 놀랄 만한 유물이 발견된다.

　　'백제 창왕(위덕왕·재위 554~568) 13년인 정해년(567년) (창왕의 누이인) 공주가 사리를 공양한다(百濟昌王十三年太歲在 丁亥妹兄公主供養舍利)'는 글자가 새겨진 '석조사리감'이었다. 그런데 '사리감'의 출토양상이 심상치 않았다.

　　탑의 중심기둥이 도끼 같은 흉기로 처참하게 잘려 있었다. 명문 사리감도 비스듬히 넘어져 있었다.

　　절을 유린한 나당연합군이 목탑의 사리장치를 수습하려고 마구 파헤친 것이 아닐까.

　　자칫했으면 주차장 부지로 사용되고 말았을 곳이 사적(능사)으로 지정되었다. 그리고 그곳에서 대한민국을 대표하는 국보가 2점이나 나온 것이다.

금동대향로 19명 인물 열전

　　2023년 금동대향로 발굴 30주년을 맞아 국립부여박물관이 특별전('백제

19명의 인물 중 3명은 동물을 탄 모습이다. 한 명은 봇짐을 지고 코끼리 등에 편안하게 올라타 있다. 동남아시아 인일 수 있다. 한 인물은 말갖춤새를 완벽하게 구비한 말을 타고 산언덕을 오르고 있다. 이른바 '돌려쏘기' 신공 즉 파르티안샷으로 멧돼지를 사냥하는 인물상도 보인다.

사진은 국립부여박물관 제공·이하 삽화는 박경은 국립경주박물관 학예연구관의 논문에서 인용

백제금동대향로에서 보이는 돌려쏘기 신공은 고구려 고분인 무용총과 덕흥리 고분 벽화에서도 등장한다.

금동대향로 3.0-향을 사르다')과 함께 학술대회를 열었다. 새삼 1993년 금동대 향로 출토 직후 지도위원회에 참석한 전문가들이 입을 모아 예견한 것이 떠 올랐다. "앞으로 아마 이 향로를 주제로 한 논문이 수백 편 발표될 것"이라

인물①은 도롱이(비옷)를 걸친 채 걷고 있다. '인물②'는 낚시하는 도인이거나 호랑이 퇴치용 거울을 비추는 인물이라는 견해가 있다. 지팡이를 든 인물③은 노인이라는 견해가 있고, '지팡이=노인'의 등식을 고집할 필요가 없다는 주장도 있다.

박경은 연구관·소현숙 교수 논문을 토대로 정리

고. 정말 그랬다. 지금까지 금동대향로 관련 연구성과가 쏟아져 나왔으니말이다.

관련 기사 또한 헤아릴 수 없을 정도로 쏟아져나왔다. 그래서 필자는 더 쓸거리가 뭐 있겠나 하고 난감해하고 있었다.

그래도 학술대회 발표문을 뒤적거리며 소재를 찾았는데, 쓸 거리 하나가 잡혔다.

'향로에 표현된 19명의 인물상'과 관련된 발표문(소현숙 원광대 교수의 '백제 금동대향로의 동아시아 미술사적 의의')이었다. 그래서 기왕에 발표된 논문(박경은 국립경주박물관 학예연구관의 '백제금동대향로 도상과 상징성 연구', 홍익대 박사논문, 2018)과 비교 분석해보았다. 흥미진진한 내용이었다.

금동대향로는 받침과 몸체, 뚜껑, 꼭지 등 4부분으로 구성되어 있고, 각 부분에 용과 연화, 산악, 그리고 봉황이 장식되어 있다. 그중 뚜껑에 악사 5명을 포함한 17명, 몸체(연꽃)에 선인 2명 등 총 19명의 인물이 보인다.

이번에 처음으로 대향로에 표현된 인물들을 꼼꼼히 살펴보았는데, 어쩌면 그렇게 사실적으로, 디테일하게 표현했는지 감탄사가 절로 나오게 된다. 생생한 표정하며…. 우선 뚜껑을 보면.

고개 숙여 머리감고 있는 '인물⑥'

몸을 굽혀 약초 뜯고 있는 '인물④' 지팡이 짚고 산비탈 내려오는 '인물⑤'

인물④는 약초를 향해 몸을 굽히고 있다. 인물⑤는 지팡이를 집고 산에서 내려오고 있다. 인물⑥은 계곡 사이로 몸을 반쯤 내밀고 폭포 아래에서 긴 머리를 감고 있다.

거문고와 완함(비파), 북, 종적(피리), 배소(퉁소)를 연주하는 5악사가 표현되어 있다.

일단 이 5악사의 표정을 보면 보일듯 말듯 한 미소가 은은하다.(박경은 학예연구관) 동시대 백제 불상의 온화한 표정을 연상하게 된다.

5악사의 헤어스타일

이 대목에서 소현숙 교수가 5악사의 헤어스타일을 자세히 보라고 한다.

얼핏 보면 정수리까지 삭발하고 뒷머리를 길게 땋아서 오른쪽으로 틀어 올린 것 같은데, 그러나 그게 아니라는 거다. 머리카락을 표현하지 않았을 뿐, 머리를 가지런히 빗어 오른쪽으로 틀어 올린 것으로 봐야 한다는 것이다.

이처럼 오른쪽으로 머리카락을 틀어 올리는 헤어스타일이 중국 동진시대 (317~419) 유물에서 보인다고 한다.

즉 중국 난징(南京)에서 출토된 4~5세기 동진시대 여성 도용(무덤에 껴묻이한 인물·동물상)의 헤어스타일이 연상된다는 연구가 있다는 것이다. 사진을 봤더니 정말 금동대향로의 5악사 두발 형태와 매우 흡사했다.

그렇다면 동진시대에 전해진 머리 모양이 어떻게 백제 악단의 공식 헤어스

광석 채취로 깎여있는 암반

단약의 재료인 광물을 채취 중인 '인물⑦'   약초 캐고 있는 '인물⑧'   인물⑨'는 수련자 혹은 승려?

'인물⑦'은 손에 날카로운 공구로 암반을 깎아내고 있다. 단약 제조의 원료인 광석을 깨고 있는 모습이다. '인물⑧' 은 자기 키보다 큰 약초를 캐고 있다. '인물⑨'를 두고 명상을 통해 신선이 되고자 하는 수련자라는 견해와, 도인 이 아니라 승려라는 주장이 나왔다.   소현숙 교수·박경은 학예연구관 논문에서

타일로 자리 잡게 된 것일까.

5악사는 여성악단이었다

무엇보다 이 5악사가 '모두 여성'일 가능성이 짙었다. 중국 향로에서는 남녀 선인이 함께 즐겁게 놀거나 짝으로 표현된단다.

즉 남녀의 결합 등이 득도(得道)의 중요 통로로 인식되었고, 결국 앞서 인용한 천녀와 옥녀, 신녀 등은 신선이 되는 일종의 보조자의 역할이었다는 것이다. 반면 백제 금동대향로의 5악사는 어떨까.

이들은 남성 선인의 짝이나 선인을 이루기 위한 보조자가 아니라는 것이다.

산 정상에서 악기를 연주하는 독립된 지위를 가진 주악(연주) 선인의 신분을 과시했다는 거다.

예컨대 거문고나 피리 등의 연주는 하늘신을 부르는 초혼과 같은 기능을 한 것으로 전해지는데, 그렇다면 금동대향로 속 여성 선인은 신을 부르거나 제례의 악을 담당하는 기능을 부여받았을 가능성이 짙다.

이른바 선인 악단에 소속된 전문 연주자로서 활약한 셈이다. 게다가 이 백제 금동대향로는 돌아가신 백제 임금들의 명복을 빌기 위해 피우는 '향로'였다.

복장의 안쪽에 깃이 V자 형태로 곧게 내려가는 속옷

5악사와 8선인의 옷차림

복장의 안쪽에 사선(대각선) 형태로 내려가는 속옷

금동대향로 '인물⑨'　　　김제 대목리 삼존상　　　서산 마애불

5악사와 다른 선인들은 소매가 넓고 길이가 긴 복장의 안쪽에도 깃이 곧게 내려가는 속옷을 입었다. 그러나 '인물
⑨' 옷 꾸밈새(복식)는 속옷이 대각선으로 표현되고 있다. 이를 두고 전형적인 불상과 승려의 옷차림이라는 견해
가 나왔다.　　　　　　　　　　　　　　　　　　　　　　　　　　　　　　　　　　　　　소현숙 교수 제공

　그런데 향로 위에 봉황이 있다. 봉황은 천제가 보낸 사절이다. 대향로 꼭대
기의 봉황이 바로 이 5악사의 연주를 듣고 왕림했다는 것이다. '봉황의 출현
은 태평성세의 도래'를 뜻한다. 따라서 여성들로 구성된 전문 악단의 존재는
봉황과 함께 향로가 구현하는 세계가 태평성세임을 드러내는 상징일 수 있
다는 것이다.

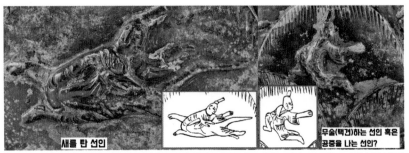

향로의 몸체에 표현된 선인. 새를 탄 선인이 보인다. 혼자 공중을 나는 선인도 있다. 이를 두고 전통무술인 택견 자세라는 이야기도 있다.

12인 12색의 인물들

그럼 여성 5악사 외에 뚜껑에 표현된 12명은 어떤 인물일까. 이중 3명은 동물을 탄 모습인데 한 명은 봇짐을 지고 코끼리 등에 편안하게 올라탔다. 혹시 코끼리를 능숙하게 다룰 줄 아는 동남아시아인이 아닐까(박경은 학예연구관). 또 한 인물은 말갖춤새를 완비한 말을 타고 산언덕을 오르고 있다.

제3의 인물은 말을 탄 채 등을 돌려 활을 쏘고 있는데, 이 '돌려쏘기' 신공은 무용총이나 덕흥리 고분 같은 고구려 고분벽화에서 보이는 '파르티안 샷'이다. 고대 파르티아 왕조(기원전 3세기~기원후 3세기)의 궁기병이 로마군과의 전투에서 구사한 기술이다. 그럼 남은 9명은 누구일까.

뚜껑의 제1단에는 3명의 인물이 출현한다. 편의상 인물①~⑨로 표현해보자.

인물①은 어깨에 옷이 빗물에 젖지 않도록 도롱이(비옷)를 걸친 채 걷고 있다. 인물②는 계곡의 암반 위에 앉아 있다. 손에 끝이 구부러진 지팡이와, 둥근 무엇을 쥐고 있다.

여기서 관찰자들의 견해가 갈린다. 이 '둥근 무엇'을 거울로 본 연구자가 있다(박경은 연구관).

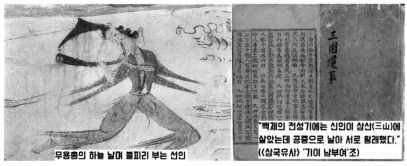

「백제의 전성기에는 신인이 삼산(三山)에 살았는데 공중으로 날아 서로 왕래했다."
《삼국유사》 '기이 남부여'조)

무용총의 하늘 날며 볼피리 부는 선인

고구려 무용총의 천정에서도 공중을 나는 선인이 보인다. <삼국유사> '기이·남부여(백제)'조는 "백제의 전성
기에는 신인이 삼산(三山)에 살았는데 공중으로 날아 서로 왕래했다"고 했다.

인물②가 앞에 걸어가는 호랑이를 향해 거울을 비추고 있다는 것인데, 도교 경전인 <포박자> '내편·등섭'은 "옛날 도사들은 직경 9촌의 거울로…새나 짐승이 사람으로 둔갑했다면 그 본래의 모습이 거울에 비친다"고 했다.

그렇다면 인물② 역시 호랑이를 물리치거나 판별하려고 거울을 비추고 있는 걸까.

그러나 다른 연구자는 물 위의 암반에서 갈고리처럼 생긴 물건을 들었다는 것에 주목했다. 또한 선인들의 전기인 <열선전>에서 낚시와 관련된 선인들이 다수 언급되는데, 인물②는 '낚시하는 선인'으로 보는 게 맞다고 추정하였다.

인물③은 어떨까. 지팡이에 의지해서 구부정하게 걷고 있는 인물③을 노인으로 보기도 한다(박경은 학예연구관).

그러나 중국 양나라 시대 도인 도홍경(456~536)은 "쉽게 굴복하는 세태가 싫어 지팡이를 짚고 산을 찾는다(倦世情之易撓 乃杖策而尋山)."고 했다는데, 그래서 꼭 '지팡이=노인'의 등식을 고집할 필요가 없다는 견해도 있다.(소현숙 교수)

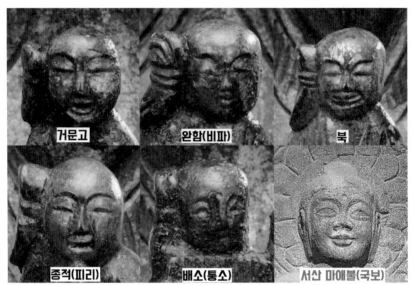

5악사의 표정에는 보일듯 말듯 한 미소가 은은하다. 서산 마애불 같은 비슷한 시대 백제 불상의 온화한 표정을 연상하게 된다.

풀어헤친 머리를 감는 사람은

제2단에도 세 명의 선인이 나오는데, 인물④는 약초를 향해 몸을 굽히고 있다.

풀의 줄기가 휘청대는 것을 보니 인물④가 손으로 확 휘어잡아 뜯고 있다는 것을 알 수 있다. 디테일한 묘사가 일품이다. 인물⑤도 인물③과 비슷하게 지팡이를 집고 산에서 내려오고 있다.

인물⑥의 자세가 아주 특이하다. 계곡 사이로 몸을 반쯤 내밀고 폭포 아래에서 긴 머리를 물에 담근 채 감고 있다. 이것을 입산수도와 단약 제조를 위해 목욕재계하는 과정으로 보는 견해도 있다.(박경은 학예연구관)

앞서 인용한 도홍경은 "입산 이후 머리 풀고 옷끈을 풀어헤친 채 산 위를 돌아다닌다."고 했다. 당대 중국에서 선인의 이미지는 머리를 길게 풀어 헤치거나, 옷끈을 풀어버린 자유로운 모습이었다는 견해도 있다.(소현숙 교수)

광석캐는 도인, 명상하는 승려

뚜껑의 제3단에도 세 명의 인물이 있다. 인물⑦은 손에 날카로운 공구로 암반을 깎아내고 있다.

아마 도교에서 수련과 단약제조에 필요한 광석을 채취하는 것 같다. 이걸 연단술(불로장생을 위하여 금단을 조제·복용하는 신선도술)이라 한다. 인물⑧은 자기 키보다 큰 약초를 캐고 있다.

인물⑨는 앞서 밝힌 인물과는 좀 다른 모습이다. 어떤 연구자는 명상을 통해 신선이 되고자 하는 수련자의 모습이라 보기도 했다(박경은 학예연구관).

다른 이는 이 인물⑨는 ①~⑧과는 성격이 다른 인물, 즉 도인이 아니라 승려라고 판단했다(소현숙 교수). 이 인물⑨의 옷 꾸밈새(복식)가 다른 인물들과 다르다는 것인데, 5악사와 다른 선인들은 소매가 넓고 길이가 긴 복장의 안쪽에도 깃이 곧게 내려가는 속옷을 입었는데, 인물⑨의 속옷만 대각선으로 표현되었다.

이것은 전형적인 승려의 옷차림이라는 것이다. 사실 당대의 중국 사서인 <주서>나 <북서> 등은 "백제에서는 불교는 성했지만, 도사는 존재하지 않았다."고 했다. 그렇다면 이 백제금동대향로가 쓰인 곳은 어디일까.

능사는 백제 왕릉 옆에서 선왕들의 명복을 빌기 위해 세워진 사찰이었다. 그렇다면 당시 백제대향로 앞에서 의례를 담당했던 인물은 승려가 되었을 테고, 금동대향로 속에 나타난 유일한 승려가 바로 도교와 불교의 결합, 즉 당대의 백제 사상계를 잘 반영했다는 것이다.

택견이 아니라 공중을 나는 선인

인물은 몸체의 연꽃 안에도 두 명이 있는데, 한 명은 새(용)를 타고 하늘을 날고 있다.

혼자 공중을 나는 선인을 두고 전통 무술인 택견 자세라는 이야기도 있었지만, 고구려 무용총의 천정에서도 비슷한 그림이 보인다. <삼국유사> '기이·남부여(백제)'조는 "백제의 전성기에는 신인이 삼산에 살았는데 공중으로 날아 서로 왕래했다."고 했다. 금동대향로가 홀연히 나타난 것이 벌써 30년이 지났다. 말로만 국보 중의 국보 할 게 아니라 찬찬히 이모저모 뜯어보면서 이야깃거리를 차곡차곡 쌓아두면 좋겠다.

<참고자료>
박경은, '백제금동대향로의 도상과 상징성 연구', 홍익대 박사논문 2018
소현숙, '백제금동대향로의 동아시아 미술사적 의의', <발굴 30주년 학술회의>(백제금동대향로: 백제문화의 정수), 백제문화제재단 등, 2023
김종만, '백제금동대향로 오악사 두발 형식 등장 배경', <백제문화>68, 공주대백제문화연구소, 2023
국립부여박물관, <능사-부여 능산리사지 발굴조사 진전보고서 1-2>, 2000
국립부여박물관, <백제 금동대향로 3.0-향을 사르다>(발굴 30주년 특별전 도록), 2023

금동대향로,
구멍 대충 뚫었다…
아차 실수? 국보의 흠결

'백제판 천존고(天尊庫)?' 국립부여박물관이 백제 국보관을 건립 중이다.

좀 객쩍은 비유이겠지만 신라 신문왕(재위 681~692)이 만파식적(피리)과 거문고를 보관했다는 '보물창고'를 떠올렸다.

밑줄구멍(5개)
윗줄구멍(5개)

봉황 가슴의 향연 구멍(2개)

백제 금동대향로에 뚫은 향연 구멍

'백제예술의 정수' 금동대향로에는 모두 10개의 향연 구멍이 뚫려있다. 구멍은 맨 위 봉황의 좌우 가슴팍에 2곳, 뚜껑 윗부분에 10곳이다. 뚜껑 윗부분 구멍은 윗줄에 5곳, 아랫줄에 5곳 뚫려있다. 그런데 구멍이 삐뚤빼뚤하다.
국립부여박물관 제공

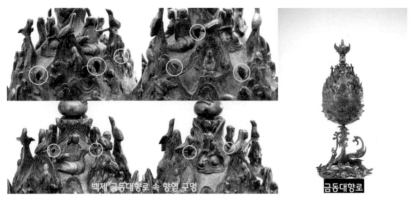

백제 금동대향로 속 향연 구멍

금동대향로

금동대향로가 발굴된 지 30년이 지났지만, 향로 속 향연 구멍은 거의 부각되지 않았다. 그럴만한 이유가 있었다.
국립부여박물관 제공

<삼국유사> '기이·만파식적'조는 "만파식적(萬波息笛)을 불면 적병이 물러가고 병이 낫고 가뭄에 비가 내리고, 비가 오다가 개이고, 바람이 멎고 파도가 잔잔해졌다."면서 "이것을 월성(도성)의 천존고에 보관했다."고 전했다.

'신라 천존고와, 이제 세우겠다는 백제 국보관이 무슨 상관이냐, 웬 무리수냐'고 하는 분들이 있을 것 같다.

그러나 백제 국보관을 만들고 수백 년, 수천 년이 지나면 신라 천존고와 같은 전설이 생길지 누가 알겠는가.

새로 조성될 국보관(1,543평·지상 3층, 지하 1층)에 입주할 '국보 유물'은 무엇이 될까.

"'백제금동대향로', '능산리사지 석조사리감', '규암리 금동관음보살입상', '왕흥사지 출토 사리기' 등 사비 백제 시대(538~660)의 대표 문화유산이 되겠죠."(신영호 국립부여박물관장)

그러나 그중 '원톱'은 뭐니 뭐니 해도 금동대향로라 할 수 있다. 그래서 새롭게 들어설 국보관을 아예 '백제금동대향로' 위주로 구성해보면 어떠냐는

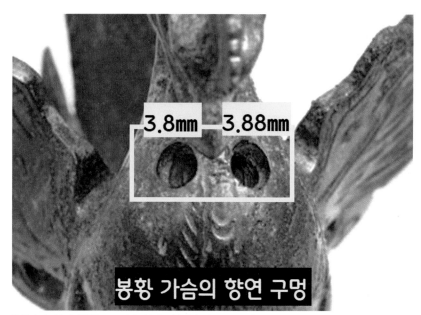

3.8mm — 3.88mm

봉황 가슴의 향연 구멍

봉황의 양 가슴팍에 뚫은 두 구멍의 지름은 비슷했다. 향로를 주조할 때 뚫어놓은 것이 분명했다.

국립부여박물관 제공

의견도 나오고 있다. '만파식적' 중심의 천존고처럼….

중국산이 아닌 이유

금동대향로는 볼수록 대단한 향로다. 뚜껑 꼭지에는 여의주를 턱 밑에 괸 봉황(추정)이 날개를 활짝 펴고 있다. 뚜껑 윗부분에는 5명이 악기를 연주하고 있다. 뚜껑은 첩첩산중의 자연 세계를 표현했다. 다양한 사람과 온갖 진금기수(珍禽奇獸)가 새겨져 있다. 받침대는 용이 우주의 삼라만상을 받들고 있는 모습이다. 그렇게 해서 향로에는 사람 19명, 짐승 67마리 등 총 86개의 얼굴이 보인다. 향로를 친견한 연구자들의 첫마디는 '중국산 향로'라는 것이었다. 백제산이라면 이렇게 정교할 수 없다는 것이었다.

그러나 곧 '금동대향로=중국 향로' 주장은 설득력을 잃었다. 우선 금동대향로처럼 크고(61.8㎝), 무겁고(11.8㎏), 정교한 향로는 같은 시대(6~7세기) 중국에서는 보이지 않는다.

또 금동대향로에는 전형적인 백제 요소가 표현되어 있다.

금동대향로 뚜껑에 표현된 삼산형(三山形)의 산은 부여 외리 출토 '무늬전돌 세트'(보물) 중 '산수인물무늬 전돌'과 비슷하다. 분위기 또한 유사하다. 향로의 꼭대기에 표현된 '봉황'도 '봉황무늬 전돌'의 표현과 흡사하다. 금동대향로의 대좌(용받침) 문양 역시 '반룡무늬 전돌'의 평면구도와 일치한다. 그래서 금동대향로와 무늬 전돌을 제작한 백제 장인이 동일인이 아니냐는 추측까지 나온다.

삐뚤빼뚤한 구멍의 정체

그러나 금동대향로가 발굴된 지 30여 년이 지났지만, 연구자들이 '쉬쉬~' 하고 넘어간 부분이 있다.

숨길 생각은 없었지만, 굳이 부각할 필요도 없는….

그것은 금동대향로의 사이에 존재하는 '선명한 흠결', 즉 향로 몸체 사이사이에 뚫어놓은 향연 구멍이다. 즉 향로 구멍은 모두 12곳이다.

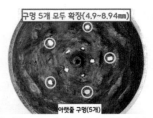

향로 안에서 바라본 뚜껑. 윗줄 향연구멍 5개 중 2개는 비슷하다. 다른 구멍 3개의 크기는 부정형이거나 크다. 3개의 구멍은 크기를 인위적으로 넓힌 것이 분명했다. 아랫줄 구멍 5개는 모두 확장했다. 둘쭉날쭉하다.

국립부여박물관 제공

금동대향로의 대류 양상

봉황 및 윗줄 배연공으로 향 배출

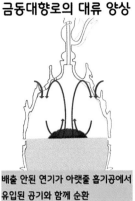

배출 안된 연기가 아랫줄 흡기공에서 유입된 공기와 함께 순환

향로 내부에서 대류현상 지속

국립부여박물관 보존과학실이 아랫줄 구멍을 인위적으로 넓히지 않고 원래 크기대로(작게) 해놓고 분향 실험을 해보았더니 향불이 꺼졌다. 향불은 윗줄 구멍의 확장 여부와는 상관없었다.
(출처:김선영·황현성, '분향실험을 통한 백제금동대향로 내부 대류특성 연구', <보존과학지>35, 2019)

맨 위 봉황의 좌우 가슴에 2곳, 뚜껑 윗부분에 10곳 등이다. 뚜껑 윗부분 구멍의 10곳은 윗줄에 5곳, 아랫줄에 5곳 뚫려있다.

이 구멍들이 좀 이상하다. 일정하게 뚫린 게 아니라 크기가 들쭉날쭉하다. 또 어떤 것들은 일정한 원형의 형태로, 또 어떤 것들은 부정형으로 뚫려 있다. 기존의 구멍을 크게 확장시킨 흔적이 역력하다. '보이지 않는 곳의 흠결'이다.

아니 '백제예술의 정수'라는 금동대향로에 어떻게 이런 투박하고 거친 구멍이 송송 뚫려있단 말인가.

마침 2023년 말 향로 발굴 30주년을 맞아 열린 당시 조사원들의 집담회에서 이 이야기가 나왔다.

"윤무병 선생(1993년 발굴 지도위원·당시 원광대 교수)은 이런 들쭉날쭉한 구멍의 모양새를 보고 '역시 백제산이야'라고 하더라고요. 그래, 제가 왜 그렇게 생각하는지 여쭤봤죠. 그랬더니…."(신광섭 전 부여박물관장)

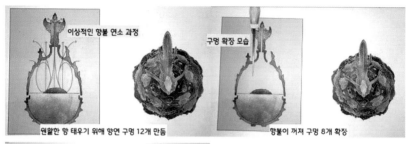

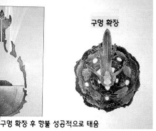

분향 실험 결과 1,350년 전 백제 장인의 고군분투가 그려졌다. 즉 백제 장인은 원활한 향불 태우기를 위해 향 구멍 12개를 뚫은 뒤 주조했다. 그러나 분향 실험을 했더니 향이 꺼졌다. 장인은 향로의 구멍을 확장한 뒤 향을 피워보았다. 향이 온전하게 피어올랐다. 국립부여박물관 제공

윤 교수의 해석은 기발했다. "백제인의 자유분방을 보여주기도 하고, '대충 ~대충' 의식을 말해주는 것 같다"는 것이었다. 우스갯소리로 '아니 뭐, 대충 대충 해유~'라는 충청인의 여유를 말해준다는 것이다.

12개 중 8개를 확장했다

거두절미하고 어떻든 간에 궁금증은 풀어야 한다. 절세의 명품인 금동대향로를 만든 백제 장인이 아닌가. 그런 분이 왜 기왕에 뚫어놓은 구멍을 그렇게 들쭉날쭉 넓혔을까.

조사보고서는 "작게 뚫어서 향이 원활하게 타지 않자 구멍을 인위적으로 넓힌 흔적"이라고 풀이했다. 그러나 실물 향로로 직접 향을 태워볼 수 없었으므로 그 이유를 정확하게 밝혀내기는 어려웠다. 그러니 '금동대향로 자체

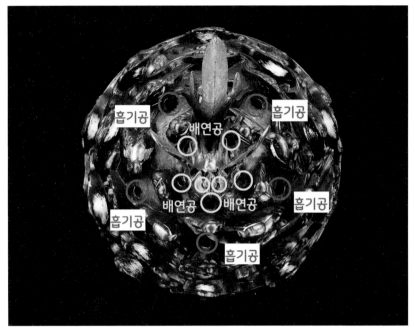

향로의 구멍 12개는 각각 제 역할이 있었다. 아래 구멍 5개가 산소를 공급하는 흡기공이라면 윗부분(5개)과 봉황 앞가슴의 구멍(2개)은 향을 불사르는 배연공이었다.

가 미완성품이거나, 혹은 '심각한 결격 사유(향을 피울 수 없는) 때문에 사찰의 나무물통에 버려진 것'이라는 견해까지 등장했다.

2017년부터 국립부여박물관 보존과학실이 '향연 구멍의 비밀'을 규명하기 시작했다.

박물관 측은 CT(컴퓨터단층촬영)와, 3차원으로 스캔한 원본데이터 등을 바탕으로 금동대향로의 정밀 재현품을 만들었다. 이것으로 향연 구멍을 실측한 결과 봉황의 양 가슴에 뚫은 구멍의 지름은 약 3.88㎜와 3.8㎜로 비교적 같았다.

윗줄 향연 구멍 5개 중 2개(지름 4.63㎜와 4.65㎜)도 비슷했다. 그러나 다른

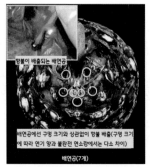
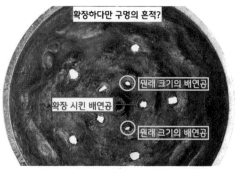

봉황 가슴 구멍(2개)와 윗줄 구멍(5개)은 향 연기가 피어오르는(배출되는) 배연공이다. 배연공에서는 크기와 상관없이 연기가 배출되었다. 백제 장인은 왜 3개의 배연공만 확장시킨 것일까. 아랫줄 배연공(흡기공) 5개를 확장시키는 김에 윗줄 배연공도 넓히려 했던 것 같다. 그러다가 굳이 배연공까지 확장시킬 필요가 없음을 깨닫고 중단한 것이 아닐까. 국립부여박물관 제공

구멍 3개의 크기는 부정형(4.67~5.5㎜)이거나 약 8.4㎜, 8.75㎜ 정도로 컸다. 어떻든 3개의 구멍은 크기를 인위적으로 넓힌 것이 분명하다.

아랫줄 구멍(5개)은 어떨까. 4.9~8.94㎜ 정도로 측정되었다. 이 5개의 구멍 역시 원래는 작은 크기로 뚫었지만, 제작과정에서 확장했음을 알 수 있었다. 정리하자면 향연 구멍 12개 중 4개는 원래 크기였고, 나머지 8개는 확장했음을 알 수 있다.

세부적으로 짚어보자. 꼭대기 봉황의 좌우 가슴팍(2개)과, 윗줄 구멍 중 정면 쪽(2개)은 본래 뚫었던 크기로 그대로 두었다. 그러나 윗줄 구멍 5개 중 3개와 아래줄 구멍 5개 전부는 인위적으로 넓혔다.

향이 꺼진 이유

왜 넓혔을까. 정밀 재현품을 두고 실시한 분향실험 결과 그 이유가 밝혀졌다. 먼저 아랫줄 구멍을 인위적으로 넓히지 않고 원래 크기대로(작게) 해놓고

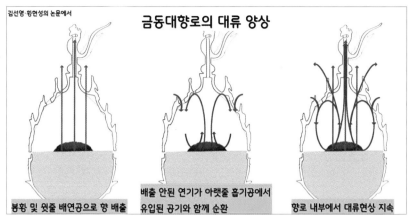

금동대향로의 대류 양상

봉황 및 윗줄 배연공으로 향 배출

배출 안된 연기가 아랫줄 흡기공에서 유입된 공기와 함께 순환

향로 내부에서 대류현상 지속

금동대향로 향불 실험 결과 향로 내부의 대류 현상도 읽을 수 있었다. 즉 향이 연소되면서 연기가 올라가 봉황(구멍 2개)과 윗줄 배연공(5개)으로 배출된다. 배출되지 않는 나머지 연기는 아래로 내려온다. 이때 아랫줄 흡기공에서 바깥 공기가 유입된다. 들어온 공기와 함께 연기가 향로 내부에서 순환한다. 열을 받은 공기가 다시 위로 솟으며 내부 순환을 계속한다. 　　　　　　　　　　　　　　　　　　　　　김선영·황현성의 논문에서

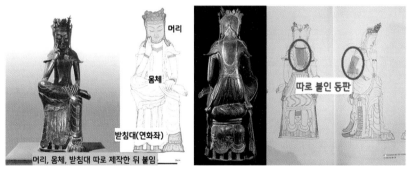

머리

몸체

받침대(연화좌)

머리, 몸체, 받침대 따로 제작한 뒤 붙임

따로 붙인 동판

국보 반가사유상(옛 78호)의 감마선 촬영 결과 불상의 등 부위에 반타원형 동판을 따로 붙인 흔적을 확인했다. 주조할 때 생긴 구멍을 동판으로 붙여 수리한 것이었다. 또 78호는 머리와 몸체, 발 받침대 등을 따로 만들어 붙인 뒤 청동쇳물을 부어 주조하는 방식으로 제작된 것으로 밝혀졌다. 　　　　　　　　　　국립중앙박물관 제공

분향 실험을 해보았다.

　그랬더니 연기(향)가 꺼졌다. 향불은 윗줄 구멍의 확장 여부와는 상관없이 꺼졌다. 무엇을 말해주는가. 향로의 아랫구멍(5개)이 산소를 공급하는 흡입구

역할을 한다는 사실을 일러준다. 산소가 제대로 공급되지 않으면 불이 꺼지는 원리와 같다. 이러한 분향 실험을 토대로 1,350여 년 전 향로 제작 당시의 상황을 복원해볼 수 있다.

즉 밀랍으로 정성스레 향로를 빚어 향 구멍 12개를 뚫은 뒤 주조했다. 그런 뒤 분향 실험을 해봤더니 '아뿔사!' 향이 꺼졌다. 그러나 이렇게 정교하게 만든 향로를 어찌 버린다는 말인가. 원활한 산소 공급을 위해 향로 밑부분의 구멍을 '사정없이' 넓힌 뒤 향을 피워보았다. 그랬더니 향이 온전하게 피어올랐다.

배연공 3개는 왜 넓혔을까

이 대목에서 설명이 필요한 부분이 있다. 아랫줄 구멍 5개가 공기(산소)를 공급하는 흡기공이라면 봉황 가슴 구멍(2개)과 윗줄 구멍 5개는 어떤 역할을 하는가. 그리고 그 7개 중 왜 3개만 확장해놓았을까.

분향 실험 결과 봉황 가슴 및 윗줄 구멍 7개는 향 연기가 피어오르는(배출되는) 배연공인 것으로 밝혀졌다. 이 7개의 배연공에서는 크기와 상관없이 연기가 배출되었다. 다만 구멍의 크기에 따라 연기의 양과 불완전 연소량에서 다소 차이가 있었다.

그렇다면 백제의 장인은 왜 7개의 배연공 중 3개만 확장한 것일까. 아마도 아랫줄 구멍(흡기공) 5개를 확장하는 김에 혹시 몰라 윗줄 배연공도 넓히려 했던 것일까. 그러나 굳이 배연공까지 확장할 필요가 없음을 깨닫고 중단한 것이 아닐까. 배연공이 커지면 불완전 연소량이 줄어(즉 완전 연소가 되어) 금방 타버릴 수 있으니까….

향로 속 대류현상의 원리

그럼 되도록 오래 피워야 할 향불의 의미를 잃을 수 있다. 정리하자면 배연

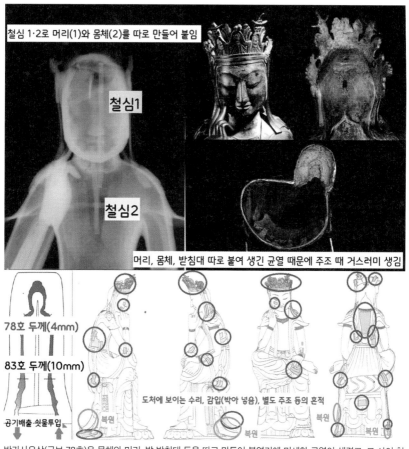

철심 1·2로 머리(1)와 몸체(2)를 따로 만들어 붙임

철심1

철심2

머리, 몸체, 받침대 따로 붙여 생긴 균열 때문에 주조 때 거스러미 생김

78호 두께(4mm)

83호 두께(10mm)

공기배출 쇳물투입

도처에 보이는 수리, 감입(박아 넣음), 별도 주조 등의 혼적

복원

반가사유상(국보 78호)은 몸체와 머리, 발 받침대 등을 따로 만들어 붙였기에 미세한 균열이 생겼고, 그 사이 청동 쇳물이 흘러 들어가니 거스러미가 생겼다. 몸체의 두께가 얇아서 생기는 결함도 나타났다.

(출처:민병찬, '금동반가사유상의 제작방법 연구-국보 78·83호 반가사유상을 중심으로', <미술자료> 89, 국립중앙박물관, 2016)

공의 '3(확장)+4(원 크기)'에는 향불의 연소 '황금비율'을 찾고자 한 백제 장인의 분투가 녹아있다고 할 수 있다. 공기를 공급하는 흡기공의 확장은 말할 것도 없고….

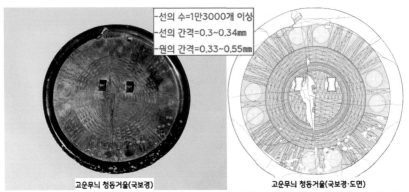

-선의 수=1만3000개 이상
-선의 간격=0.3~0.34㎜
-원의 간격=0.33~0.55㎜

고운무늬 청동거울(국보경)　　　　　고운무늬 청동거울(국보경·도면)

기원전 3~2세기 청동기·초기철기시대 대표유물인 고운무늬 청동거울은 초정밀 예술을 자랑하는 국보유물이다.
그래서 '국보경'으로 통한다.　　　　　　　　　　　　　　　　　　　　　숭실대 기독교박물관 제공

　　국립부여박물관의 분석 결과 금동대향로 내부의 대류 현상도 읽을 수 있
었다.

　　즉 향이 연소하면서 연기가 올라가 봉황(구멍 2개)과 윗줄 배연공(5개)으로
배출된다. 배출되지 않는 나머지 연기는 아래로 내려온다. 이때 아랫줄 흡기
공에서 바깥 공기가 유입된다. 들어온 공기와 함께 연기가 향로 내부에서 순
환한다. 열을 받은 공기가 다시 위로 솟으며 내부 순환을 계속한다.(황현성 국
립박물관단지 통합운영지원센터 자료보존실장)

78호 반가사유상의 흠결

　　이렇게 과학적인 분석 결과를 인용하며 금동대향로의 묘미를 찾아봤다. 그
러나 거두절미하고 금동대향로의 명성치고는 향로 속에 숨겨진 '보이지 않
는 흠결'이 좀 눈에 거슬린다. 하지만 뭐 어떤가. 오히려 윤무병 교수의 언급
대로 '자유분방함'과 '여유', '유연함'이 녹아있다고 평가할 수 있다. 백제금
동대향로 뿐이 아니다. 대한민국을 대표하는 국보 중 '흠결의 멋'을 느낄 수

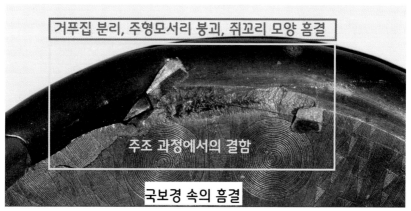

정교하고 완벽한 '국보경'에서도 몇 가지 흠결이 발견됐다. 거울 주조 때 거푸집의 주물사에 수분이 너무 많았거나 점토분이 적어서 일어나는 결함이 곳곳에서 확인됐다.　　　　　　　　　　　숭실대 기독교 박물관 제공

있는 문화유산이 한둘이 아니다. 국보 반가사유상(옛 78호)을 꼽아보자.

2015년 국립중앙박물관의 78호 반가사유상 분석 결과 1500년 가까이 누구도 눈치채지 못했던 흠결을 찾아냈다. 감마선 촬영 결과 78호의 등 부위에 반타원형 동판을 따로 붙인 흔적을 확인한 것이다. 주조할 때 생긴 구멍을 동판으로 붙여 수리한 것이었다.

78호는 점토와 밀랍을 빚어 머리와 몸체, 그리고 왼발의 연화좌(불상이 앉는 자리)를 따로 만들어 붙인 뒤 청동 쇳물을 부어 주조하는 방식으로 제작됐다. 그런데 문제가 생겼다.

이렇게 '몸체 따로', '머리 따로', '왼발 연화좌' 따로 만들어 붙였기에 미세한 균열이 생겼고, 그 사이 청동 쇳물이 흘러 들어가니 거스러미(까칠까칠한 부분)가 생겼다. 또 다른 결함도 보였다.

손으로 대충 그린 가운데 동심원

국보경에는 동심원을 그리면서 맨 마지막 원을 장인이 대충 손으로 슬쩍 그려 넣은
흔적이 보인다.   숭실대 기독교 박물관 제공

날씬미의 후유증

몸체와 머리, 왼발 연화좌 에서 멀리 떨어진 곳까지 쇳물이 흘러가지 않은
현상이 목격되었다. 이런 흠결의 이유도 있었다.

78호 반가사유상의 두께가 너무 얇았기 때문이었다. 분석 결과 78호의 몸
체 두께는 평균 4㎜에 불과했다. 또 다른 반가사유상(옛 국보83호·평균 10㎜)
의 40% 두께에 불과했다. 그러니 어찌되었겠는가. 밀납의 두께가 얇으니 청
동 쇳물이 제대로 흘러 들어가기 어려웠을 것이다. 몸체와 떨어질수록 쇳물
의 흐름 또한 원활하지 못했을 것이다

78호의 장인은 왜 이렇게 제작 과정의 어려움을 자초했을까. 적은 쇳물로

큰 불상을 만들기 위한 불가피한 선택이었을까. 아니면 그 당시 그렇게 날씬한 불상을 선호했기 때문일까. 그러한 흠결이 제작 1,500년 만인 이제야, 그것도 첨단과학의 힘에 의해 들통난 것이다.

그러나 오히려 그것이 78호 반가사유상의 반전 매력일 수 있다. 78호 장인이 육안은 물론 X선 등으로도 구별할 수 없는 절정의 완성도를 과시하며 정밀 수리해 냈다는 뜻이 아닌가.

손으로 대충 그린 국보경 동심원

기원전 3~2세기(청동기·초기철기)의 대표 유물인 '고운무늬 청동거울'은 어떤가.

흔히 '국보경'으로 통하는 이 청동거울에는 반복된 동심원과, 그 동심원 안에 새겨진 무늬, 그리고 직선을 이리저리 규칙적으로 새긴 삼각문양 등이 정밀하게 그려져 있다. 확대경을 들이대고 세어본 선만 1만3000개가 넘는다. 선의 간격은 0.3~0.34㎜, 원의 간격은 0.33~0.55㎜에 불과하다. 그러나 그렇게 정교하고 완벽한 '국보경'에서도 몇 가지 흠결이 발견된다.

우선 거울 주조 때 거푸집의 주물사에 수분이 너무 많았거나 점토분이 적어서 일어나는 결함이 곳곳에서 확인된다.

이와 함께 눈길을 사로잡는 '착안점'이 따로 있으니, 그것은 동심원의 한가운데를 장인의 손으로 대충 그린 흔적이다.

0.3㎜의 초정밀 문양까지 정교하게 그려낸 2,300년전 장인이 왜 마무리 동심원은 대충 손으로 그렸을까.

그럴 수밖에 없었다. 컴퍼스로 동심원을 그려보라. 한 가운데 동심원은 표시하기 어렵다. 게다가 한가운데엔 컴퍼스를 그릴 때 생기는 자국(원점)이 존재했을 것이다. 아마도 청동기 장인은 그 자국을 주물사로 메우고 그 위에 화

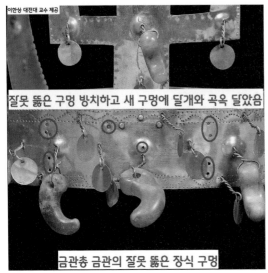

잘못 뚫은 구멍 방치하고 새 구멍에 달개와 곡옥 달았음

금관총 금관의 잘못 뚫은 장식 구멍

가장 먼저(1921) 출토된 국보 '금관총 금관'의 관테에는 미리 만든 2줄 구멍은 방치해 두고 새롭게 3줄 구멍을 뚫어 곡옥(굽은옥)과 달개를 단 흔적이 보인다.　　　　　이한상 대전대 교수 제공

룡점정 하듯 마지막 동심원을 손으로 그려 넣었을 것이다.

이 손 그림을 국보경의 흠결이라 할 수 없다. 오히려 극 초정밀의 예술을 보여주면서 일말의 인간미를 보여주는 2,300년 전 장인의 센스로 여길 수 있다.

실수 방치한 신라금관

신라 예술의 정수인 금관은 어떤가. 그처럼 화려한 외모의 문화유산은 찾기 어렵다.

그러나 자세히 보면 약하기 이를 데 없다. 관의 세움장식은 아주 얇은 금판을 길쭉하게 오려 만들었다. 특히 관테에도 2개의 금못으로만 고정하고 있다. 그러니 "실제로 금관을 조금만 움직여도 세움장식이 꺾여 내려앉을 정도"(이한상 대전대 교수)라 한다. 그중 가장 먼저(1921) 출토된 국보 '금관총 금관'에서 '흠결'이 도드라진다.

즉 이 금관의 관테에는 아무런 장식이 없는 구멍이 상하 두 줄로 촘촘히 뚫려있다.

이 두 줄 구멍은 무엇인가. 원래는 달개나 곡옥 등을 매달기 위해 뚫어놓은 구멍임이 분명하다.

그런데 금관 제작자는 마음이 바뀌었는지, 아니면 단순실수인지는 몰라도 미리 만든 2줄 구멍은 방치해두고 새롭게 3줄 구멍을 뚫어 곡옥과 달개를 달았다. 황남대총(북분) 금관(국보)에도 흠결이 보인다. 관테에 무늬를 잘못 새겨서 지우개로 지우고 다시 만들었다. 금령총 금관(보물)에도 잘못된 문양을 넣었다가 '아차!' 싶었는지 다시 망치 같은 것으로 두드려 새긴 자국이 역력하다.

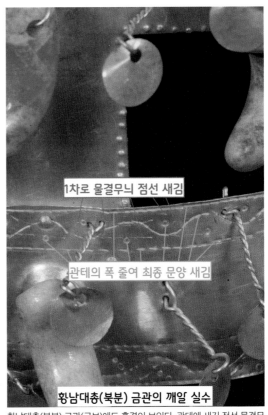

1차로 물결무늬 점선 새김

관테의 폭 줄여 최종 문양 새김

황남대총(북분) 금관의 깨알 실수

황남대총(북분) 금관(국보)에도 흠결이 보인다. 관테에 새긴 점선 물결무늬의 폭을 줄여 다시 새겼다. 　　　이한상 대전대 교수 제공

또다른 매력, 파격미

다시 백제금동대향로 발굴 30주년 집담회 현장으로 가보자.

당시 발굴의 실무를 맡았던 김종만 충청문화유산연구원장(당시 연구원)가 중국 학자의 언급을 들려준다.

기존의 볼록 장식을 두드려
편 다음 바로 위에 새로 만듦

금령총 금관의 잘못된 문양 수정

금령총 금관(보물)에도 잘못된 문양을 넣었다가 '아차!' 싶었는지 다시 망치로 두드려 새긴 자국이 보인다.

이한상 대전대 교수 제공

"중국 베이징(北京大) 교수가 그러더라구요. '중국 박산로는 저렇게(구멍을 확장시켜서) 쓰지 않는다. 구멍이 잘못되었으면 버리고 다시 만든다'고요. '따라서 금동대향로는 백제 것일 수밖에 없다'고 했어요."

시쳇말로 '멕이는' 말로 들린다. 중국인들은 완벽을 추구하지, 그렇게 '대충' '허투루' 만들지 않는다는….

그러나 그것을 '여유 있고, 실용적이며 융통성 있다'는 식의 칭찬으로도 해석할 수 있지 않을까.

어디 백제인 뿐인가. 신라의 장인도 다른 이도 아닌 임금(혹은 왕족)의 금관을 제작하면서 잘못된 금관을 재활용하는 '용기'를 발휘했다. 만약 금관이 임금(혹은 왕족)이 실제로 썼던 실용관이었다면 어떨까. 실수의 흔적을 모를 리 없는 임금(혹은 왕족)도 "괜찮다."고 허락했다는 얘기가 아닌가.

한결같이 관용과 여유가 한껏 배어있는 대한민국 국보의 면면이다. 아 참, 이 기회에 부각하는 금동대향로의 매력 하나. 그것은 파격이다. "용의 이빨이 선명하죠. 자세히 보면 이빨로 지구를 받치고 있는 형국입니다. 둥근 지구를 물고 승천하는 용을 표현한 것 같기도 합니다."(신나현 국립부여박물관 학예연구사)

아니 1,300년전 백제인들이 지구가 둥글다는 것을 알기라도 했다는 건가.

또 하나, 금동대향로의 받침대를 보라. 용의 다리 하나를 꼬아서 힘차게 들어 올렸다. 중국 향로, 어디에도 없는 스타일이다. 얼마나 자유분방하고 재치 있는 표현인가.

<참고자료>
국립부여박물관, <향을 사르다>(백제금동대향로 발굴 30주년기념 특별전 도록), 2023
김선영·황현성, '분향실험을 통한 백제금동대향로 내부 대류특성 연구', <보존과학지>35, 2019
국립부여박물관, <능사>(유적조사보고서 제8책), 2000
이한상, <황금의 나라 신라>, 김영사, 2004
민병찬, '금동반가사유상의 제작방법 연구-국보 78·83호 반가사유상을 중심으로', <미술자료> 89, 국립중앙박물관, 2016
박학수, '국보 141호 다뉴세문경 거푸집의 조각 도구와 방법', 한국문화재보존과학회 추계학술대회, 2019

'얼굴 잃은 보물 부처님', 어찌 하오리까

전북 익산 삼기면 연동리에 있는 석불사 법당엔 아주 희한하게 생긴 불상이 떡하니 자리 잡고 있다.

신성한 법당 안에 모셨으니 꼬집어 말하기는 그렇지만 솔직하게 표현하면 전혀 불상답지 않은 얼굴 생김새를 갖고 있다. 인자하거나 아니면 엄숙한 부처나 보살의 얼굴이 아니라 일제강점기 이전 이 절의 주지스님 얼굴을 새긴 것이라는 이야기가 돌 정도다.

그렇다. 이 불상의 본래 얼굴은 언제부터인지 떨어져 나갔고 그 후 새로운 얼굴, 즉 불두를 만들어 올려놓았다. 그렇다면 이왕 새로운 얼굴을 올려놓을 거, 좀 그럴싸한 부처님 얼굴을 제작했으면 얼마나 좋았을까.

가토 기요마사가 싹둑 잘랐다?

그런데 이 불상에는 세 가지 반전의 이야기가 숨어있다. 그중 하나는 구전을 통해 내려오는 '머리 잘린 불상의 사연'이다. 익산 금마에서 여산으로 이어진 1번 국도는 지금도 서울 가는 길목이다. 1597년 정유재란이 일어나고 금마~여산을 거쳐 서울로 진격하려던 일본의 가토 기요마사(加藤淸正) 부대를 가로막은 것이 있었다. 그것은 대낮에도 칠흑 같은 어둠이 몰려올 정도의 안개였다. 당황한 가토가 사람을 풀어 염탐했더니 이상한 소리가 들려왔다.

"마을 주민들이 작은 절에 모신 부처님에게 왜군이 패하기를 기도하고 있다"는 것이었다. 가토가 현장에 가봤더니 밤인데도 석불이 눈을 뜨기 힘들

익산 연동리 석조여래좌상. 7세기 전반에 제작된 백제 시대 최대의 3차원 환조석불로 유명하다. 그러나 언젠가부터 목이 달아났고, 그 후 누군가 새로운 불두를 얹어놓았다. 하지만 부처상도 아니고 '백제의 미소'를 구현하지도 못한 얼굴로 복원해놓았다.

연동리 불상의 옛 사진.
임석규 불교문화재연구소 연구실장 제공

정도로 광채가 빛나고 있었다. 가토는 안개가 끼는 것이 바로 저 빛을 내는 석불의 탓이라 여기고 칼을 휘둘러 석불의 목을 쳤다. 의기양양한 가토가 돌아와 진격채비를 하고 있을 때 맑은 하늘에 소나기가 내렸다. 그 소나기에 조총은 무용지물이 되었고 화약을 보관한 막사도 온통 비에 젖었다. 이때 낫과 죽창으로 무장한 의병들이 가토군을 습격해서 대승을 거두었다.

흉사의 조짐, 땀 흘리는 불상

또 하나는 나라에 좋지 않은 일, 즉 흉사가 일어나기 직전에는 어김없이 불상에서 땀이 흐른다는 것이다.

즉 한국전쟁이 발발한 1950년 6월 25일 이전, 박정희 대통령이 서거한

1979년 10월 26일의
약 보름 전, 광주 민주
항쟁이 벌어진 1980년
5월 18일 이전, IMF(국
제통화기금) 금융 위기
직전인 1997년 11월,
노무현 대통령의 서거
일인 2009년 5월 23
일 이전….

이후에도 2013년 2
월 1일, 2016년 2월 16
일과 3월 5일 등에도
불상이 땀을 흘렸다는
것이다. 그래서 '땀 흘
리는 불상'이라는 이
름이 붙었다.

연동리 불상의 실측도면. 이렇게 목 없는 불상으로 전해지다가 누군가
새로운 불두를 얹어놓았다.

머리 잘린 불상은 왜 첫 번째로 조선의 보물이 됐을까

마지막 하나는 이 불상이 대한민국 문화유산을 대표한다는 '보물'이라는
것이다.

그것도 제45호니까 꽤나 일찍 국가지정문화유산의 자격을 얻었다는 사실
을 간파할 수 있다. 그 짐작이 맞다. 이 불상은 일제강점기인 1933년 12월 5
일 조선총독부가 조선의 문화유산에 가치를 부여하고 보존하는 법('조선보물
고적명승기념물 보존령')을 제정한 뒤 첫 번째로 선정한 보물 153건 중 제60호

에 이름을 올려놓았다.(1934년 8월 27일)

연동리 불상의 당시 보물 명칭은 '보물 제60호 익산 석불리 석불좌상'이었다.

그렇다면 일제는 조선 문화재를 폄하하기 위해 이 목 없는 불상을 '조선의 보물'로 지정했을까. 그러나 아무리 일제의 만행이 끔찍했다한들 그런 어이없는 횡포를 부리지는 않았을 것이다. 물론 1930년대 조선총독부는 '중국의 문화를 수입해서 일본에 전한 역할을 한 조선 유물과 유적'과 '내선일체의 관념을 명확하게 한 유물과 유적'을 보물이나 고적(사적), 명승으로 지정한 것은 사실이다.

그렇게 왜곡은 했겠지만 터무니없는 유물을 '보물'로 지정하지는 않았을 것이다.

第五八號	益山王宮里五層石塔	一基	全羅北道益山郡王宮面王宮里山六〇	國
第五九號	彌勒寺址石塔	一基	全羅北道益山郡金馬面箕陽里九七番	國
第六〇號	益山石佛里石佛座像	一軀	雜種地 〇全羅北道益山郡三箕面蓮洞里二、二	國
第六一號	益山古都里石佛立像	二軀	全羅北道益山郡(金馬面)古都里四〇〇番 雜種地	國
第六二號	聖住寺址西三層石塔	一基	忠清南道保寧郡嵋山面聖住里八番 林野	國

조선총독부는 1934년 8월27일 조선의 문화유산에 가치를 부여하는 '조선보물고적명승기념물법'을 제정하고 153건의 유형문화유산을 보물로 지정했다. 그렇게 첫 번째로 지정한 보물 중에 '보물 제60호 연동리 석불리 석불좌상'이 포함됐다. 조선총독부 관보 1934년 8월27일자

석불사 대웅전 안에 모셔진 연동리 불상. 생각 같아서는 머리 잃은 모습 그대로 놔두고 보존하고 싶지만, 예배 대상인 불상이라는 점이 마음에 걸린다.

최고의 3차원 백제 불상

생각해보면 불두(머리)가 떨어져 나간 치명적인 흠결에도 '보물' 대접을 받은 이유가 있을 것이다.

그렇다. 이 불상은 옷 주름이 새겨진 몸체와 직사각형 형태의 받침대, 그리고 거대한 광배를 갖춘, 현존하는 백제 최대의 환조(丸彫)석불이다. 환조는 한 덩어리의 재료에서 물체의 모양을 전부 입체적으로 만드는 3차원 조각이다.

1962년 문화유산보호법을 제정한 뒤 일제가 지정한 보물들을 재분류할 때 '보물 제60호'였던 연동리 석불좌상은 '보물 제45호 익산 연동리 석조여래좌상'으로 바뀌었다. 이때의 지정 사유는 "불상은 머리만 없어졌을 뿐 불신(몸), 대좌(받침대), 광배(光背)까지 고스란히 남아 있는 백제의 작품이다. 장중하면서도 세련된 특징을 보여주는 600년 쯤의 희귀한 백제시대 불상으로 그

의의가 높다."고 했다.

한마디로 머리는 잘렸지만 7세기 초반대 제작된 백제 시대의 불상이라는 가치가 돋보인다는 것이다.

블록을 쌓아놓은 듯한 '광대 불상'의 반전 매력

사실 몇 년 전 이 불상을 친견한 필자에게는 지금도 불상 답지 않은 얼굴의 잔상이 뇌리를 스친다.

하기야 얼굴이 그 사람의 첫인상을 좌우하지 않는가. 그 첫인상이 지금까지 남아 불상의 진정한 가치를 몰라보게 만들었다.

자, 이제 선입견을 걷어내고 차근차근 가치를 살펴보자.

백제의 장인들은 여러 형태의 불상을 창조해냈다. 충남 예산 화전리 석조사면불상(6세기 후반)에 이어 태안 동문리 마애삼존불입상(6세기 말)-서산 용현리 마애여래삼존상(7세기초)-전북 정읍 보화리 출토 석조여래입상 2구(7세기 전반)와 함께 연동리 석조여래좌상(7세기 전반)을 제작했다. 사면 불상과 마애불에 이어 이제는 3차원 입체 환조 불상까지 만들어낸 것이다.

연동리 석조여래좌상은 당당한 어깨, 균형 잡힌 몸매, 넓은 하체 등에서 서툰 듯 하면서도 탄력적이고 우아한 면을 보여주고 있다.

불상의 몸체(佛身)은 마치 큰 블록을 쌓아놓은 듯 괴감(塊感)이 강하다. 이 특징으로 인해 중국 수나라와 당나라 초의 양식과 맞닿아있다는 평을 듣는다. 중국의 타산 석굴 여래좌상(중국 산동성 청주시·6세기말·수나라)이나 용문 석굴 빈양 남동의 여래좌상(하남성 낙양시·7세기 전반·당나라) 등과 비교할 수 있다.

백제의 여러 불상이 산재해 있는 예산·태안·서산은 중국 산동반도를 향한 선박의 발착구였던 태안반도에서 백제 수도 부여를 잇는 교통로에 자리 잡고

충남 태안 동문리 마애삼존불입상. 6세기말의 백제 불상이다.

충남 서산 용현리 마애여래삼존상. 7세기 초 작품이다. 연동리 불상에게 영향을 끼쳤다.

있다. 따라서 중국의 불상 조성 양식이 이 경로를 통해 전래하였을 것이다.

범상치 않은 가슴팍 띠매듭

연동리 불상의 옷을 보면 이중으로 옷을 입었다는 사실을 알 수 있다. 배 부분에서 왼쪽 어깨로 넘어가는 대의(大衣·설법 등의 행사에 입는 승려의 옷) 자락과 오른쪽 어깨와 오른팔을 덮고 오른쪽 배로 끼워져있는 옷자락이 별도의 옷감으로 보인다.

연동리 불상과 비슷한 시기에 조성된 중국 수나라와 당나라 초기의 석불들. 연동리 불상은 이러한 중국 불상의 영향을 받았지만, 백제 특유의 독창미를 살려 3차원 입체조각상으로 거듭났다.

이런 형태는 용문석굴 빈양 중동의 본존상(500~523·북위) 등의 중국 불상과 일본 아스카(飛鳥·538~710) 조각 중의 하나인 나라(奈良)의 법륜사(法輪寺·호린지) 목조약사여래좌상에서도 보인다.

연동리 불상의 가슴에 표현된 띠 매듭도 독특하다. 띠 매듭은 타원형의 고리형 매듭이 일반적이지만 유독 연동리 불상의 경우에만 고리형이 아닌 삼각형에 가까운 형태를 띠고 있다. 삼각형 형태의 띠 매듭은 백제 양식의 영향을 받아 601~607년 무렵 제작된 나라의 법륭사(法隆寺·호류지) 금당 석가여래좌상의 배 부분에 나타나고 있다. 거대한 광배 역시 법륭사 석가삼존상의 광배와 매우 비슷하다. 우선 엄청난 크기의 연잎형 거신광(擧身光·광명이 전신을 감싸는 광배 형식)이라는 점이 일치한다.

정리하자면 백제인들은 중국의 북제·북주와 수·당나라 초의 영향을 단순하게 받아들이지 않고 수준 높은 백제의 조형감각에 걸맞은 모습으로 발전시켰다. 즉 백제의 석불 제작은 6세기 후반 예산 석조사면불상에서 강렬하게

나라(奈良) 시대의 법륭사(호류지) 금당 삼존불상. 광배의 표현이나 옷 입는 방식 등이 연동리 불상의 영향을 받았다.

시작되어 서산마애삼존불상에서 한층 난숙해졌으며, 익산 연동리 불상에서 거대한 3차원 입체 석조여래좌상으로 절정기를 맞이한다. 또한 이에 만족하지 않았다. 연동리 불상의 광배 형식이나 세련된 표현 등은 일본 법륭사 조각 (석가삼존상·623)에도 영향을 끼쳤음을 알 수 있다.

가상 복원 제1안. 태안 마애삼존불입상의 좌측여래입상의 두발과 얼굴형, 귀를 바탕으로 서산 마애여래삼존상의 눈 코 입을 앉혔다. 자문위원들의 권고에 따라 눈 코 입을 '뽀샵' 했다. 백제의 미소를 가미한 특징이 있다. 　　　　원광대 산학협력단 제공

가상 복원 제2안. 제1안에 일본 법륭사(호류지) 금당 본존불을 추가했다. 제1안의 머리에 법륭사 본존불의 얼굴형과 눈 코 입을 약간 추가했다.
　　　　　　　　　　원광대 산학협력단 제공

아마도 1933~34년 조선총독부는 '중국의 문화를 수입해서 일본에 전한 역할을 한 조선 유물'이라는 점에서 이 연동리 불상을 조선의 '보물'로 지정했을 가능성이 짙다.

누가 머리를 잘랐을까

이 연동리 불상의 머리가 언제 잘렸는지, 또 언제 저런 형상의 얼굴을 앉혔는지 알 수 없다.

일제강점기에도 그랬다니 아마도 그 이전에 그런 형상의 얼굴을 얹어놓았을 것이다.

석불사라는 사찰명은 1963년 쓰러진 불상의 광배를 일으켜 세우고 불전을

지어 붙인 이름이다. 불상은 이후 보호각에 안치됐다.

1989년 원광대 마한백제문화연구소가 불상의 보호각을 헐고 새로운 법당을 축조하는 과정에서 불상이 놓여있던 현재의 법당 자리를 발굴조사했다. 그 결과 금당 추정 건물지가 발굴됐다. 발굴단은 출토된 유물을 면밀하게 분석한 결과 백제 무왕시대에 창건된 사찰과 불상이 고려시대 중기인 12~13세기 무렵에 폐사된 것으로 추정했다.

땀 흘리는 불상의 정체

이제 한가지 숙제가 남는다. 지금의 얼굴을 아예 없애거나 아니면 적당한 얼굴로 복원해야 하는 것이 아닐까.

전북 익산시는 2017년 6월부터 '잃어버린 보물 제45호의 얼굴'을 되찾아 주려는 사업을 시작했다. 2019년 익산시의 의뢰를 받은 원광대 산학협력단(책임연구원 김정희 교수)의 '연동리 석조여래좌상 불두(부처님의 머리) 복원안 학술연구 사업' 보고서가 발간됐다. 보고서는 우선 '땀 흘리는 불상'의 별명을 얻은 연동리 불상의 수수께끼를 과학적으로 해석했다.

연구팀은 불상이 땀을 흘렸다는 날짜의 과거 기상자료를 찾아보았다. 그랬더니 10·26사태가 일어난 1979년 10월 26일 무렵인 10월 11일 7㎜의 강우량을 기록했다. 또 5·18 광주 민주화 항쟁이 일어난 1980년 5월 18일 무렵인 12~15일 사이 4~22㎜의 비가 내렸다. 노무현 대통령 서거일인 2009년 5월 23일 무렵인 21일에도 37㎜의 많은 비가 내렸다. 이밖에도 연동리 불상이 땀을 흘렸다는 2013년 2월 1일과 2016년 2월 12~13일에도 역시 강우가 관측됐다.

비가 내리면 공기 중 수증기량이 많아지기 때문에 보호각이나 대웅전 내부의 습도가 높아진다. 습도가 높을 때 불상 표면의 온도가 차가워지면 쉽게 이

가상 복원 제3안. 서산 불상과 일본 법륭사의
금당본존불을 정리한 복원안이다. 서산 불상의
두발과 얼굴형에 법륭사 불상의 눈 코 입을 약
간 뽀샵해서 앉혔다.　　원광대 산학협력단 제공

가상 복원 제4안. 일본 법륭사 본존불과 일본 전 다
치바나 본존불을 이용한 복원안이다. 가장 현실성이
희박하다.　　　　　　원광대 산학협력단 제공

슬이 맺는다. 그렇다면 다른 사찰의 불상도 마찬가지 상황이어야 하지 않을
까. 다른 사찰의 불상은 왜 땀을 흘린다는 보고가 없을까. 김정희 원광대 교
수(고고미술사학과)는 "불상이 안치된 석불사 대웅전은 다른 사찰의 불당에
비해 매우 협소한데다 불상의 대좌(받침대) 앞을 나무로 막아놓은 폐쇄적인
구조여서 결로현상이 일어나는 것 같다."고 해석했다.

니케 여신상처럼 머리 잘린 채로 둘 수는 없을까

이 불상의 얼굴을 어떻게 바꿀 것인가. 물론 머리가 잘린 채로 그대로 두는 것도 '문화유산의 가치'를 유지할 수 있다. 단적인 예로 1863년 에게해 북서부 사모트라케에서 발굴된 니케 여신상의 경우도 머리와 두 팔이 없는 모습으로 복원됐다. 그렇지만 이 머리 없는 여신상은 '밀로의 비너스'와 함께 그리스 헬레니즘 조각을 대표하는 보물로 간주하고 있다. 머리 부분이 없어 더욱 극적인 분위기를 연출한다는 평을 받고 있다.

이 프로젝트의 연구진인 임석규 불교문화유산연구소 수석연구관은 "니케의 여신상처럼 없으면 없는 대로 복원하는데 가장 이상적이지만 연동리 불상은 지금도 사찰의 대웅전 안에서 신앙의 대상이 되고 있어서 목 없는 채로 둘 수 없다는 게 사찰 측의 입장"이라고 전했다.

참배·예불 대상이라…

어떤 경우든 지금의 '모습'으로 놔줄 수는 없는 일이 아닌가.

연구진은 연동리 불상이 조성되었던 6~7세기 동북아 불상을 두루 참조해서 가장 이상적인 얼굴을 찾기로 했다.

연동리 불상은 북제·북주 시기(6세기 중 후반)의 불상 양식에 연원을 둔다. 그러나 돌덩이를 쌓아 올린 듯한 괴감 강한 신체 표현은 6세기~7세기 전반인 수나라와 당나라 초기의 영향을 받았다. 또한 광배의 표현이나 옷 입는 방식은 일본 법륭사(호류지) 금당 삼존불상에 직접 영향을 끼쳤다. 그러나 중국이나 일본의 불상들은 아무래도 이국적인 요소가 가미될 수밖에 없다.

따라서 가장 참고해야 할 것은 역시 비슷한 시기의 백제 불상이다. 연동리 불상 역시 당대 백제인의 미의식을 반영했을 테니까….

자문위원인 소재구 전 국립해양문화유산연구소장은 "중국이나 일본 불상

가상복원 제5안. 중국 하북성 향당산 석불의 북제시대 불상의 얼굴을 연동리 불
상 얼굴에 그대로 앉힌 가상복원안이다.　　　　　　　　　원광대 산학협력단 제공

은 참고는 하되 당대의 백제 불상 얼굴을 중심으로 복원해야 할 것”이라고
주문했다. 역시 자문위원인 문명대 한국불교미술연구소장은 특히 “연동리
불상의 복원에 ‘백제의 미소’를 살리는 방향이어야 한다.”는 평을 내렸다.

백제의 미소를 살린 복원이라면 뽀샵이라도?

연구진이 1년 여의 작업 끝에 완성한 가상복원안은 5가지다. 이중 1안과 2
안은 국가유산청 문화유산위원회의 검토를 통과했다.

연구진은 "좀더 다양한 안을 제시해달라"는 문화유산위원회의 요구에 3~5안을 추가한 뒤 자문위원회의 검토를 거쳐 최종안을 확정했다.

제1안은 비슷한 시기의 백제 불상인 태안 마애삼존불입상의 좌측여래입상(6세기 말)과 서산 마애여래삼존상의 본존불(7세기 초)을 이용한 복원안이다. 보존상태가 좋지 않은 태안 불상의 두발과 얼굴형, 귀를 바탕으로 서산 불상의 눈·코·입을 앉혔다. 물론 자문위원들

기원전 190년 무렵 제작된 니케의 여신상. 1863년 에게해 북서부 사모트라케에서 발굴됐지만 머리와 팔이 없는 모습으로 복원됐다. 그렇지만 이 머리 없는 여신상은 '밀로의 비너스'와 함께 그리스 헬레니즘 조각을 대표하는 보물로 간주되고 있다. 머리 부분이 없어 더욱 극적인 분위기를 연출한다는 평을 받고 있다.

의 의견에 따라 눈·코·입 모양을 조금 보정했다. 뚜렷한 백제인의 얼굴로 '뽀샵' 처리했다. 태안 불상은 당당하고 장대한 체구에 비해 머리가 작은 것이 북제 시대의 불상에서 기원을 찾을 수 있다. 이에 비해 서산불상은 태안 불상보다 양감이 많고 크게 뜬 두 눈과 팽창된 뺨에 미소도 더 짙어졌다. 즉 북제·북주의 불상에 '백제의 미소'를 가미했다.

이런 풍만한 신체 특징 표현은 연동리 불상이 중국의 영향을 받았지만 백제화했을 가능성을 염두에 둔 복원안이다.

제2안은 제1안에 일본 법륭사(호류지) 금당 본존불을 추가한 복원안이다.

즉 제1안의 불두(머리)에 일본의 법륭사 금당 본존불(석가여래좌상·623년명)의 얼굴형과 눈·코·입을 약간 추가해서 가상복원했다.

법륭사 금당본존불을 추가한 이유는 연동리 불상의 광배 및 착의 문양이 법륭사 불상과 매우 유사하기 때문이다.

그러나 얼굴 형태는 약간 다르다. 태안 좌측불과 서산 본존불의 얼굴형태와 달리 법륭사 금당 본존불은 긴 얼굴형에 크고 긴 귀를 하고 눈은 행인형(杏仁形·살구씨 형태)으로 크게 뜨고 있다. 또 입가에는 고졸한 미소를 띠고 있다. 이 얼굴형과 신체 특징은 백제 등 삼국을 경유하여 일본에서 수용된 양식과 중국 산동반도에서 직접 수용된 양식을 절충한 것이다.

제3안은 서산 불상(마애여래삼존상의 본존불)과 일본 법륭사(호류지) 금당본존불로 정리해본 가상복원안이다.

서산 불상의 두발과 얼굴형에 법륭사 불상의 눈·코·입을 앉혔다. 물론 자문위원의 권고에 따라 서산 불상의 얼굴형에 맞도록 법륭사 불상의 눈·코·입을 '뽀샵' 처리했다. 이 가상안은 백제화가 추진된 서산 불상의 얼굴형과 산체특징을 기본으로 하되 제작연대가 연동리 불상과 비슷하고 백제의 영향을 받은 법륭사 불상(623년·7세기 전반)의 얼굴 형태를 접목했다. 얼굴형을 법륭사 불상에 맞춘 제2안보다는 백제의 취향이 짙은 복원안이다.

일본·중국 냄새가 풍겨서…

제4안은 일본의 법륭사(호류지) 본존불과 전 다치바나(傳橘夫人念持佛·8세기초)의 본존불을 이용한 복원안이다. '전 다치바나 부인 염지불'은 일본 나라 시대 성무(聖武·쇼무)천황(재위701~756)의 부인인 광명황후(光明皇后·701~760)의 모친인 다치바나노 미치요(橘三千代)가 제작한 것으로 알려져 '전 다치바나 부인 염지불'이라는 이름을 얻었다. 백제 양식과 중국의 산동반도 양식을 절충한 것으로 보이는 법륭사 불상의 얼굴형에 초당(7세기 전반)의 양식을 기본으로 하는 '전 다치바나 염지불'의 본존불 신체 모습을 가미했다. 취향이 다른 다양한 불상들이 제작된 6~7세기를 반영하는 안이다. 제5안은 중국 하북성 향당산 석굴의 북제시대 여래좌상 얼굴을 연동리 불상 얼굴에 그대로 앉힌 가상복원안이다. 그러나 아무래도 일본과 중국 냄새가 물씬 풍기는 제4안과 제5안은 가능성이 떨어지는 복원안들이다.

필자는 여전히 연동리 불상의 머리를 굳이 복원할 필요가 있겠냐는 의견에 마음이 기운다. 당연히 지금의 얼굴은 절대 아니다. 백제 최고·최대의 환조 불상이라는데 지금의 얼굴을 보면 몰입도가 확 떨어진다. 가장 이상적인 복원안은 그냥 머리가 잘린 채로 두자는 것이다. 언제 누가 불상의 목을 댕강 잘랐는지, 혹은 비바람과 지진 같은 천재지변으로 가장 약한 목 부분이 날아가 버렸는지 모르지만, 그 훼손의 과정도 역사이기 때문이다. 하지만 이 순간 이 불상이 예불과 신앙의 대상이라 반드시 복원해야 한다면 가장 '백제다운' 얼굴이어야 한다. 엄숙하고 근엄하지만, 백제의 미소를 살포시 담은 그런 인자한 부처의 모습으로….

<참고자료>
원광대 산학협력단, <익산 연동리 석조여래좌상 복원고증 학술연구>, 익산시, 2018
임석규, '동아시아 불교 조각사에서 본 연동리 석불좌상의 위치', <6~7세기 백제사에 있어서 익산의 위상> 고도 익산의 정체성 확립을 위한 학술회의, 익산시, 2017
김선기, '익산지역 백제사지 연구', 동아대박사논문, 2010
김영애, '통일신라 조각과 나라(奈良)조각의 비교연구', 동국대박사논문. 2001

'99818972'…
백제 '구구단' 목간의 8가지 패턴

2011년 6월 충남 부여 쌍북리 주택 신축공사장에서 수수께끼 같은 목간이 확인되었다.

숫자가 잔뜩 기록된 명문 목간(6~7세기 백제)이었다. 발굴단인 국가유산진흥원은 적외선 촬영으로 목간의 정체를 분석했지만 확실하게 파악하지는 못했다. 그저 관청에서 문서나 물건 등을 운송하면서 사용한 것으로 짐작했을 뿐이다.

2011년 6월 충남 부여 쌍북리에서 발견된 백제 구구단 목간. 처음엔 그저 물품꼬리표 목간쯤으로 여겨졌다가 적외선 촬영 결과 구구단을 적은 목간으로 확인됐다.
국가유산진흥원 제공

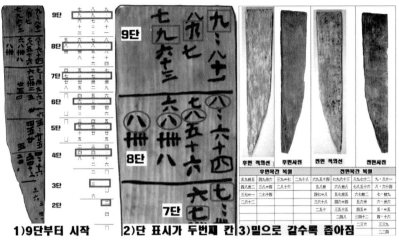

| 1)9단부터 시작 | 2)단 표시가 두번째 칸 | 3)밑으로 갈수록 좁아짐 |

쌍북리 목간에는 몇 가지 특징이 있었다. 9단부터 시작됐고, 단 표기가 두 번째 칸에 있었으며, 밑으로 갈수록 좁아지도록 구성됐다.

국가유산진흥원 제공

목간 중에는 운송할 물품의 포장이나 문서 꾸러미 윗부분에 올려놓거나 목간의 구멍에 끈을 꿰어 고정한 상태로 사용한 것들이 제법 많았다. 그러던 5년 뒤인 2016년 1월 16일이었다.

구구단 목간의 출현

정훈진 국가유산진흥원 조사연구팀장(전문위원)이 한국목간학회가 주최한 '최신 목간자료 발표회'에서 이 목간을 공개했다. 그런데 목간 사진들을 하나하나 검토하던 발표회장이 술렁거렸다.

'九〃八一 八九七□□ 七九六十三(9981 897□ 7963)….' 그것은 국내에서 처음 출토된 구구단 목간이었다.

그러나 이 구구단 목간의 패턴은 알쏭달쏭했다. 2단이 아니라 9단부터 시작됐고, '9〃' '8〃' 같은 숫자의 나열도 있었다. 당시 학회 섭외이사였던 이

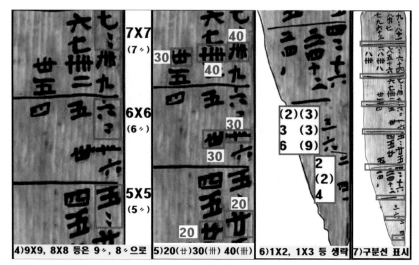

쌍북리 구구단의 특징. 9×9은 9 〃, 8×8은 8 〃 등으로 줄였다. 또 20(卄), 30(卅), 40(卌)의 표기법도 흥미로웠다. 결과가 뻔한 1×2, 1×3, 1×4 등은 생략했다. 윗단에서 계산한 구구단은 밑단에서는 생략했다. 그러니 밑으로 갈수록 좁아졌다. 　　　　　　　　　　　　　　　　　　국가유산진흥원 제공

병호 공주교대 교수(현 동국대)가 발굴자인 정훈진 팀장에게서 적외선 사진 자료를 받아 집으로 가져왔다.

　다음 날인 일요일(17일) 오후 이병호 교수는 초등학생 아들과 머리를 맞대고 이 구구단 목간의 패턴을 검토했다.

　아이들 눈높이에서 보기 위함이었다. 아빠와 아들이 찬찬히 뜯어보니 지금 알려진 구구단, 즉 2×1부터 시작해서 9×9까지 가는 패턴이 아니었다. 또한 9×9, 9×8…로 시작되지도 않았다.

구구단 공식표인가

　정훈진 씨와 이병호 씨 등 발굴자 및 연구자들의 분석 결과 구구단 목간은 한쪽 면에서만 묵서가 확인되었다. 판독가능한 글자는 103자였다. 구구단은

문화유산채널의 '한국속 과학'에서

8)그립감이 좋은 직각삼각형

문화유산채널

밑으로 좁아지는 직각삼각형 형태이다 보니까 이른바 '그립감'이 좋아졌다. 구구단을 단순히 적거나 외우려고 기록한 게 아니라는 것이다. 구구단의 각 단을 명확하게 구분하고 시각화해서 각 단의 공식을 쉽게 볼 수 있도록 배열한 목적으로 고안한 '구구단 공식표'일 가능성이 크다. 백제인의 실용성을 엿볼 수 있다.

각 단 사이에 가로줄을 한 줄씩 그어 경계선을 만들었다. 9단부터 2단 순으로 기록되었다.

'〃'부호는 각 단이 시작하는 첫 행에서 동일한 숫자의 중복을 피하려고 사용한 반복 부호였다.

예컨대 9×9는 '9〃', 8×8은 '8〃' 등으로 줄였다. 또 20(卄), 30(卅), 40(卌)의 표기법도 흥미로웠다. 결과가 뻔한 1×2, 1×3, 1×4…는 생략했다. 구구단의 패턴도 특이했다.

맨 윗단이 '9×9=81, 9×8=72, 9×7=63…'이 아니라 '9×9=81, 8×9=72, 7×9=63…'로 이어졌다. 두 번째 단 역시 '8×8=64, 7×8=56, 6×8=48'로 써 내려갔다. 9×9, 8×9로 시작되고, 중복된 계산은 생략하니까 밑으로 갈수록 줄어든다.

예컨대 6단의 경우 6×6부터 시작해서 5×6, 4×6, 3×6, 2×6으로 이어진다.

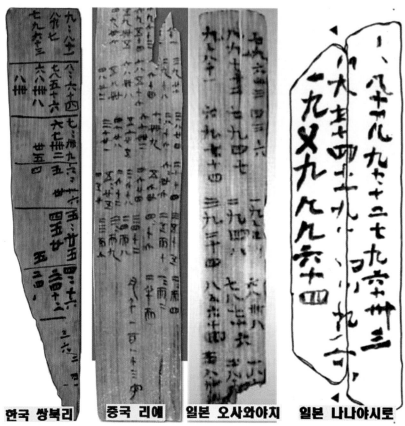

한국 쌍북리　중국 리에　일본 오사와야지　일본 나나아시로

쌍북리 목간의 서사 방식은 중국 일본의 목간과 같은 패턴이다. 그러나 중국과 일본에서 쌍북리 목간처럼 9단-8단-7단-6단-5단-4단-3단-2단 등으로 일목요연하게 구분하고, 각 단을 하나의 줄에 완결한 경우는 흔치 않다.

6×7, 6×8, 6×9는 7단, 8단, 9단에서 이미 계산됐기 때문이다. 3단은 3×3, 2×3, 2단은 2×2만이 남게 된다.

그래서 밑으로 갈수록 좁아지는 직각 삼각형의 구구단 목간이 된 것이다. 어떤 연구자는 밑으로 가면서 좁아지니 시쳇말로 '그립감'이 좋아졌다고 표현한다. 여기서 백제인들의 실용성을 알아차릴 수 있다.

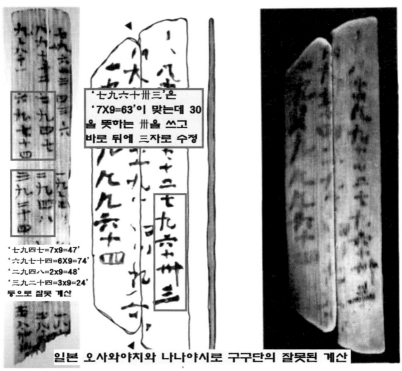

'七九六十卅三'은
'7X9=63'이 맞는데 30
을 뜻하는 卅을 쓰고
바로 뒤에 三자로 수정

'七九四七=7x9=47'
'六九七十四=6X9=74'
'二九四八=2x9=48'
'三九二十四=3x9=24'
등으로 잘못 계산

일본 오사와야치와 나나야시로 구구단의 잘못된 계산

일본의 구구단 목간에는 잘못된 계산이 심심치 않게 나온다. 주술적인 의미에서 특정한 숫자를 피해 적었다는 견해도 있다. 그러나 터무니없이 잘못된 구구단은 실용성으로는 0점이다.　　　　　　윤선태 동국대 교수 제공

구구단을 단순히 적거나 외우려고 기록한 게 아니라는 것이다. 즉 구구단의 각 단을 명확하게 구분하고 시각화해서 각 단의 공식을 쉽게 볼 수 있도록 배열한 목적으로 고안한 '구구단 공식표'일 가능성이 크다는 것이다.

칼 같은 구구단표

그렇다면 중국이나 일본의 구구단 목간은 어떨까.

중국 구구단 목간 가운데 가장 유명한 것은 2002년 중국 후난성(湖南省) 룽

산(龍山) 리예(里耶)에서 출토된 유물이다.

진나라 때인 기원전 3세기의 유물인데, 일본의 경우 오사와야치(大澤谷內)와 나나야시로(七社) 유적에서 나온 구구단 목간 등이 있다. 물론 중국·일본의 목간 중에는 쌍북리 목간처럼 위에서 아래로 단을 내려가며 쓴 사례가 있다.

하지만 쌍북리 목간처럼 9단-8단-7단-6단-5단-4단-3단-2단 등으로 일목요연하게 구분하고, 각 단을 하나의 줄에 완결한 경우는 흔치 않다. 중국·일본의 목간 가운데는 일본 오사와야치 유적의 구구단 목간처럼 틀린 답을 기록한 경우도 눈에 띈다.

그러나 쌍북리 목간은 어느 하나 흠잡을 데가 없다.

중국·일본과 쌍북리 출토 목간이 다른 점이 또 있다. 일본·중국의 구구단 목간에는 '二三而六(2×3=6)'이나 '一九又九(1×9=9)' 처럼 이(而)나 우(又), 혹은 여(如)자를 붙이는 경우가 있다.

단지 글자 수를 맞추기 위한 허사일 수도 있다. 예를 들면 답이 한 자릿수로 나오는 '二三而六(2×3=6)'과, 두 자릿수로 계산되는 二六十二(2×6=12)와 글자 수를 맞추기 위한 글자일 수 있다는 것이다. 그것이 아니라면 '등호(=)'일 수도 있는데, '3×4=12' '1×8=8'를 표시하는 것일 수도 있다.

반면에 쌍북리 출토 구구단 목간에는 이런 글자(而, 又, 如)가 보이지 않는다. 그냥 '二〃四'(2×2=4)이고, '二三六'(2×3=6)이다. 중국과 일본에 비하면 아주 깔끔하다.

왜 '이이단'이 아니라 '구구단'인가

이쯤에서 궁금증이 생긴다. 왜 '이이단'이 아니라 '구구단'이라 했으며, 왜 요즘처럼 2단부터가 아니라 9단부터 시작했을까.

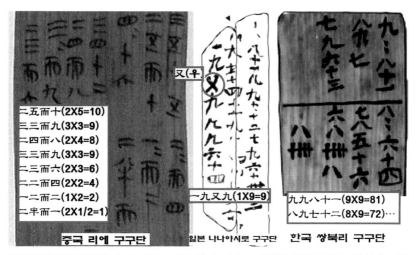

二五而十(2X5=10)
三三而九(3X3=9)
二四而八(2X4=8)
三三而九(3X3=9)
二三而六(2X3=6)
二二而四(2X2=4)
一二而二(1X2=2)
二半而一(2X1/2=1)

又(우)

一九又九(1X9=9)

九九八十一(9X9=81)
八九七十二(8X9=72)…

중국 리에 구구단 　　일본 나나야시로 구구단　　한국 쌍북리 구구단

일본·중국의 구구단 목간에는 '二三而六(2×3=6)'이나 '一九又九(1×9=9)' 처럼 이(而)나 우(又) 등을 붙이는 경우가 많다. 그러나 한국 쌍북리 목간은 그냥 '二 〃 四'(2×2=4)이나 '二三六'(2×3=6)으로 계산한다.

손환일 한국서화문화연구소장 제공

〈목간출토 현황〉

시대	유적	소량	유적	소량
	부여 구아리	8	부여 석목리	2
	부여 관북리	7	금산 백령산성	1
백제	부여 궁남지	3	나주 복암리	13
	부여 농산리절터	30	정읍 고사부리성	1
	부여 쌍북리	30	부여 동남리(신라?)	1
소계		96점		
	경주 월성해자	33	서울 아차산성	3
	경주 월지(안압지)	61	김해 양동산성	1
	경주 황남동	3	하남 이성산성	14
	경주 전 인용사지	1	김해 봉황동	1
신라	국립경주박물관 부지	4	창녕 화왕산성	5
	경주 황룡사 도로	1	남원 아막성	1
	경주 전 황복사지	1	익산 미륵사지	2
	함안 성산산성	245	장수 침령산성	1
	경산 소월리	1	대구 팔거산성	15
	안성 죽주산성	2	인천 계양산성(백제?)	1
	부산 배산성	1		
소계		398점		
	태안 대섬 침몰선	20	태안 마도 4호선	63
고려(조선)	태안 마도 1호선	69	울산 반구동	1
	태안 마도 2호선	47	여주 파사성	1
	태안 마도 3호선	35		
소계		236점		
소계		730점		
합계				

(출처:경북대 인문한국플러스사업단의 〈한국목간총람〉, 주류성, 2022에서)

국내 목간의 지역별 출토현황

해방 이후 국내에서 확인된 삼국~조선시대 목간은 730여 점에 달한다. 최근 몽촌토성에서 고구려(혹은 백제) 시대 목간이 확인됐다.

이용현 전 경북대 인문학술원 HK연구교수 제공

　　고대 천문·수학서인 <주비산경>은 "수(數)의 법칙은 원(圓)과 네모(方)에서 비롯되는데, 원은 네모(方)에서, 네모는 구(모날 矩 혹은 ㄱ자 모양의 자)에서, 구(矩)는 구구팔십일(九九八十一)에서 나온다."고 했다. 그리고 후한의 조상은

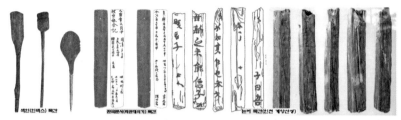

목간의 용도는 다양하다. 종이 문서를 두루마리로 말아둘 때 말은 두루마리 사이에 꽂아두는 '색인(인덱스)목간'
이 있는가 하면 춘궁기에 곡식을 빌려주었다가 추수기에 이자와 함께 원금을 돌려받았음을 기록한 일종의 환곡
문서인 대식(貸食) 목간도 있다. 또 <논어> '공야장(公冶長)' 구절을 새긴 '논어목간'도 있다. 이 목간을 들고 다니
며 <논어> 같은 사서삼경을 줄줄 외웠을 것이다.

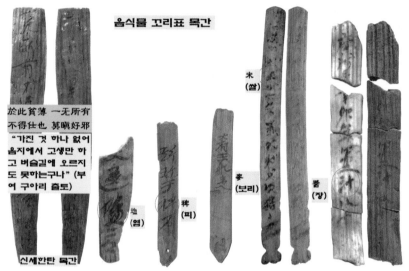

부여 구아리 출토 목간 중에는 '가진 것 하나 없어 고생만 하고 벼슬길에 오르지도 못한다'는 말단 관리의 신세 한
탄이 적혀있는 것이 있다. 또 보관하거나 누군가에게 보낼 음식을 구별하는 꼬리표로 쓰인 목간들도 있다.

"이 구구는 승제법(곱하기와 나누기)의 기본"이라는 각주를 달았다. 후한 시대
연중행사를 기록한 책(<사민월령>)에서 "어린 학생이 소학에 들어가 배우는
4과목 중 구구단이 들어있다."고 설명했다. 구구단이 반드시 공부해야 할 기
초지식임을 밝힌 것이다.

그러면 왜 하필 구구단이라 했을까. 이유가 있다.

동양에서 단수 가운데 가장 큰 수인 '9(九)'는 무한의 의미를 갖고 있다. 왜 우리가 '앞길이 구만리 같다'느니, '구중궁궐'이니 하는 표현을 흔히 쓰지 않는가. 또 '구(九)'의 중국어 발음은 '오랠 구(久)'와 같아 '영원하다'는 의미로도 읽혔다.

그리고 하늘이 9층으로 되어 있다 해서 구중천(九重天)이니 구천(九天)이니 하기도 했다. 혼백이 구천을 헤맨다는 따위의 옛말이 그래서 나왔다. 그 9번째 층에 천제가 살고 있다고도 했다.

그래서일까. 중국에서는 황제를 지칭하는 숫자가 구(九)였다. 그랬기 때문에 '이이단'이 아니라 '구구단'이라 했을 것이다. 구구단은 처음부터 9×9=81부터 시작됐던 것이다.

구구단으로 인재 뽑은 군주

그런 구구단으로 인재를 뽑은 예도 있다. 춘추시대 제나라 환공 때(재위 기원전 685~643)의 일인데, 환공이 뛰어난 인재를 뽑으려고 '초현관(招賢館·현신을 초청하는 관청)'을 만들고, 관청 앞을 밤낮으로 밝혀두었다.

유능한 선비라면 언제라도 찾아오라는 상징적인 의미였다. 그러나 1년이 지나도록 아무도 찾아오지 않았다.

모두가 지쳐갈 무렵 한 사람이 나타나 "내가 놀라운 지식을 갖고 있다."고 소리치며 구구단을 외웠다.

"이제야 인재가 왔구나." 하며 잔뜩 기대했던 환공이 실망하며 "구구단이 무슨 재주냐."하고 코웃음 쳤다.

그러자 그 사람이 조용히 말했다.

"구구법이 능력이나 학식을 의미하지는 않습니다. 그러나 주군께서 단지 구구법만 아는 저를 등용하시면 틀림없이 유능하고 재주 많은 사람들이 나설 겁니다."

듣고 보니 그럴 듯 했다. 제 환공이 본보기로 그 구구단 선비를 등용하자 한 달도 못 돼 유능한 인재가 몰려들었다.(<설원> '존현')

우리 역사 속 구구단 사용례

우리 역사에도 구구단이 실생활에 사용되었음을 알려주는 문헌 및 고고학 자료들은 제법 있다.

<삼국유사> '고조선조'는 "곰이 '삼칠일', 즉 3×7=21일 동안 잘 버텨 사람(웅녀)이 되었다."고 기록했다.

유명한 <광개토대왕비문>(414)에도 '이구등조(二九登祚)'라는 대목이 있다. 광개토대왕이 2×9=18, 즉 18세에 왕위에 올랐다는 사실을 적시한 것이다.

또 백제 <나주 복암리 출토 목간>(610년)에도 '마중연육사근(麻中練六四斤)'이라는 부분이 있다. '6×4=24근'을 의미한다. 이뿐이 아니고, 대전 월평동 산성에서 등산객이 수습한 '구구단 기와'에는 '…오구사십오사구삼십육'(5×9=45, 4×9=36)이라는 숫자가 기록되어 있다.

이 백제 구구단 목간의 출현으로 고대사의 큰 숙제 하나를 해결한 셈이 되었다.

한반도에서 구구단 목간이 확인되지 않자 일본학자들이 "구구단은 한반도를 거치지 않고 곧바로 중국에서 일본으로 직수입한 것"이라고 주장했었다. 극적으로 되살아난 백제 목간은 또 한 번 역사의 공백을 메워준 것이다.

남근용 목간의 쓸모

경북대 인문학술원 인문한국플러스 사업단이 펴낸 <한국목간총람>에 따르면 해방 이후 확인된 목간(삼국~조선)은 730여 점에 이른다. 목간은 주로 습

‘道■立立立’가 눈에 띔.
‘길가에 남근이 섰으니(세 번 반복) 도성으로 들어오는 악귀는 썩 물렀거라!’는 뜻?

남근형 목간(부여 능산리 사지)

2000년 부여 능산리 절터에서 발견된 남근형 목간. ‘道○立立立’이라는 글자가 눈에 띈다. 백제인들이 지금의 서울 세종로격인 부여 중심도로에서 ‘길의 신’에게 제사하며 남근 목간을 세워놓고 ‘이제 남근이 섰으니(세 번 반복) 사악한 기운이 도성 안으로 들어오지 마라’고 빌었을 것이라는 재미있는 분석이 있다.

기가 많은 우물이나 연못, 저수지, 배수지 같은 곳에서 집중 출토된다. 목재는 산소가 차단된 물속에서 좀처럼 부식하지 않기 때문에 수백 수천 년 동안 보존되는 것이다.

경주 안압지나 함안 성산산성 같은 곳이 대표적인 목간 출토지였다. 종류도 다양한데, 물품 꼬리표 목간과, 두루마리 종이문서를 찾을 수 있도록 한 색인(인덱스) 목간, 그리고 춘궁기에 곡식을 빌려주었다가 추수기에 이자와 함께 원금을 돌려받았음을 기록한 일종의 환곡 문서인 대식(貸食) 목간 등….

인천 계양산성에서 확인된 것처럼 <논어> 제5장인 '공야장' 일부 내용이 적힌 경전 목간도 있다. 책처럼 지니고 다니면서 '공자왈 맹자왈'을 공부한 것이다. 궁궐 출입 때 신분을 증명하는 이른바 부신용 목간도 있고, 창고정리용 목간도 나온다.

그러나 관전자의 관심을 끄는 목간은 뭐니 뭐니해도 '기타 용도'의 목간인데, 백제의 경우에는 앞서 공부한 '구구단 목간'과 함께 '남근형 목간'이 아주 특이하다. 남근형 목간은 2000년 4월 부여 능산리 절터 주변의 웅덩이에서 출토되었다.

특히 한쪽 면에 새겨진 '도○립립립(道○立立)'이라는 글자가 눈에 띈다. 이 목간은 사비성으로 들어오는 중심도로와 아주 가까운 곳에서 확인됐다. 백주대로에서 이상야릇한 목간이 발견된 건데, 연구자들은 이를 두고 색다른 해석을 내리고 있다. 예부터 남근은 나라의 안녕, 그리고 악신·질병의 추·예방 등을 위해 숭배되고 신성시되었다.

따라서 백제인들이 지금의 서울 세종로 격인 중심도로에서 '길의 신'에게 제사하면서 남근 목간을 세워놓고 도성 바깥에서 사악한 기운이 들어오지 못하도록 했다는 것이다. 따라서 남근 목간을 제사에 사용한 뒤에 나쁜 기운을 흘려보낸다는 의미에서 물웅덩이에 던져버렸을 것이다. 그러면서 "이제 남근이 길 위에 섰다(立)! 섰다(立)! 섰다(立)! 그랬으니 사악한 귀신과 도깨비들은 썩 물렀거라!"를 외쳤다. 즉 남근이 일어섰으니 귀신과 도깨비는 두려워 근접할 수 없다는 점을 선포했다는 것이다.

목간은 이렇게 1,500년 전 생생한 서사가 기록된 그 시대 사람들의 손때가 묻어있는 매우 중요한 당대의 자료인 셈이다.

<참고자료>

손환일, '부여 동남리 출토 목간의 서체와 내용', <백제연구> 78호, 충남대백제학연구소, 2023

이용현, '백제 왕도 출납 문서의 일례-부여 동남리49-2 유적 목간1, 2의 분석시론', <백제학보>43호, 백제학회, 2023

고상혁, '부여 동남리 49-2번지 신출토 목간 소개', <신출토 문자자료의 향연>(한국목간학회 38회 정기발표회), 2023

울산문화유산연구원, <부여 동남리(49-2번지) 공공주택 신축부지 내 유적 문화재 시굴·정밀발굴조사 약식보고서> 2022

윤선태, <목간이 들려주는 백제 이야기>, 주류성, 2007

정훈진, '사비도성에서 발견된 구구단 백제 구구표 목간', <한국의 고고학> 통권 32호, 2016년 6월

김영욱, '백제 이두에 대하여', <구결연구> 제11집, 태학사, 2003

국립부여박물관, <백제목간>, 소장품조사자료집, 국립부여박물관, 2008

윤용구·이용현·이동주, <한국목간총람>(윤재석 평저), 경북대 인문학술원 HK+사업단, 2022

통째로 폐기된 260㎝ 백제 대작, 1,400년 전 장인은 왜 실패했을까

2022년 열린 국립부여박물관의 '백제 기술, 흙에 담다' 특별전의 압권은 전시실 중심에 떡하니 버티고 있는 '청양 본의리 불상받침(대좌)'였다. 흙으로 빚은 소조상인 이 불상 받침대는 정면 아래쪽 너비 260㎝, 높이 95㎝, 두께 40~50㎝에 이른다. 무게는 620㎏에 달한다. 국립부여박물관·국립공주박물관 제공

"여호와 하나님이 흙으로 사람을 빚고 생기를 그 코에 불어넣으시니 사람이 생령이 됐다."

<구약성서> '창세기 2장 7절'의 내용이다. 동양에서는 '사람이 죽으면 백골이 진토(塵土·먼지와 흙)된다'는 오래된 표현이 있다. '사람이 흙에서 나서 흙으로 돌아간다'는 게 동서고금의 진리임을 알 수 있다.

불상받침대의 형태는 '상현좌(裳懸座)'이다. '불상의 옷자락(상·裳)을 겉으로 길게 늘어뜨린(현·縣) 받침대(좌·座)'라는 뜻이다. 그러니 이 받침대는 불좌상(앉은 자세의 불상)을 위에 놓는 것을 염두에 두고 제작했다. 이 받침대는 위 아래 연꽃잎이 볼륨감있게 표현되어 있다. 그 위를 U자형 옷주름 선이 중복되게 늘어져 있고, 좌우에는 Ω형태의 옷자락을 리듬감있게 펼쳐놓았다.
양은경 부산대 교수 그래픽

그런데 그것이 사람에만 국한된 이야기는 아니다. 사람이 창조한 모든 문명의 이기나 예술품도 마찬가지다.

다른 예를 들 것도 없다. 백제예술의 정수라는 금동대향로를 보자. 무슨 객쩍은 소리냐 할 것 같다. 금속(구리)으로 제작된 향로를 두고 흙 운운하고 있다고…. 그러나 그 향로의 모체가 '흙'이라는 사실을 아는 이는 드물다.

왜냐. 향로의 틀(거푸집)을 흙으로 만들었기 때문이다. 굳은 밀랍(꿀벌 분비물)에 향로의 모형을 만들고 흙(거푸집)으로 감싼 뒤 열을 가해 모형을 거푸집에서 제거하는 '밀랍주조법'이다. 향로의 모태가 된 거푸집은 '쓰임'이 끝나자 다시 흙으로 돌아갔다.

손가락, 발가락, 콧구멍이 전시품?

2022년 국립부여박물관에서 열린 특별전('백제 기술, 흙에 담다')을 관람하던 필자의 시선을 잡아끈 공간이 있었다. 그것은 전시장에 떡하니 자리를 차지하고 앉은 미완성, 불완전의 작품을 전시한 공간이었다. 명색이 백제 사비

거대한 청양 본의리 불상받침대는 마을 도로확장 공사도중 우연히 발견됐다. 불도저 삽날에 불상받침대를 구웠
던 가마가 드러났다. 그 안에는 불상받침대가 통째로 켜켜이 쌓여있었다.　　　　　　　　국립중앙박물관 제공

기인 6~7세기 제작된 소조상을 한데 모아놓은 전시회였다.

그렇지만 부여 외리에서 출토된 무늬 벽돌세트(보물)과 호자(남성 소변기)
등 일부를 제외하면 성한 유물을 볼 수 없었다.

어떤 것은 얼굴만, 또 어떤 것은 나발(부처의 머리카락)만, 또 어떤 것은 상체
만, 또 어떤 것은 하체만 전시해놓았다.

심지어는 눈만, 귀만, 코만, 손가락만, 발가락만 둔 것도 있었다. 그 중에는
도드라진 콧구멍이 인상적인 상도 있었다.

왜 이리 온전한 것이 없을까. 그럴 수밖에 없다. 이미 밝혔듯 흙에서 흙으
로 돌아가는게 진리라 하지 않았던가.

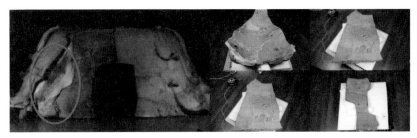

불상받침대는 결국 '실패작'으로 끝났다. 거대한 받침대를 가마에 넣으려고 7조각으로 잘랐다. 그러나 가마안에서 굽고 건조할 때 조각마다 수축률이 조금씩 달라 뒤틀림 현상이 발생했다. 발견 당시의 사진을 보면 뒷면 왼쪽 부분에 뒤틀림 현상이 확연하다. 보존처리 때도 받침대 곳곳에 갈라진 흔적이 여러 곳에서 보인다.

국립부여박물관 제공

흙을 빚어 만든 형상이니 1,000년, 1,500년 온전하게 버틸 수가 없었을 것이다. 그래도 사람은 100년을 살지 못하고 죽어 백골이 진토되는데, 사람이 빚은 형상은 그래도 오래 버텼다는 생각도 든다.

그런데 이상한 일이다. 그렇게 '따로 따로'의 형상을 모아두었는데, 한발 떨어져 보면 전체가 한 몸이 된 듯 조화를 이룬다.

각각의 부위를 얽어놓으면 어엿한 사람의 형상이 나타나고, 그것이 1,500년 전의 백제인으로 빙의된 듯 하다.

마을 진입로 공사 도중 불도저 삽날에…

그중 압권은 전시실 중심에 떡하니 버티고 있던 '청양 본의리 불상받침(대좌)'이었다.

국립공주박물관 상설전시실에 전시된 이 불상받침은 3D 스캔과 CT(컴퓨터단층촬영)까지 해서 특별전에 출품됐다. 이 불상받침대의 뒷면까지 공개한 것은 그때가 처음이었다. 이 받침대를 보면 우선 그 규모에 놀랄 수밖에 없었다. 흙으로 빚어 만든 받침대의 아래쪽 너비가 무려 260㎝에 달한다.

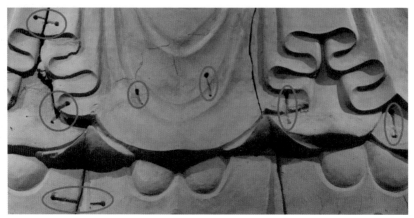

거대한 불상받침대를 가마에 굽기위해 7조각으로 자른 뒤 뒤에 다시 꺾쇠로 조립하려고 구멍을 만들었다. 마치 요즘의 스테이플러(호치키스) 같은 자국 같다.

무엇보다 이 엄청난 규모의 불상받침대가 제작 당시에는 '실패작'으로 판명되어 버려진 것이었다는게 더욱 눈길을 끌었다.

대체 어떤 일이 벌어졌던 것일까. 이 불상 받침대는 발견 스토리부터가 재미있다.

36년 전인 1986년 2월 충남 청양 목면 본의리의 동막 부락 주민들은 마을 진입로 확장공사에 박차를 가하고 있었다.

좁은 우마차 도로를 넓혀 시내버스가 마을 입구까지 원활하게 지날 수 있도록 하고자 했다. 학생들 개학(3월)에 맞추려면 공사를 서둘어야 했다. 중장비(불도저)가 동원되어 산기슭 구릉의 아랫자락을 퍼내고 있었다.

그런데 2월 10일 공사현장에서 수상한 일이 벌어졌다. 땅을 2.5m 정도 파내는 과정에서 동굴과 같은 유구가 드러났다. 불상 받침대를 구웠던 가마 입구가 불도저의 삽날에 파손되면서 노출된 것이었다. 그 안에 들어가 본 주민들은 깜짝 놀랐다.

받침대에 놓인 불좌상(상상도)

불상받침대의 주인공 불상은 누구였고, 또 규모는 어떠했을까. 이 불상의 크기는 대략 150㎝ 정도로 추정된다. 따라서 불상과 받침대(95㎝)를 합치면 245㎝ 안팎의 거대 불상, 그것도 앉은 자세의 불상이었을 것으로 짐작된다.
양은경 부산대 교수 제공

연소실 안에서 불상받침대의 조각들이 켜켜이 쌓여있었기 때문이다. 연소실에 받침대를 놓고 불을 피워 구웠던 그대로의 모습이었다. 이 조각들을 꺼내 마을회관으로 옮긴 이장 김천식씨가 면사무소를 통해 청양군청에 유물발견 사실을 신고했다.

받침대인데도 성인 10명의 무게

후속 조사 결과 이 가마는 백제시대에 조성된 반지하식 등요(登窯·10°이상의 경사면에 터널형 구조로 축조한 오름가마)이며, 흙을 빚은 거대한 규모의 불상받침대 또한 희귀한 유물로 판단됐다.

마을 주민과 조사단이 찾은 파편은 150여 점에 달했다. 파편 중 큰 것은 높이 70cm, 너비 53cm, 두께 4cm 내외였다.

당시 몇차례 복원을 시도했지만 조각들이 너무 크고 무거워서(큰 조각은 80~114kg) 번번이 실패했다.

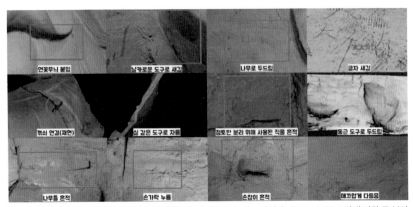

흙으로 빚은 불상받침대에는 1,400년전 백제 장인의 숨결이 곳곳에 녹아있다. 손으로, 도구로 당대 가장 큰 불상받침대를 만들기 위한 장인들의 땀이 녹아있는 듯 하다.
국립부여박물관 제공

  결국 1990년 특별전을 위해 서울의 국립중앙박물관으로 옮겨 정식으로 보존처리 후 복원함으로써 그 전모를 알 수 있었다.

  우선 불상받침의 정면 밑부분 넓이는 260㎝ 정도, 높이는 95㎝, 두께는 40~50㎝에 이르렀다. 무게는 620㎏에 달했다.

  받침대인데도 성인 10명 정도의 무게였다면 그 위에 놓이는 불상은 얼마나 큰 규모였다는 걸까.

  우선 이 불상받침대의 형태는 전문용어로 '상현좌(裳縣座)'라 한다. '불상의 옷자락(상·裳)을 겉으로 길게 늘어뜨린(현·縣) 받침대(좌·座)'라는 뜻이다. 그러니 이 받침대는 불좌상(앉은 자세의 불상)을 위에 놓는 것을 염두에 두고 제작했을 것이다.

  아닌게 아니라 불상받침대 위의 정면 양쪽을 보면 조금 휘어져 올라가 있는 부분이 있다.

  이 흔적이 바로 받침대 위에 결가부좌(일종의 양반다리)한 좌불상(앉은 자세의 불상)의 양 무릎이 닿는 지점이다.

흙으로 빚은 불좌상이 250㎝?

이렇게 받침대 위에 불좌상이 놓였을 것을 염두에 두고 알아보자.(양은경 부산대 교수)

같은 사비 백제 시기의 작품인 부여 군수리 석불상(앉은 불상)으로 비교해 본 결과이다.

즉 군수리 석불상의 경우 받침대와 불상의 높이와, 두 무릎 넓이와 높이가 나란히 1대 1.5이다.

이 비율을 본의리 소조상에 적용해보면 전자(받침대와 불상의 높이)는 95대 143, 후자(두 무릎넓이와 높이)는 110대 165로 측정된다. 그럼 본의리 불상대좌 에 놓일 불상은 143~165㎝ 사이의 대략 평균값인 150㎝ 정도 안팎이었을 것 으로 판단된다.

그렇다면 만약 '불상+받침대'를 합한 전체 규모는 대략 245㎝(받침대 95+불 상 150㎝) 안팎이었을 가능성이 크다.

백제가 2m50㎝ 넘는, 그것도 앉은 불상을, 그것도 흙을 빚어 제작했다는 얘기다. 전혀 불가능하지 않다.

<일본서기> '흠명기'조는 "백제가 545년(성왕 23) 백제가 장육불상을 만들 었다"고 기록했다. '장육불상(丈六佛像)'은 1장6척 크기의 불상을 의미한다. 중국 당나라 척도(1척=29㎝)로 장육상의 크기(키)는 464㎝(1.6×29)에 해당된 다.

6세기 중반 무렵에 백제가 4m가 훨씬 넘는 장육상을 제작했다면 그의 반 정도(2m50㎝ 내외) 되는 앉은 불상도 당연히 제작할 수 있었을 것이다. 본의 리 불좌상처럼….

부여 정림사터에서 출토된 소조상 조각에 찍힌 백제 장인의 생생한 '지문'. 1,400년 전 장인의 손맛에 느껴진다.
국립부여박물관 제공

"기본 골격없이 빚은 거대한 조형물?"

불상받침대를 찬찬히 뜯어보자. 이 받침대는 위 아래 3단을 이룬 연꽃잎이 볼륨감있게 표현되어 있다.

그 위를 U자형 옷주름 선이 중복되게 늘어져 있고, 좌우에는 Ω형태의 옷자락이 리듬감있게 펼쳐지고 있다. 같은 시기의 백제 영역이나 중국(남조~당나라 초기)에서 일부 유사점을 보이는 불상도 있지만 차이점이 더 많다.

양은경 교수는 "본의리 불상받침대는 중국 남조와 초당(당나라 초기)의 양식, 그리고 백제 특유의 요소가 혼합되어 새롭게 탄생된 7세기 '상현좌'"라고 해석한다.

그렇다면 흙으로 어떻게 빚었기에 그렇게 큰 받침대를 만들었다는 걸까.

우선 성형에 쓰인 흙은 모래가 20~30% 섞인 고운 입자의 점토를 쓴 것으로 확인된다. 본래 흙을 빚어 만드는 소조상의 제작에는 기본 골격이 존재하는게 보통이다. 즉 나무나 혹은 갈대류를 묶어 골조를 세운 뒤 이 골조에 거친 흙을 붙여가며 대략의 형태를 만든다. 그런 뒤 다시 그 표면에 다시 입자가 고운 흙을 여러겹 붙여가며 세부 형체를 완성한다. 그러나 본의리 불상 받침대의 경우 그러한 골조를 세우지 않고 성형한 것으로 파악된다.

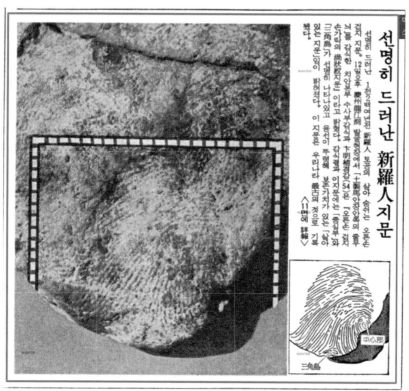

6세기 말~7세기 초 통일신라시대 고분인 경주 용강동 고분에서 출토된 토제마(흙으로 만든 말인형)에서 나타난 신라인의 지문. 거의 같은 시대인 정림사터 소조상의 백제인의 지문과 비교감식해보면 어떨까.(동아일보 1986년 8월13일자)

즉 일정한 크기의 점토판을 손으로 직접 빚어 형체를 만들고, 그런 뒤 다시 다른 점토판을 성형해서 2~3겹 붙이는 방식을 취한 것으로 보인다. 그렇게 성형을 끝냈다고 완성된 게 아니었다. 애써 만든 받침대를 다시 7조각으로 나눴다.

한 가마에 그렇게 큰 받침대를 한번에 구울 수 없었기 때문이었다.

또 구울 수 있었다 해도 620kg이 넘는 받침대를 가마로 옮길 재간이 없었

국립부여박물관의 '백제 기술, 흙에 담다' 특별전(2022년)에 출품되었던 작품은 실패작인 불당받침대처럼 온전한 것의 거의 없다. 그러나 한발 떨어져서 보면 왠지 조화를 이룬다는 느낌이 들었다.

다. 다만 재조립을 위해 각 조각에 구멍까지 뚫어놓는 세심함을 보였다. 그렇게 구운 다음 조각을 재조립했는데, 겉에서 보면 마치 스테이플러(호치키스) 자국인 것 같다.

본의리 불상받침대는 이렇게 성형-건조-분할-소성(굽기)-재조립의 복잡한 과정을 거쳤다.

눈물을 머금고 가마를 통째로 폐기

여기서 또 다른 의문점이 들 수밖에 없다.

무슨 사정이 있었기에 그렇게 거대한 불상받침대를 주문받아, 정성껏 빚어넣고 가마 연소실에서 꺼내지 않고 그대로 두었을까.

발견 당시의 불상받침대를 묘사한 당시 박영복 국립중앙박물관 학예연구관의 '청양 도제 불대좌 조사보고'(<미술자료> 제49호, 국립중앙박물관, 1992)에

콧구멍만 덜렁 출품된 유물(논산 개태사 출토 소조상) 등도 보였다. 흙으로 빚은 작품이라 온전할 수가 없었을 것이다.

단서가 나와있다.

"가마 내부에 포개져 쌓여 있었던 점, 왼쪽 뒷면이 사용하기 어려울 정도로 뒤틀려 있어 사용가능성에 의문을 가질 수밖에…."

무슨 말인가. 가마안에서 굽고 건조할 때 조각마다 수축률이 조금씩 달라 뒤틀림 현상이 발생했다는 얘기다. 도기나 도자기의 경우라면 전체적으로 줄어들기 때문에 괜찮다. 그러나 받침대의 경우 7개 조각으로 잘라 구웠기에 문제가 생긴 것이다.

발견 당시의 사진을 보면 뒷면 왼쪽 부분에 뒤틀림 현상이 확연하다. 당시 백제의 장인들은 '아차!' 했을 것 같다.

그렇게 엄청난 규모의 역작, 즉 불상 받침대를 천신만고 끝에 만들었는데, 마지막 관문을 통과하지 못하고 망쳐버린 것이다.

장인들은 눈물을 머금고 이 불상받침대와 가마를 통째로 폐기했을 것이다.

특별전에는 백제 영역 각지에서 출토된 다양한 소조상(흙으로 빚은 형상)이 출품됐다. 그 중에는 얼굴만, 손가락만, 손만, 발만, 발가락만, 다리만, 귀만, 머리카락만, 눈만 남아있는 작품들도 많았다.

완벽함을 추구하는 백제 장인들로서는 한치의 흠결도 그냥 넘길 수 없었을 것이다.

그렇다면 실패한 불상대좌는 어느 사찰이 주문한 것일까. 3.5~5.5㎝에 이르는 나발(부처의 머리카락) 조각이 발견된 부여 금강사터를 주목하는 연구자(양은경 교수)가 있다. 흙으로 만든 머리카락 조각이 그 정도 크기라면 받침대를 합해 250㎝ 안팎의 불좌상(앉은 자세의 불상)이 사찰에 봉안되어 있었을 가능성이 크다는 것이다.

백제 장인들과의 대화

비록 실패로 끝났지만 이 불상 받침대의 제작자는 당대 백제 최고의 장인이었음에 틀림없다.

그 웅장한 규모나 독특한 제작방식(분할 결합 방식) 등은 아무나 시도할 수 있는 기술이 아니었기 때문이다.

비슷한 시기(634) 신라 선덕여왕(재위 632~647)의 초청에 응해 황룡사 9층 목탑을 세운 백제의 명장 아비지가 떠오른다.

파편으로 출토되었지만 그것들을 이어보면 훌륭한 백제 장인의 솜씨가 보인다. 당대 백제인의 생생한 얼굴이 현현한다.

그렇게 실패를 두려워하지 않는 그들의 도전정신은 훗날 미륵사와 미륵사 탑이라는 엄청난 규모의 대가람 창건으로 빛을 발했다.

그뿐인가. 백제 멸망 후 일본 열도로 이주한 백제 장인들의 손에 의해 소조 상 제작기법이 일본열도로 널리 전파되었다.

2022년 특별전에서는 3D스캐닝 모델을 이용한 '디지털 가시화' 기술로 1500년 전 백제 장인들의 호흡을 느낄 수 있었다.

김지호 국립부여박물관 학예연구사는 "특히 본의리 불상받침대의 경우 '연꽃무늬 점토판을 붙이고, 날카로운 도구로 새긴 흔적'과 '나무로 두드리고, 글자를 새긴 자취' 등을 가늠해볼 수 있다"고 밝혔다. 이 중에는 '손가락으로 누른 자국과 손잡이를 붙이고, 점토 표면을 매끄럽게 다듬은 흔적' 등도 볼 수 있다. 이것이야말로 1,500년 전 백제 장인과 나누는 대화가 아닐까.

불상에 찍힌 백제 장인의 지문은?

이중 시선이 유독 꽂히는 전시품이 있었으니 그것은 정림사지에서 출토된 소조상 조각에 찍힌 백제 장인의 '지문'이다.

필자는 대번에 7세기말~8세기초 신라 고분인 경주 용강동 출토 토제마(흙으로 빚은 말인형)에 찍힌 지문을 떠올렸다. 당시(1986년) 모 언론사가 치안본부 감식과 경찰관을 발굴현장에 대동해 지문 감식을 의뢰하는 등 소동을 벌였다.

어쨌든 감식결과 한국인에게 가장 흔한 '와상문(소용돌이 형상)'이라는 점을 밝혀냈다. 다만 지문의 융선이 많이 끊겨 있는 점 등으로 미뤄보아 예술가들에게 많이 나타나는 지문이며, 따라서 남자 도공(陶工)의 것으로 추정했다.

그렇다면 백제 소조상에서 선명하게 보이는 이 지문은 백제 도공의 것이 아닐까. 그렇다면 1,200~1,300년전 신라와 백제 도공의 지문 사이에는 어떤 공통점과 차이점이 있을까. 지문감식을 해보면 어떨까. 그 또한 흥미로운 연구가 되지 않을까.

<참고자료>
양은경, '청양 본의리 가마 출토 대좌-언제 어떻게 왜 만들었나'(청양지역 백제와전문화와 그 의의 학술대회 발표집), 청양군, 2022. 8)
박영복, '청양 도제 불대좌 조사보고', <미술자료> 제49호, 국립중앙박물관, 1992.6
최성은, '백제 소조상 제작기술의 대외전파-신라 및 일본 하쿠호(白鳳) 소조상과 관련하여'(<백제기술-흙에 담다> 특별전 도록), 국립부여박물관, 2022

백제 8가지 무늬 전돌 중
최초·최고의 산수인물화 있다

아니 금관이나 반가사유상이 아니었던가. 예전에 1960~2019년 사이 해외 전시를 다녀온 한국문화재유산 순위를 집계한 자료를 국가유산청과 국립중앙박물관에게서 받았는데 뜻밖의 결과가 나왔다.

금관(국보 87호 금관총 출토·5회·1895일)은 8위, 금동반가사유상(국보 83호·7회 2255일)은 3위에 머무른 대신 '부여 외리 문양전'(보물 343호·22회·6408일)이 압도적인 1위를 달리고 있었기 때문이었다. 2위인 '도기 기마인물형 명기'(국보 91호·8회·2650일)와 비교하면 회수로는 3배 가까이, 일수로는 2.4배나 많다. 59년 동안 22회였으니 사람으로 치면 그야말로 뻔질나게 '기내식'을 먹은 셈이다.

백제 예술의 대표선수

필자는 물론 이 외리 문양전의 문화유산적 가치는 지극히 높다고 지적했지만 '영혼이 별로 없는 리액션'이었음을 실토한다. 즉 외리 문양전이 8점이나 되고, 특히 '산수문전'(8회·2116일)과 '귀신문전'(8회·2738일)의 경우 비슷한 문양이 2점씩 있으니 해외 나들이에도 부담이 적었을 것이라고 보았다. 게다가 전돌은 금은 세공품과 같은 정밀한 유물이 아니기 때문에 훼손 가능성도 그만큼 적다는 것에 착안했다.

덕분에 해외 전시 때마다 '백제의 대표선수'로 단골 출품될 수 있었던 것으로 분석했다. 1993년 백제 금동대향로(국보 287호)가 출토되었으니 앞으로 백제 문화의 에이스 유물은 얼마든지 바뀔 수 있다고 보았다.

한마디로 금동대향로 같은 엄청난 유물이 나왔으니 이제 '문양전'은 에이스 자리에서 물러나야 한다는 것이 솔직한 생각이었다. 하지만 이는 '부여 외리 문양전'을 필자가 시쳇말로 '띄엄띄엄' 본 것이었다. 각종 자료를 공부해보니 이 '문양전'이 금동대향로와 함께 백제 예술의 '투톱'으로 꼽을 수 있다는 것을 알게 됐다.

우선 '부여 외리 문양전 일괄'이라는 문화유산 명칭이 너무 어렵다. 부여 외리에서 출토된 '무늬가 새겨진 전돌 세트(묶음)'라 하면 어떤가. '무늬가 새겨진 전돌 세트' 가운데 국내 최초·최고의 산수 인물화가 존재하고 있다는 사실이 이 유물의 가치를 한껏 높이고 있다.

열 지어 바닥에 깔린 무늬 전돌

1937년 3월 9일 충남 부여 규암면 외리에 사는 농부가 보리밭에서 나무뿌리를 캐다가 무늬가 새겨진 사각형의 전돌과 와당을 다수 발견했다. 농부의 신고를 받은 조선총독부 고적 조사 사무촉탁인 아리미쓰 교이치(有光敎一)가

1937년 충남 부여 규암면 외리에서 발견된 '문양전(무늬 전돌)' 중 산수 인물화의 시원으로 꼽히는 '산수 무늬 전돌'. 하단에 물, 중앙에는 산과 나무, 그리고 윗부분에는 하늘을 그렸고, 오른쪽 하단부에 스님인지, 도인인지 모를 신비의 인물이 암자로 보이는 팔작기와 건물을 향해 걷고 있다.

국립부여박물관 제공

<반출횟수별 순위>(1960~2019)

순위	지정 유형	문화재 명칭	횟수	반출일수
1	보물 343호	부여 외리 문양전(귀신문전, 산수문전, 봉황문전, 연화문전, 구룡문전, 반룡문전)	22	6408
2	국보 91호	도기 기마인물형 명기	8	2650
3	국보 83호	금동 미륵보살 반가사유상	7	2255
4	국보 325호	칠곡 송림사 오층전탑 사리장엄구	7	1128
5	보물 527호	김홍도 필 풍속화첩	6	2086
6	보물 1475호	안압지 출토 금동판불상	6	706
7	보물 1486호	이광사 초상	5	2540
8	국보 87호	금관총 금관 및 금제관식	5	1895
9	보물 329호	부여 군수리 석조여래좌상	5	1749
10	국보 183호	구미 선산읍 금동보살입상	5	1100
11	국보 175호	백자상감 연화당초문 대접	5	1092
12	보물 635호	경주 계림로 보검	5	615
13	보물 366호	감은사지 서삼층석탑 사리장엄구	4	1743
14	국보 113호	청자철화 양류문 통형병	4	1699
15	국보 116호	청자상감 모란문 표주박모양 주전자	4	1672
16	국보 166호	백자 철화매죽문 항아리	4	1661

(국립중앙박물관·문화재청 자료)

외리 출토 무늬 전돌의 도상을 보면 연화·와운·반룡·봉황무늬는 원형, 봉황산수·산수인물·연대귀형·산수귀형은 사각형 구도를 취하고 있다. 이를 두고 '하늘은 둥글고 땅은 네모지다'는 '천원지방(天圓地方)'의 고대 동아시아 우주관을 반영한 것이라는 연구 결과가 나왔다.   이내옥의 논문에서

8개 문양은 잘 보면 서로 이어지도록 제작되어 있다. 사각형 형태의 전돌들과 원 형태의 전돌들끼리 어울린다.
KBS '천상의 컬렉션' 캡처

1937년 3월 9일 농부가 나무뿌리를 캐다가 발견한 당시의 '무늬 전돌 세트'. 남북 방향으로 길이 9m나 열 지어 놓여있었다. 무늬가 새겨진 면이 하늘 위를 향했지만, 일정한 질서나 규칙적인 배열은 보이지 않았고 위아래가 뒤바뀌어 있기도 했다.
아리미쓰 교이치의 발굴보고서에서

현장에 파견됐다. 아리미쓰는 4월 18일에서 5월 3일까지 보름간 150평을 긴급 발굴했다.

하지만 발굴 기간이 짧았던데다 엄청난 양의 비가 내리는 등 악천후가 겹쳤고, 유적의 파손이 심한 상태여서 제대로 된 조사는 이뤄지지 않았다. 그럼에도 무늬 전돌은 완형만 42점(조각까지 포함하면 150여 점)이나 확인됐다. 전돌 세트는 나지막한 대지와 보리밭 사이의 얕은 땅 밑에서 남북 방향으로 9m 정도 열 지어 있었다. 그렇게 발견한 무늬 전돌 완형 42점 가운데 상태가 좋은 8점을 1963년 보물로 일괄 지정했다.

8점 8색의 무늬

발견된 무늬 전돌은 모두 8종류로 구성되어 있다. 산수인물·산수봉황·산수귀형·연대귀형·반룡·봉황·와운·연화 무늬 등이다. '산수인물'은 상단에 상서로운 구름 아래로 3개의 봉우리로 이루어진 산이, 하단에는 물이 있고 한 인물이 걸어가고 있다. '산수봉황'은 구름과 봉황이 있는 전돌이다. 상단에 삼산형 봉우리가 솟아있고, 하단에는 산수풍경을 새겼다. '산수귀형'은 산수를 배경으로 상단에 물결 무늬의 구름위에 둥근 바위를 딛고 서 있는 도깨비 무늬이다. '연대귀형'은 연꽃 모양으로 만든 대좌 위에 도깨비가 서 있다. '반룡'은 구슬을 꿰어서 이은 타원형의 띠 안에 S자 모양의 용(승천하지 않은 반룡)이 새겨져 있다. '봉황'은 원안에 우아한 자태의 봉황 한 마리를 배치했다. '와운'은 연꽃 무늬의 작은 원심을 만들고, 이를 중심으로 8개의 와운문이 원을 이루고 있다. '연화'는 구슬을 이은 타원형에 연봉무늬가 있고, 원 중심의 씨방이 크며 이를 중심으로 10개의 꽃잎이 있다. 꽃잎마다 덩굴무늬를 새겨놓았다.

동아시아 최초의 산수 인물화

이중 산수 무늬 전돌은 중국을 포함해서 7세기 당시 세계에서 가장 발달된 산수화, 그것도 인물을 곁들인 산수화라는 평가를 받고 있다. 무늬 전돌 세트 중에서도 백미라 할 수 있다.

이 전돌을 보면 하단에 물, 중앙에는 산과 나무, 그리고 윗부분에는 하늘을 그렸다. 하늘(천)과 땅(천)을 표현한 것인데, 결정적으로 인물이 보인다. 즉 오른쪽 하단부에 스님인지, 도인인지 모를 신비의 인물이 암자로 보이는 팔작기와 건물을 향해 걷고 있다. 안휘준 서울대 명예교수는 "이 그림에 천, 지, 인이 다 들어가 있는 셈이며, 산수에 인물이 곁들여진 산수 인물화"라고 평가한다.

물론 5세기 중기 고구려 벽화인 무용총(중국 지안·集安)에서도 얼룩무늬 모양의 물결치는 산세가 표현되어 있다. 그러나 그 산은 말을 탄 사냥꾼보다 크기가 작다. 또 화면에 뿌리 없이 떠 있다. 무용총 벽화의 주제는 사냥이지 산수화가 아니다. 7세기대의 고구려 벽화인 강서중묘(평남)에서는 그래도 발전된 의미의 산세가 보인다. 하지만 그 벽화에서도 역시 산수가 주제는 아니다.

반면 백제에서는 산수 그 자체가 주제인 유물이 보인다. 예컨대 국립부여박물관 소장 '납석불보살병입상'의 뒷면에 새겨진 산악도를 보면 부정형의 부드러운 산세가 위로 중첩되면서 요동치듯 면을 가득 채운다. 19개 산봉우리가 좌우로 연결되고 매우 율동적이다. 산세가 표현하는 선들이 마치 춤추듯 살아 움직이고 있다. 산이 주제로 등장한 것이다.

이러한 백제인의 미감은 바로 외리 출토 '무늬 전돌'과 1993년 발견된 '백제금동대향로'에서 꽃을 피운다. 이중 산수인물무늬 전돌은 면 전체가 기암괴석과 중첩된 산들로 가득 차있다. 거기에 인물과 팔작기와 누각이 부수적으로 등장한다. 하늘에는 유려한 선묘의 구름이 흘러간다. 후대 산수화가 갖춰야 할 요소가 모두 들어있다. 이 백제의 산수인물화를 두고 '산수화의 탄생'이라 하는 이유가 바로 이것이다.

백제인의 뛰어난 디자인 감각

그렇다면 당대 중국은 어땠을까. 이내옥 전 부여박물관장의 논문 '백제 문양전 연구'(<미술자료> 72권 73호, 국립중앙박물관, 2005)에 따르면 산수화는 중국 육조시대(남북조 시대 중 남조 6개 나라를 지칭·229~589)에 탄생했다. 그러나 초기의 산수화는 미숙함이 역력할 뿐 아니라 육조시대의 작품으로 전하는 것이 거의 없어서 그 면모를 알기 어렵다.

또한 중국에서 산수화가 발생할 때 물(水)을 표현하는 것이 가장 어려운 문제였다고 한다. 이와 관련 이내옥 전 관장은 "외리 출토 '문양전(무늬벽돌)' 중 귀형문전의 배경으로 등장하는 물은 부드럽고 자연스럽게 흘러 내린다."면서 "이는 상당한 수준의 산수 표현"이라고 설명한다. 이내옥 전 관장은 "결국 산수가 화면의 주제로 등장하느냐가 산수화 탄생의 관건"이라면서 "백제의 경우 주제는 물론이고 완벽에 가까운 구도와 경물 배치 등 산수화로서 하나의 장르를 형성하기에 부족함이 없다."고 밝힌다. 중국 육조시대에 탄생한 고대 산수화가 백제에서 화려한 꽃을 피웠다는 것이다.

5세기 중반에 그려진 것으로 추정되는 무용총 벽화(위 사진)에 얼룩무늬 모양의 물결치는 듯한 산세가 표현됐다. 그러나 산세가 인물보다 작고 무엇보다 둥둥 떠 있는 느낌이다. 7세기 초의 강서중묘(밑 사진)에 표현된 산세는 그나마 안정되어 있다. 그러나 이 산세 역시 고분 벽화의 주제가 아니라 배경이나 부가물로 표현돼있다.　　이내옥의 논문에서

　김성구 전 국립경주박물관장은 "산수무늬 벽돌의 경우 좌우대칭의 안정적인 구도를 갖췄고 백제 특유의 원근법이 나타나 백제 회화의 단면을 이해할 수 있다."고 밝힌다.

　안휘준 교수는 "5세기 고구려 무용총의 수렵도에서 구현된 산수화의 초보적 전통이 1세기 반 뒤에 이르러 백제에서 장족의 발전을 했다."면서 "이런 산수 표현은 중국 육조시대에도 볼 수 없다."고 극찬했다. 안 교수는 "가운데 토산들은 곡선적인 삼산형(三山形)을 이루며 도식화한 특징을 보이는데 이것

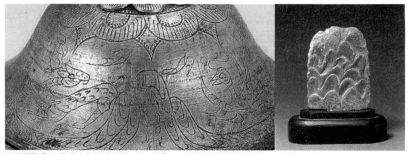

무령왕릉 출토 은제탁잔 뚜껑(왼쪽)과 부여 출토 납석불보살병입상(왼쪽 사진)에 표현된 산수. 특히 '납석불보살병입상'의 뒷면에 새겨진 산악도는 부정형의 부드러운 산세가 위로 중첩되면서 요동치듯 면을 가득 채운다. 19개 산봉우리가 좌우로 연결되고 매우 율동적이다. 산이 주제로 등장했다.　이내옥의 논문에서

은 순수미술을 단순화·도식화한 디자인의 모습"이라면서 "백제인의 빼어난 디자인 감각을 보여주는 작품"이라고 밝혔다.

조원교 전 국립중앙박물관 학예연구관은 "문양전'에는 상상 속의 해중신산(삼신산)을 이상세계로 여기는 믿음이 녹아 있다."면서 "이러한 삼신산 그림의 원류는 백제금동 향로와 무령왕릉 출토 은제 탁잔은 물론 조선시대 도자기에까지 구현되어 있다."고 전한다.

백제금동대향로와 동일인의 작품?

특기할만한 것은 이 외리 출토 '무늬 전돌 세트'가 1993년 발견된 백제금동대향로와 놀라울 정도로 흡사하다는 점이다. 외리 출토 '산수인물무늬 전돌'은 삼산형의 산으로 표현했는데, 이것은 금동대향로의 몸체와 같고, 그 분위기는 향로의 뚜껑 그림과 유사하다. 또 봉황무늬도 향로의 꼭대기에 우뚝 서있는 봉황과 흡사하다. 앞가슴을 내밀고 당당한 포즈를 취하고 있는 것이 그렇다. 백제금동대향로의 대좌 부분의 용 받침 문양은 외리 출토 전돌 중 '반룡 무늬 전돌'의 평면 구도와 거의 일치하고 있다. 때문에 외리 출토 무늬

외리 출토 무늬 전돌의 도상을 보면 연화·와운·반룡·봉황무늬는 원형, 봉황산수·산수인물·연대귀형·산수귀형은 사각형 구도를 취하고 있다. 이를 두고 '하늘은 둥글고 땅은 네모지다'는 '천원지방(天圓地方)'의 고대 동아시아 우주관을 반영한 것이라는 연구결과가 나왔다. 이내옥의 논문에서

1993년 발견된 백제금동대향로의 산봉우리(왼쪽 사진)와 외리 출토 무늬전돌 중 '산수인물무늬 전돌'. 산세가 중첩되어 가득 차 있다. 산수가 주제인 전형적인 산수화의 면모를 보여준다. 국립부여박물관 제공

전돌 세트를 만든 장인과 금동대향로를 제작한 이가 혹시 동일 인물이 아니냐는 추정도 나왔다.

무늬 전돌의 제작 시기는 7세기 초로 추정된다. 그 시대 중국은 수나라 (581~618)가 남북조를 통일했지만, 독창적 예술을 성립시키기에는 너무 짧은 기간 존속했다. 그 뒤를 이은 당나라(618~907) 역시 제 문화를 이룩하기에는 시간이 부족했다. 반면 백제는 중국 남조(육조)와의 교류를 통해 문물을 끊임없이 수혈하면서 강하고 독자적인 문화의 전통을 만들어갔다. 어찌보면 백제가 중국 육조시대부터 시작된 문화의 결실을 따먹은 것일 수 있다. '외리 출

외리에서 출토된 '무늬 전돌' 중 연화 와운 무늬와 연화무늬 전돌과 같은 조각편이 다른 두 곳에서 확인됐다. 부여 쌍북리의 가마터에서는 연화와운무늬 조각 2점이, 왕흥사지에서 연화무늬 조각 1점이 나왔다. 백제시대 쌍북리 가마터에서 제작된 무늬전돌이 백제시대 국찰인 왕흥사를 치장하는데 사용됐다가 백제멸망으로 왕흥사가 폐기된 뒤 외리로 옮겨져 다른 건축물에 재활용된 것으로 보인다.　　　　　　국립부여박물관 소장

토 무늬 벽돌 세트'와 '금동대향로'가 그 결실이며, 미륵사탑과 정림사탑, 서산마애삼존불 등에서도 구현됐다고 할 수 있다.

국찰인 왕흥사를 치장한 인테리어?

그렇다면 백제 예술의 정수라 할 수 있는 '무늬 전돌 세트'는 어디서 제작되어 규암면 외리 유적에 묻히게 되었을까. 이와 관련해서 중요한 시사점이 있다. 즉 1982년 부여 쌍북리의 백제 가마터에서 외리에서 출토된 무늬 전돌 중 '와운무늬' 전돌과 같은 조각이 확인됐다. 또 1938년 6세기 말~7세기 초 국가 사찰이던 왕흥사에서 출토된 연화무늬 전돌편(국립부여박물관 소장)이 실은 외리에서 나온 '연화무늬 전돌'과 같은 것이라는 연구 결과(홍사준의 '백제 왕흥사지 반출유물', <고고미술> 92, 한국미술사학회, 1968년)도 발표됐다.

낙화암과 백마강 맞은편에 있는 왕흥사는 557년(위덕왕 24) 짓기 시작했고 634년(무왕 35) 완성된 국가 사찰이었다. "634년 2월 왕흥사가 완성됐는데, 채식이 화려하고 장엄했다. 임금이 매번 배를 타고 절에 들어가 향을 피웠다."(<삼국사기> '백제본기·무왕조')는 기록이 있다. 연구자는 조선시대 말부터 어느 순간에 왕흥사 터에 존재한 유물들이 대거 반출되었고, 이때 왕흥사를 장식했던 무늬 전돌들도 외리 등지로 뿔뿔이 흩어졌을 가능성을 제기했다.

백제문화의 절정기를 이끈 무왕이 '화려하고 장엄하게 꾸몄고 수시로 행차했던 사찰'이었다면 당시 백제 기와 예술의 최고봉인 무늬 전돌로 치장했을 가능성이 짙다. 그렇다면 이 무늬 전돌 세트는 백제 왕실의 지시를 받아 부여 쌍북리 가마터에서 제작되어 왕흥사 치장에 사용됐던 것으로 추정된다. 또한 외리에서 바닥에 열 지어 깔린 채 발견된 무늬 전돌 세트가 실제로는 벽을 장식한 인테리어였을 가능성이 제기된다. 즉 전돌들의 각 변 길이가 29㎝ 안팎인데 두께는 약 4㎝ 정도로 얇은 편이다. 또 각 전돌의 네 귀 측면에 홈이 파여 있다. 이웃하는 전돌과 서로 연결하여 고정하도록 제작됐다. 따라서 바닥재라기보다는 건물의 벽단에 사용된 장식재라는 추정이 유력하다.

절정의 예술품은 말기적 증상인가

'무늬전돌'을 공부하면서 새삼 느낀 점이 있다. 무늬전돌은 물론이고, 서산 마애삼존불과 금동대향로, 미륵사탑, 정림사탑 등 백제 예술의 정수라고 하는 작품들이 모두 멸망하기 직전에 만들어졌다는 것이다.

뭐 글 중간에 언급했듯이 웅진 백제(475~538) 이후 끊임없이 중국 육조의 문물을 수혈하면서 나름대로 구축한 독자 문화의 역량이 막판에 한꺼번에 분출된 것일 수 있다. 하지만 이런 생각도 든다.

백제의 창업주 온조왕(재위 기원전 18~기원후 28)이 하남위례성을 쌓으면서

사진은 무왕이 배를 타고 왕흥사에 들렀을 때의 상상도. 낙화암과 백마강 맞은편에 있는 왕흥사는 국가 사찰이었다. "색깔과 장식이 화려하고 장엄했으며, 무왕이 매번 배를 타고 절에 들어가 향을 피웠다."(<삼국사기> '백제본기·무왕조')는 기록이 있다. 백제 멸망 후 어느 순간 왕흥사 터에 존재한 유물들이 대거 반출되었고, 이때 절을 장식했던 무늬 전돌들도 외리 등지로 뿔뿔이 흩어졌을 가능성이 있다.

국립부여문화유산연구소 제공

유명한 한마디를 남긴다. "온조왕 15년(기원전 4년) '검소하지만 누추하지 않게, 화려하지만 사치스럽지 않게(검이불루 화이불치·儉而不陋 華而不侈)' 궁실을 지었다."는 것이었다. 그러나 475년(개로왕 21년) 고구려의 간첩 도림의 꾐에 빠진 개로왕(재위455~475)은 사치스러운 궁실을 짓고 웅장한 무덤을 조성하는 등 대대적인 토목공사를 일으켰다. 창업주의 유훈인 '검이불루 화이불치' 정신을 까맣게 잊고 국고를 탕진하고 백성들을 도탄에 빠뜨려 쇠잔의 길

6~7세기 사비백제 시대는 백제 예술의 절정기였다. '무늬전돌 세트'를 비롯해 금동대향로와 정림사지오층석탑, 그리고 백제의 미소로 통하는 서산마애미륵삼존불, 미륵사탑 등이 모두 이때 제작됐다.

로 접어들었다. 겨우 두 번의 천도를 겪고 나라를 추슬렀지만, 이번에도 475년의 전철을 밟은 것이 아닌가.

절정의 예술 뒷면에 멸망의 그림자가 드리워지고 있다는 사실을 깨닫지 못한 채 사치 향락에 젖어든 결과가 아니었을까. 하기야 신라 역시 그랬다. 망하기 100여 년 전인 834년(흥덕왕 9년) "백성들이 앞다퉈 사치와 호화를 즐기며 외제명품을 숭상한다."면서 유명한 사치금지 법령을 선포하기에 이른다. 그러나 880년(헌강왕 6) 헌강왕(재위 875~886)은 월상루에 올라 "지금 민간에서는 기와로 지붕을 덮고 숯으로 밥을 짓고 나무를 쓰지 않는다고 하는데 사실이냐."면서 신하들과 '깔깔' 거리며 웃고 떠들었다. 그러나 안으로 곪고 있던 신라는 7년 뒤인 진성여왕(재위887~897) 때부터 급전직하했고, 50년도 되지 않아 멸망하고 말았다.

그러나 다른 생각도 든다. 끝까지 '검이불루 화이불치'를 외쳤다면 과연 백제를 대표하는 예술품들을 창작해낼 수 있었을까. 돌이켜보면 그 시대 백성들을 피곤하게 만든 만리장성이나 진시황릉 같은 유적이 지금 와서는 후손들이 자랑하는 유산이 되고 있지 않은가. 그것이 역사의 아이러니가 아니겠는가.

<참고자료>

이내옥, '백제 문양전 연구', <미술자료> 72권 73호, 국립중앙박물관, 2005
안휘준, <청출어람의 한국미술>, 사회평론, 2010
김성구, <백제의 와전기술>, 주류성, 2004
홍사준, '백제 왕흥사지 반출유물', <고고미술> 92, 한국미술사학회, 1968년
조원교, '부여 외리출토 백제 문양전에 관한 연구", <미술자료> 제74호, 국립중앙박물관, 2008
문봉식, '부여 외리출토 문양전에 대한 일고', 한남대석사논문, 2008
박대남, '부여 규암면 외리출토 백제문양전 고찰', <신라사학보> 14권 14호, 신라사학회, 2008

용 문양 새긴 백제 명품 구두…
하늘길 신라 귀족도 신었다

지금까지 발견된 삼국시대 금동신발은 대략 56점(조각 포함)이다. 그중 국가지정문화유산(보물)으로 지정된 금동신발은 딱 2점인데, 그것이 전북 고창 봉덕리 1호분과 전남 나주 정촌고분에서 출토된 백제산 금동신발이다. 무령왕과 왕비의 무덤인 무령왕릉 출토품도 국보나 보물로 대접받지 못했는데, 어떻게 지방의 수장 무덤에서 발견된 금동신발이 보물로 지정되었을까.

전문가의 탄성을 자아낸 백제산 금동신발

2009년 9월 고창 봉덕리 고분을 조사하던 원광대 마한백제문화연구소는 구덩식 돌방무덤(수혈식석실묘) 1기에서 금동신발을 찾아냈다. 무덤의 조성연대는 450~475년 사이로 추정됐다. 신발의 사이즈는 324(좌)~327(우)㎜였다.

봉덕리 금동신발

정촌 금동신발

삼국시대 장례용 명품 구두인 금동신발은 지금까지 50여 점(조각 포함) 출토됐다. 그러나 그중 국가지정문화재가 된 것은 전북 고창 봉덕리 고분과 전남 나주 다시리 정촌고분에서 나온 금동신발 등 2켤레뿐이다.
국립나주문화유산연구소 제공

봉덕리 고분에서는 거의 완벽한 형태의 금동신발 1켤레가 나왔다. 출토된 금동신발 속에서는 작은 뼛조각과 직물 흔적이 확인됐다. 피장자의 버선발에 신겨서 안장한 장례용 신발이었다.　　　원광대 마한백제문화연구소 제공

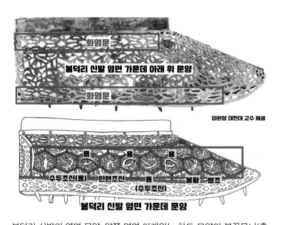

봉덕리 신발의 옆면 문양. 양쪽 옆면 아래위는 하트 모양의 불꽃무늬(혹은 인동무늬)를 표현했다. 가운데 조성한 육각형의 틀에 봉황·용·인면조(사람 얼굴의 새)·쌍조·길상조 등을 역동적·입체적으로 표현했다.
원광대 마한백제문화연구소·이한상 대전대 교수 제공

오른쪽 신발 내부에서 직물과 함께 극히 일부지만 주인공의 뼈가 확인됐다. 피장자의 버선발에 금동신발을 신겨서 안장한 것인데 장례용이었던 셈이다.

금동신발은 바닥 판과 양옆 판, 그리고 2㎝ 가량의 목깃을 포함해서 4장의 금속판을 접어 못으로 고정해서 제작했다.

양옆 판과 바닥 판에는 다양한 문양을 배치했는데, 양쪽 옆면 아래위는 하트 모양의 불꽃무늬(혹은 인동무늬)를 표현했으며, 가운데 조성한 육각형의 틀에 봉황·용·인면조(사람 얼굴의 새)·쌍조·길상조 등을 역동적·입체적으로 표현했다. 육각형 밖에는 상서로운 짐승을 배치했다. 구획 내부의 빈 공간에는

직경 2~4㎜ 내외의 사
람 얼굴을 원형으로
표현했다.

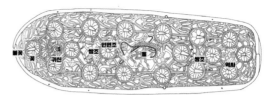

붉덕리 신발의 바닥판 문양

바닥 판을 보면 바깥
쪽에 불꽃무늬를 두고
앞코부터 귀신 얼굴-
쌍조-용(가운데)-쌍조-
역사상의 순으로 배치
했다. 특히 바닥 판의
용무늬는 곧게 선 뿔
에 날카로운 눈, 화염
을 뿜는 듯 벌린 입과

바닥판의 용문양

바닥 판은 바깥쪽에 불꽃무늬를 두고 앞코부터 귀신 얼굴-쌍조-용(가운
데)-쌍조-역사상의 순으로 배치했다. 바닥 판의 용무늬는 곧게 선 뿔에
날카로운 눈, 화염을 뿜는 듯 벌린 입과 역동적인 몸체, 내부 비늘까지도
섬세하면서 입체감 있게 표현했다.

역동적인 몸체, 내부 비늘까지도 섬세하면서 입체감 있게 표현했다. 스파이
크는 직경 2.0㎜ 내외의 꽃잎(6엽) 중앙에 원추형 형태로 배치했다. 바닥 판
곳곳에도 역시 원형의 사람 얼굴 문양을 익살스럽게 표현했는데, 꼭 숨은그
림찾기 같았다.

40대 여성 지도자를 위한 명품 구두?

그것이 다가 아니었다. 영산강 유역인 전남 나주평야에 자리 잡은 고분군
이 있는데, 유명한 복암리 고분군이다.

3세기~7세기까지의 무덤이 모인 '아파트형 고분'이라 해도 과언이 아니다.
1996년 복암리 3호분에서 대형 옹관묘가 26기 출토되고 금동신발 등 최상급
유구와 유물이 쏟아졌다.

이 복암리 고분군에서 600m 떨어진 잠애산 구릉(해발 114m)에 또 하나의

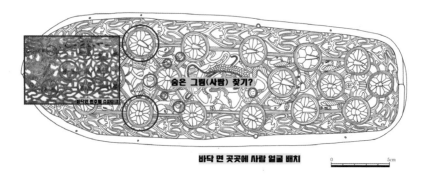

바닥 면 곳곳에 사람 얼굴 배치

봉덕리 신발의 스파이크는 직경 2.0㎜ 내외의 꽃잎(6엽) 중앙에 원추형 형태로 배치했다. 바닥 판 곳곳에도 역시 원형의 사람 얼굴 문양을 익살스럽게 표현했다. 꼭 숨은그림찾기 같다.　　　　원광대 마한백제문화연구소 제공

고분이 있는데, 그것이 복암리 3호분을 감시하듯 한눈에 내려다보고 있는 정촌고분이다. 두 고분(복암리와 정촌)의 선후와 주인공의 위상 등이 관심거리였다.

2013년부터 국립나주문화유산연구소가 바로 정촌고분을 조사하기 시작한다. 1년 뒤인 2014년 심상치 않은 발굴성과를 얻어냈다. 정촌고분에는 총 14기의 무덤이 차례차례 조성됐는데, 그중 너비 355㎝, 길이 48㎝, 높이 296㎝ 규모의 널방(주검이 안치된 방)을 갖춘 굴식돌방무덤(횡혈식석실분·1호 석실)이 이목을 끌었다.

이 무덤은 현재까지 영산강 유역권에서 확인된 굴식돌방무덤 가운데 최대 규모다. 이 무덤 피장자가 당대(450~525년) 복암리 3호분의 주인공까지 거느리고 있었다는 방증이 되는 것이다.

발굴 결과 정촌고분의 굴식돌방무덤(1호 석실)에는 3기의 목관이 차례로 안치됐는데, 그중 2개체의 인골이 확인됐다.

그 가운데 머리뼈와 턱뼈만 확인된 한 개체의 인골 연대가 5세기로 측정되

전남 나주평야에 자리 잡은 복암리 고분을 내려다보고 있는 형국인 정촌고분. 발굴 결과 영산강 유역권에서는 가장 규모가 큰 굴식돌방에서 3기의 목관이 확인됐고, 그중 2개체의 인골이 확인됐다.

국립나주문화유산연구소 제공

었다. 또 이 인골이 신은 것으로 보이는 금동신발 속에서 발목뼈 조각 1개와 다량의 파리 번데기 껍질이 확인되었다. 이 번데기 껍질에서 추출한 콜라겐으로 연대를 측정해보니 '400~420년' 사이였다. 무덤에서 출토된 토기와 마구류(말갖춤새) 등의 연대는 450~475년으로 추정되었다.

인골(5세기)과 파리 번데기(400~420), 토기 및 마구류(450~475) 등의 연대를 비교 분석하면 늦어도 '475년 전후'로 조성된 고분(1호분)으로 추론할 수 있다는 것이다. 무엇보다 금동신발 속에서 1550년 전 발견된 파리 번데기 껍질이라니 참 신기할 뿐이다.

정촌고분의 또 하나 특징은 1차와 3차 목관의 주인공들인 두 인골이 모두 여성으로 추정된다는 것이다.

2017년 가톨릭대 산학협력단이 두 인골의 3차원 계측 결과를 한국인의 성별 판별 공식에 대입해본 결과 둘 다 여성으로 추정되었다. 두 인골의 치아 상태로 측정한 나이는 45~47살 정도였다. 그렇다면 5세기 후반~6세기 초 영산강 유역의 너른 들판을 호령한 수장이 '40대 여성'이라는 얘기가 되는 걸까.

정촌고분에서 금동신발을 신은 무덤 주인공(목관3)은 40대 중반의 여성으로 추정됐다. 그렇다면 무덤 피장자가 당대(450~525년) 복암리 3호분의 주인공까지 거느리고 있었다는 방증이 된다.   국립나주문화유산연구소 제공

승천하는 S자 용

정촌고분의 또 다른 특징은 고창 봉덕리 출토품에 비견할만한 명품 구두, 즉 금동신발(왼쪽 311㎜, 오른쪽 318㎜)이 출토됐다는 것이다. 제작 방법을 보면, 구리판을 신발 틀에 맞추고 재단한 후 문양을 오려내고, 그 주변으로는 날카로운 도구(끌)로 상세하게 찍어 문양을 잘 드러나게 했다. 그렇게 만든 좌우 측판은 어떻게 접합했을까. 발등 쪽인 앞쪽에는 우측 판을 위로, 뒤꿈치 쪽은 좌측 판을 위로 덮어 3개의 리벳으로 고정했다. 쉽게 떨어지지 않게 서로 잡아준 것이다.

뛰어난 기술이다. 좌우 측판 하단에는 너비 0.4cm 정도 'ㄴ'자로 구부려서 투각(뚫거나 오린) 문양의 바닥 판을 안쪽에서 걸쳐 빠지지 않도록 했다. 마지막에 용머리가 표현된 긴 장식을 발등 중앙에 리벳으로 고정했다.

봉덕리와 정촌 금동신발에서 공통적으로 확인되는 문양은 용, 봉황, 인면조신(人面鳥身), 새, 괴수, 연화문 등이다. 그러나 디테일로 들어가면 다소간 차이를 발견할 수 있다.

가장 큰 차이점은 용 장식인데, 봉덕리 신발의 용 문양은 좌우 각각 29개로 총 58개이며, 이 중에는 날개 달린 용도 좌우 측판에 각각 4개씩 8개가 확인

파리 번데기 껍질 추출 콜라겐
연대측정=400~420년

현대 검정파리과 번데기 껍질

정촌 금동신발서 확인된 파리번데기 껍질

정촌 파리번데기 껍질

정촌고분에서 출토된 금동신발 속에 사람 발뼈 조각과 함께 파리 번데기 껍질이 다량 검출됐다. 껍질에서 추출한 콜라겐으로 연대 측정한 결과 400~420년으로 추정됐다. 국립나주문화유산연구소 제공

된다. 반면 정촌 신발의 용 문양은 모두 36개인데, 결정적으로 다른 것이 있다.

정촌 신발의 발등에 시그니처 문양으로 마치 하늘로 승천하는 듯한 S자형 용 장식이 보인다. 일신양두문(一身兩頭·몸이 하나이고

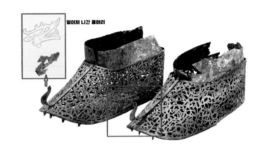

빠져져 나간 용머리

정촌 금동신발의 용머리

정촌 신발의 발등에 마치 하늘로 승천하는 듯한 S자형 용 장식이 시그니처 문양이다. 국립나주문화유산연구소 제공

머리가 두 개인 문양)도 확인된다. 반면 봉덕리 신발에서는 기(氣)를 표현한 것 같은 기하학과 원형 인물, 쌍조 등의 문양이 보인다. 또 다른 차이점은 봉덕리 신발은 왼쪽과 오른쪽 신발의 문양이 대칭을 이루지만(동일하지만), 정촌 신발은 좌우 신발이 약간 다르다. 둘 중 하나를 꼽으라면 어떨까.

연구자들은 '발등 끝 용 장식과 일신양두 문양' 등에서 보듯 문양의 다양성 면에서는 정촌신발을 꼽을 수도 있다면서도 제작 기술 등을 고려하면 봉덕

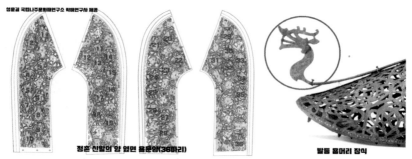

사진=국립나주문화재연구소 학예연구사 제공

정촌 신발의 양 옆면 용문양(36마리)

발등 용머리 장식

정촌 금동신발에는 발등의 용머리뿐 아니라 양쪽 신발의 옆면에 총 36마리의 용을 표현했다. 이를 두고 발등의 용이 무리를 이끌고, 무덤 주인공을 하늘로 인도하는, 백제인의 사후 세계관을 담은 것이라는 해석이 있다.

리 신발이 더 섬세하고 정교하다고 한다. 또한 기(氣)를 표현한 듯한 기하학 문양 등의 배치로 미루어보아 봉덕리 신발의 연대가 20~50년 정도 앞설 것으로 추정한다. 우열을 가리기가 힘들다는 것인데, 제작자의 취향일 수도 있고, 시대에 따라 달라진 유행의 결과일 수도 있다.

'신선되어 하늘로 나르샤'

정촌 신발에 특징적으로 표현된 '발등 끝 용머리 장식'은 어떤 의미를 담고 있을까.

국립나주문화유산연구소가 정촌고분의 보물 지정을 기념해서 발간한 도록(<신선되어 하늘 나르샤>)에 특별한 연구성과가 포함되었는데, 성윤길 연구원은 '정촌고분 출토 금동신발 문양에 대한 고찰'에서 "발등 끝 용머리 장식 등 용문양(36개)은 무덤 주인공이 신선이 되어 하늘로 승천하기를 바라는 백제인의 사후 세계관을 담은 것"이라고 풀이했다.

이것은 바닥 판에 큰 용이 좌우 29마리씩 58마리를 이끄는듯한 봉덕리 신발도 비슷한 모티브라는 것이다.

정촌과 봉덕리 고분에서 출토된 금동신발 속에서 뼛조각이 출토됐다. 피장자가 금동신발을 신고 있었다는 뜻이다. 그렇다면 신발의 발등은 당연히 하늘을 향한다. 광개토대왕 비문은 추모왕이 "하늘에서 내려준 황룡을 탔고 황룡의 머리를 밟고 승천했다."고 기록했다. 봉덕리 신발의 장인은 신발 바닥에 큼지막한 용을 표현했고, 정촌 신발의 제작자는 발등에 우두머리 용 한 마리를 세웠다. 죽은 자의 사후 세계를 하늘로 인도할 용을 표현한 것이다.
성윤길 국립나주문화유산연구소 학예연구사 제공

다른 예를 찾을 필요도 없다. 고구려 시조 동명성왕(추모왕·재위 기원전 37~기원전 19)이 황룡을 타고 승천했다는 광개토대왕 비문 기록이 있지 않은가. 그러니까 신발 이곳저곳에 용 문양을 새겨 무덤 주인공의 승천을 기원했다는 것이다. 특히 정촌 금동신발의 발등에는 주인공의 사후 세계를 인도할 용의 무리를 진두지휘하는 우두머리를 장식했다는 설명이다.

봉덕리나 정촌 신발 속에서 발견된 뼛조각이 중요한 시사점인데, 피장자가 금동신발을 신고 있었기 때문에 신발의 발등은 당연히 하늘을 향해있게 된다. 특히 봉덕리 신발보다 약간 늦게 제작된 정촌 신발의 장인은 발등에 우두머리 용 한 마리를 '화룡점정' 하듯 세워놓았다는 것이다.

또 중국 최초의 신선 설화집인 <열선전>은 "황제(黃帝·전설상 한족의 조상)가 죽은 뒤 산이 무너져 관이 드러났는데, 칼과 신발만 남았다."고 했다는데, 시체는 없고 칼과 신발만 남았다는 것은 승선, 혹은 승천의 역할이 끝났음을 의미한다는 것이다.

정촌고분에서도 금동신발과 함께 모자도(母子刀·큰 칼 옆에 작은 칼이 붙어있

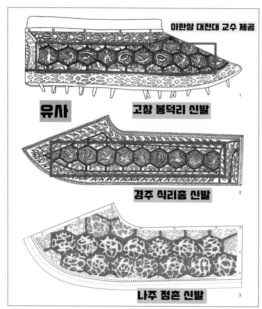

신라 귀족무덤인 경주 식리총에서 확인된 금동신발을 제작기법과 문양상 백제산이 틀림없다. 특히 봉덕리 금동신발과는 육각형 구획 안에 표현된 문양의 구성이 쌍둥이라 할 만큼 흡사하다. 백제산임에 틀림없다.
이한상 대전대 교수 제공

는 장식칼)가 출토되었다. 흥미로운 고고학적 상상력이다.

백제 명품 구두에 열광하다

금동신발의 제작자는 누구일까. 연구자들은 대체로 백제 중앙정부가 지방 세력의 지도자(봉덕리·정촌 고분 주인공)들에게 하사한 일종의 위세품이라고 해석한다. 주지하다시피 백제는 마한의 50여 개 소국을 통합해서 세운 나라이다.

태생부터 중앙집권보다는 지방분권을 지향한 왕국임을 알 수 있다. <광개토대왕 비문>에는 "396년 광개토대왕이 백제를 치고 58성, 700촌을 빼앗았다."는 기록이 나온다. 백제가 성(城)과 촌 단위로 조직되었음을 알려주는 단서다.

백제는 광개토대왕의 침략 이후 국세가 위축됐지만 나제동맹(433) 등으로 한숨을 돌리고, 한성백제 시대(기원전 18~기원후 475)에 구가했던 전성기의 문화를 어느 정도 이어가고 있었다. 바로 이 무렵 백제 중앙정부가 '위세품'을 사여하여 지방 세력의 이탈을 막는 한편 그들을 매개로 거점 지역을 간접 지배했다는 것이다.

한가지 흥미 있는 포인트는 봉덕리 금동신발의 경우 경주 식리총 출토품과 제작기법 및 문양이 매우 흡사하다는 것이다. 신발 양쪽의 판을 하나씩 제작해서 결합하는 제작기법은 완전히 백제식이다. 특히 육각형 구획 안에 괴수와 인면조 등 무늬의 구성도 비슷하다. 이한

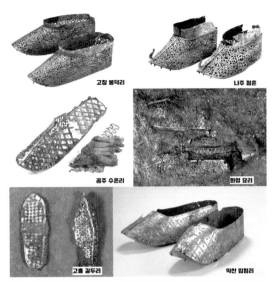

1,500년 전 백제 금동신발의 수준은 같은 시대 신라나 가야, 일본에서는 범접할 수 없었다. 한성백제 시기에 금속공예기술의 꽃을 피운 백제의 명품 신발에 열광했을 것 같다.　　　　　이한상 대전대 교수 제공

상 대전대 교수는 "백제가 신라에 보낸 선물이었거나, 신라 왕·귀족이 당대 명품인 백제산 금동신발을 구입했을 가능성이 있다."고 풀이했다. 식리총은 475~500년 사이에 조성된 무덤으로 추정된다.

당대 백제 금동신발(5세기 초반)의 수준도 같은 시대 신라나 가야, 일본에서는 범접할 수 없었다고 한다.

삼국 중에서 가장 먼저 전성기를 이룬 왕국이 백제였다는 사실을 감안한다면 한성백제 시기에 신라인들은 금속공예기술의 꽃을 피운 백제의 명품 신발에 열광했을 것이다.

그러나 이런 백제산 금동신발의 전통이 한성 함락과 웅진천도(475) 이후에는 점차 사라진다.

이후 지방 세력에 내려준 금동신발(나주 복암리 3호분·나주 신촌리 9호 을관) 등은 봉덕리 출토품과 사뭇 다른데, 화려하고 섬세한 제작기법 대신 점을 연속으로 찍어 선을 나타내는 '점선조 기법'으로 돌아간다.

고구려의 침입(475)과 웅진천도 이후 금속 기술이 단절됐기 때문이라는 게 연구자들의 분석이다.

백제는 고구려 침입과 개로왕의 전사, 그리고 웅진 천도라는 미증유의 위기에 봉착했고, 국력 또한 급전직하한다. 금속기술 역시 단절되었다가 40여 년이 지난 6세기 전반기에 겨우 회복되었던 것 같다. 523년에 조성된 무령왕릉에서 출토된 무령왕과 왕비의 금동신발이 그것인데, 그래도 이 두 짝의 금동신발은 봉덕리·정촌 출토품과는 다르다. 왕과 왕비가 신은 장례용 신발인데, 기법도, 문양도 정제되고 세련된 느낌은 들지 않는다는 것이다.

물론 이것은 제작기법과 문양 새김의 차이, 즉 유행이 바뀐 탓이라고 하겠지만, 5세기 중후반까지 화려한 꽃을 피운 백제 명품 신발의 전통이 사라졌다는 것은 안타까운 일이다.

〈참고자료〉
이문형, 유수화, '분석 및 조사보고문:고창 봉덕리1호분 출토 금동신발의 제작방법과 문양 -4호 석실 출토품을 중심으로', 〈마한백제문화〉 25권, 원광대 마한·백제문화연구소, 2015
이문형, '고창 봉덕리고분군 축조세력 연구', 공주대 박사논문, 2020
이한상, 〈장신구 사여체제로 본 백제의 지방지배〉, 서경문화사, 2009
원광대 마한·백제연구소, 〈고창 봉덕리 1호분 종합보고서〉(유적조사보고 제80집), 2016
권향아, '삼국시대 금속유물의 선조기법양상-축조기법을 중심으로', 〈문물연구〉 제4호, 동아시아문물연구 학술재단, 2000

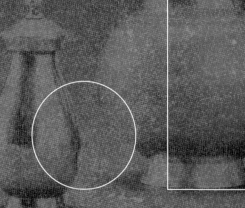

히스토리텔러
이기환 記者의

톺아본
백제사
순간들

백제 최후의 날,
독립투쟁과 멸망

익산 왕궁리 백제 화장실에서 맡는 인간의 냄새

"그냥 지하창고겠죠."

2003년 4월부터 익산 왕궁리유적을 발굴하던 국립부여문화유산연구소 조사단은 아주 큰 규모의 구덩이를 찾아냈다. 길이가 10.8m나 되고 폭 1.7~1.8m에, 잔존깊이가 3.1m나 되는 대형 지하구덩이었다.

구덩이에서 기와와 토기, 짚신, 나무자재와 나무막대를 비롯해 밤껍질이나 콩류, 참외씨 등이 나왔다. 무엇보다 수분이 가득 포함된 유기물이 두껍게 쌓여있었다. 이런 경우 과일이나 곡물, 물을 저장하는 지하창고로 판단하는 게 보통이었다. 조사단도 마찬가지였다. 도르래를 연결하여 유기물 흙을 파내기 시작했다. 그런데 좀 이상했다. 유기물에서 지독한 악취가 풍겼다.

지독한 악취의 정체는

"아무리 저장한 곡식과 과일 등이 썩었다고 해서 그렇게까지 냄새가 나지는 않거든요. 시궁창에서 나는 그런 악취였으니까요. 코를 쥐고 조사를 마쳤는데, 그때까지 알지 못했죠."(전용호 당시 국립부여문화유산연구소 학예사)

또 하나, 출토된 6개의 나무막대가 좀 이상했다. 조사단은 명문 목간이 아닐까 하고 면밀하게 살펴보았으나 글자의 흔적은 찾을 수 없었다. 윗부분을 좀 둥글게 만든 이 나무막대의 정체는 과연 무엇일까.

그해 12월, 유적의 발굴성과를 정리하는 자문위원회가 열렸다. 주의 깊게 조사단의 브리핑을 듣고 있던 이홍종 교수(고려대)가 한마디 던졌다.

"이거 화장실 유구
일 수도 있어요."

조사단이 전혀 생각
하지 못했던 해석이었
다. 그때까지 국내 유
적에서 화장실 유구를
발굴했다는 보고가 없
었기 때문이었다. 이교
수는 조사단에게 "유
기물 토양의 샘플을

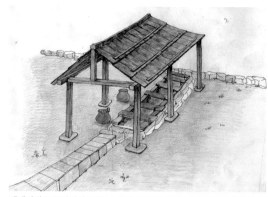

백제시대 공동화장실 복원도. 익산 왕궁리 유적 서북쪽 공방 근처에 있
었다. 5칸-3칸-2칸짜리 화장실 3개 동이 있었다.
국립부여문화유산연구소 제공

한번 분석해 보자."고 제안했다.

이듬해 1월 고려대 기생충학 교실과 열대풍토병 연구소의 분석 결과는 놀
라웠다. 유기물 토양에서 편충과 간흡충, 회충은 물론 종 감별이 어려운 장내
기생 흡충류의 충란이 다량 발견된 것이다. 편충과 회충은 오염된 채소를 먹
었을 때 감염되는 기생충이다. 간흡충과 감별이 불분명한 장내 기생흡충류는
민물고기를 생식하면 걸릴 수 있는 기생충이다. 이로 미루어 이곳은 분명 국
내에서 처음 찾아낸 화장실 유적이었다. 추가발굴 끝에 첫 번째 화장실과 동
서 방향으로 나란히 배치된 제2, 제3의 화장실이 잇달아 확인됐다. 이곳은 7
세기 백제의 공동화장실이었던 것이다.

고관대작용? 여성전용?

이 왕궁리 유적은 백제 무왕(재위 600~641)이 세운 왕궁터로 추정된다.

10세기쯤 편찬된 <관세음응험기>에는 "백제 무광왕(무왕)이 지모밀지(지
금의 익산)로 천도해 사찰을 경영했는데, 그때가 정관 13년(639)이었다."는 기

5칸짜리 화장실의 내부 모습. 나무자재로 틀을 만들었고, 벽면은 지하수가 스며들지 않게 황갈색 점토로 두껍게 발라놓았다. 일종의 코팅작업이다.   국립부여문화유산연구소 제공

록이 있다. 익산천도설을 뒷받침하는 자료이다. 하지만 천도라기보다는 무왕이 세운 별도, 즉 요즘 말하는 행정수도였을 것이라는 주장도 만만치 않다. 천도에 따른 신수도였든, 아니면 수도(부여)를 보완했던 별도(행정수도)였든, 이곳은 7세기 초 백제의 중심부였음은 분명하다.

확인된 화장실들은 궁성의 서북쪽, 즉 공방(工房)의 아래쪽에 있었다. 화장실의 방향(서북쪽)이 중요하다. 예로부터 동쪽과 남쪽은 앞, 광명과 봄, 탄생 등 긍정적인 의미를, 북쪽과 서쪽은 뒤, 어둠, 겨울, 죽음 등 부정적인 뜻을 지닌다. 조선시대에서도 수도 한양의 서쪽과 북쪽엔 감옥과 처형장 등 죽음과 형벌을 뜻하는 기관을 배치했다. 즉 한양의 서쪽에 있던 '고태골'은 처형장이

익산 왕궁리 화장실 유구와 재현도

익산 왕궁리 유적에서 확인된 공동화장실. 2칸, 3칸, 5칸 짜리가 나란히 조성되어 있다. 신분에 따라, 혹은 성별에 따라 구분된 놓은 것일 수 있다.　　　　　　　　　　　　　　　　　국립부여문화유산연구소 제공

었다. '골로 간다', '골로 보낸다'는 말이 여기서 나왔다. 서대문형무소와 소년 원·화장터 등도 모두 서북쪽에 자리 잡고 있었다. 그래서 화장실은 예전에는 뒷간이라 했다. '뒤에 있는 방'이라는 뜻이었다. 7세기 백제사람들도 이 같은 방위 관념을 갖고 있었던 것일까.

　백제 화장실의 구조는 매우 재미있었다. 첫 번째로 발견된 대형화장실의 규모는 5칸이었다. 즉 5명이 한 번에 용변을 볼 수 있는 구조였다. 두 번째 화장실은 3칸짜리였고, 세 번째 화장실은 2칸짜리였다. 2칸짜리가 가장 위쪽에 서 있었고, 그 아래로 3칸~5칸 짜리가 배치됐다. 그렇다면 무엇일까. 공동화장실도 신분에 따라, 혹은 성별에 따라 구분된 것일까. 여러 가지 상상해볼 수 있다.

가장 위쪽에 있는 2칸 화장실은 공방의 지체 높은 인물이 볼일을 봤던 곳일 수도 있다. 또 신분에 따라 3칸~5칸 순으로 가는 것이고…. 혹은 달리 볼 수도 있는데, 2칸이나 3칸짜리는 여성 전용 화장실로 사용했을 수도 있다.

무왕의 개인변기?

어떻든 악취를 풍기는 유기물이 가득한 5칸짜리는 가장 많은 사람들이 사용했던 화장실임을 짐작할 수 있다.

3개의 화장실은 동-서 방향으로 1도~5.5도 정도 경사진 지형에 놓여 있었다. 또 3개의 화장실 모두 사선모양(S)으로 배수로와 연결돼 있었다. 또 화장실의 벽면에 20㎝ 두께로 황갈색의 점토를 두껍게 발라놓았다. 오물이 지하수로 침투되지 않도록 일종의 '코팅' 처리를 한 것이다.

지하수 오염을 막기 위한 아주 세심한 보건의식을 알 수 있는 대목이다. 다만 화장실 입구로 통하는 수로는 확인되지 않았다. 물로 뒷처리를 하는 전형적인 수세식은 아니었다는 뜻이다. 화장실 유구로 판명됨에 따라 수수께끼 같던 나무막대의 용도도 파악됐다. 이 나무막대는 지금의 화장지, 즉 뒷처리용이었던 것이다. 종이가 귀하던 시절에는 이 뒤처리용 막대가 필수였다.

또 하나 인근 배수로에서 확인된 이른바 '변기형 도기' 2개체분도 주목을 끌었다. 요즘의 요강일 수도 있지만, 조선시대 '매화틀'과 같은 '휴대용 혹은 이동식 변기'일 가능성이 높다.

그런데 이 '매화틀'은 국왕의 전용 변기였다. 조선의 국왕은 나무틀(매화틀)에 천을 감고, 한 가운데 구멍을 뚫어 대변을 보았다. 구멍 바로 아래에는 매화 그릇을 두었다. 국왕의 주치의인 전의감은 똥 냄새를 맡고, 심지어는 맛까지 보면서 국왕의 건강 상태를 체크했다. 그렇다면 왕궁리에서 확인된 변기형 토기 2개체분은 혹 무왕과 왕비의 매화틀이 아니었을까. 그런데 선화공주가 무왕의 왕비라고 하지 않던가. 물론 억측일 수도 있지만 유물과 유구를 통한 상상력은 고고학만의 매력이 아닐까.

일본으로 건너간 백제·신라 화장실

돌이켜보면 국내에서 화장실 유적의 확인은 '만시지탄'이라 할 수 있다. 일본에서는 이미 백제와 신라인의 체취가 묻어나는 7~8세기 화장실 유적이 확인됐기 때문이다.

694~710년 사이 일왕이 머물렀던 나라현(奈良縣) 후지와라교(藤原京)에서 확인된 화장실 유적을 살펴보자. 그곳에서 발견된 목간을 보면 '신라사람 모리를 빨리 소환하라(召志良木人毛利)'는 내용이 있다. 또 '백제수인(百濟受人)'이라는 명문목간도 확인됐다. '백제수인'은 각종 피혁제품의 생산을 맡은 백제시대 관직이었다. 일본학자들은 "도래계(3세기 이후 일본으로 건너간 백제 혹

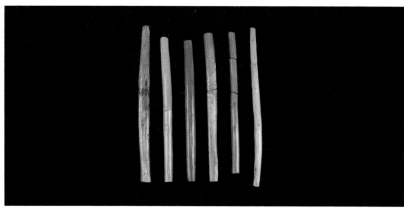

뒤처리용 나무막대. 처음엔 목간인 줄 알았지만, 명문이 없는 나무막대가 화장실에 발견된 것을 의아하게 생각했단다. 　　　　　　　　　　　　　　　　　　　　　　　　국립부여문화유산연구소 제공

인근 배수로에서 확인된 변기형 토기. 조선시대 국왕이 사용했던 매화틀과 비슷한 모양이다. 혹 무왕이 사용했던 이동식 변기가 아니었을까.

은 신라계) 사람들의 관청이나 그에 딸린 화장실이었을 가능성이 높다."고 보았다.

8세기 초(720~730) 유적인 후쿠오카시 고로간(鴻臚館)에서도 화장실이 확인됐다. 그런데 이곳은 신라를 비롯한 외국 사신들이

묵었던 국립영빈관의 자리가 있었던 곳이다. 그런데 발굴자는 "백제사람들은 여러 가지 생활문화를 가져왔으며, 이 가운데는 배설 방법도 있었을 것"이라고 밝혔다. 이 고로간의 뒷간이 도래계, 즉 백제인의 유적이라는 사실을 간접적으로 털어놓은 것이다.

칸막이는 원래 없었다.

왜 '지저분한' 화장실의 역사를 꺼내냐고? 하지만 이 말을 기억하시라.

"인간의 역사는 곧 화장실의 역사다"

프랑스의 대문호 빅토르 위고(1802~1885)가 한 말이다. 인간(人間)은 문자 그대로 '사람(人)사이(間)'이다. 뿔뿔이 흩어져 있는 사람이라면 굳이 화장실이 필요가 없다. 사람들이 모여 공동체를 이루게 될 때 비로소 화장실이 필요하게 되는 것이다. 그러니 위고의 말처럼 '인간의 역사=화장실의 역사'가 되는 것이다.

동양에서 화장실의 유래는 뿌리 깊다. 이미 서주시대 주나라 궁궐에는 똥·

오줌을 물에 흘려보내는 '정언(井匽)'이 있었다. 동양에서 가장 오래된 '수세식' 화장실인 셈이다. 또 <좌전>의 기록을 보면 "노나라 성공 10년(기원전 580), 진후(晉侯)가 뒷간에 빠져 죽었다."고 한다. 주나라 뒷간은 밑에 매우 깊은 독을 묻었는데, 급한 복통이 일어난 진후가 잘못해서 빠져 죽었다는 것이다. 후한시대

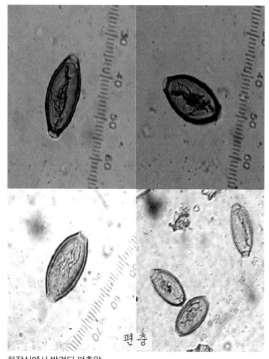

화장실에서 발견된 편충알.

(23~220) 사전인 <설문해자>와 <석명(釋名)> 등은 화장실을 '측(厠), 혼(溷), 청(圊), 잡(雜)' 등으로 일컬었다. 모두 뒷공간에 있는 더러운 곳이라는 뜻이다. 특히 <석명>에 나오는 '잡(雜)'이라는 용어가 흥미롭다.

"사람들이 섞여서 화장실에 있는 사람이 하나뿐이 아니다(厠 雜也 言人雜厠在上非一也)."

원래 화장실에는 칸막이가 없으며, 여러 사람이 뒤섞여서 용변을 본다는 뜻이다. 중국에는 아직까지 이런 공중화장실이 남아 있다. 백제의 공동화장실도 그렇지 않았을까. 하기야 동양뿐이 아니었다. 후한시대와 같은 시기인 서양의 로마시대에도 벌건 대낮 광활한 광장에 구멍만 송송 뚫어놓은 공중

화장실을 세웠다. 로마의 라르고 아르젠티나 광장에는 좌석이 100개나 되는 화장실이 있었다.

'혼(溷)'이라는 단어도 주목거리이다. 말 그대로 '돼지우리(溷)'에 붙어있는 화장실이라는 뜻이다. <한서>에 "화장실에서 돼지의 무리가 뛰어나왔다(厠中豕群出)."는 내용이 있다. 이 기사에는 "화장실에서 돼지를 먹였다."는 주석이 달려있다. 최근까지 제주도의 여염집 화장실에서 키운 똥돼지를 생각하면 금방 이해가 간다.

화장실에서 연꽃이 핀다면?

우리의 역사서 <삼국유사>에도 화장실 이야기가 등장한다.

"혜공왕 2년(767), 대궐 북쪽 화장실에서 두 줄기 연(蓮)이 났다(宮北厠圍中二莖蓮生)."

<삼국유사>는 '화장실에서 연꽃이 피는 것'을 '천하가 어지러워질 징조'라 해석했다. 이 때문에 혜공왕이 "대사면령을 내리고 목욕재계를 한 뒤에 반성의 시간을 가졌다."고 한다. 의미는 다르지만, 요즘에 통용되는 '쓰레기통에서 장미가 핀다면…'이라는 말을 떠올릴 수 있겠다.

이미 백제시대에 나름 격식을 갖춘 공동화장실이 있었다고는 하지만, 인간의 배설물을 처리하는 문제는 그리 쉬운 일은 아니었다.

"아낙네들이 방망이로 옷을 빨고 있었다. (청계천)바닥에는 똥무더기가 쌓여 있다. 이 물을 길어다가 집에서 쓴다.~ 위생 관념이 이 정도인 서울시민이 생존해 있는 사실도 놀랍다."(1888년·윌리엄 R 칼스)

한국을 방문한 서양인들은 지저분한 서울의 거리를 이렇듯 한심하다는 듯 묘사했다. 하기야 실학자 박제가(1750~1805)마저 위생 관념이 엉망인 서울의 풍경을 고발하고 있다.

"서울에서는 오줌을 날마다 뜰이나 거리에 내다 버리므로 우물물이 모두 짜게 되고 냇다리의 석축가에 똥이 더덕더덕 말라붙어서 큰 장마가 아니면 씻겨지지 않는 형편이다."(<북학의>)

하지만 너무 창피할 일은 아니다. 조선 땅만 유독 지저분했던 것은 아니었으니까. 앞서 밝혔듯이 배설은 우리뿐 아니라 인류가 처리해야 했던 가장 골치 아픈 난제였으니까.

화장실 문제, 부처님과 하나님도 나섰다.

오죽했으면 부처님과 하나님까지 발 벗고 나섰을까.

"문을 세 번 두드릴 것, 땅에 독을 묻고 눌 것, 냄새가 나지 않도록 뚜껑을 닫을 것, 벽이나 널에 문질러 바르지 말 것, 돌이나 숯덩이, 나뭇잎으로 닦지 말고 반드시 주목(나무막대)을 쓸 것…."

석가모니(기원전 563~483) 시대의 일이니까 기원전 6세기 무렵의 이야기이다. 불교사원 주변이 똥·오줌밭으로 변하자 석가모니가 뒷간을 만든 뒤 반드시 지켜야 할 에티켓을 일러주었다. 부처님 뿐이랴.

<구약성서> '신명기' 23장 1~14장을 보자.

"너의 진 밖에 변소를 베풀고 그리로 나가되 너의 기구에 작은 삽을 더하여 밖에 나가서 대변을 통할 때 그것으로 땅을 팔 것이요, 몸을 돌이켜 그 배설물을 덮을지니, 이는 네 하나님 여호와께서 너를 구원하시고 적군을 네게 붙이시려고 네 진중에 행하심이라. 그러므로 네 진을 거룩히 하라."

하나님은 당시 전쟁을 앞둔 이스라엘 백성들에게 가장 중요한 것은 정결함이라는 점을 강조했다. 아무 데서나 배설하지 말고 군대의 진 밖에 제대로 된 화장실을 만들어 깔끔하게 처리하라는 것이다. 현실적인 이유도 있었으리라. 진중 아무 곳에 똥·오줌을 누고 방치하게 되면 자칫 전염병이 창궐할 수 있

19세기 중반 영국 템스강의 오염을 고발한 풍자 그림. 물의 신인 넵투누스가 왼손에 대변을 치우는 쇠스랑을 들고 온몸에 오물을 뒤집어쓴 채 강물 위로 솟아오르고 있다.　　　　　들녘 제공

었기에…. 그럴 경우 싸워보지도 못하고 지게 될테니….

화장실의 역사=인간의 역사

하지만 부처님과 하나님의 분투에도 불구하고, 쉽지 않았다. 씨족과 부족, 나아가 도시의 형성과 국가의 탄생, 급속한 산업화 등 일련의 과정을 거치면서 인구밀도가 걷잡을 수 없을 만큼 높아졌기 때문이었다. 원활한 물 공급과 제대로 된 하수도 시설, 그리고 시민들의 의식변화 등 3박자를 갖출 수 없는한 배설물의 문제를 해결할 수는 없었다.

기원후 2세기 동안 로마의 인구는 1,000~1,500만에 이르렀다. 당시 규정상 셋집에는 상하수도 시설을 갖출 수 없었다. 사람들은 야밤에 분뇨와 쓰레기를 창밖으로 던져버렸다. 로마의 풍자시인 유베날리스(65~128)는 "밤마다 남의 집 창 밑을 어슬렁거리고 싶으면 유언장을 먼저 써놓는 편이 낫다."고 조롱했다.

중세 유럽에서 비가 오는 날이면 길 위에 퍼진 동물과 인간의 분뇨가 뒤섞여 끔찍한 냄새를 풍겼다. 사람들은 굽이 높은 나무 신을 신었다. 이것이 훗날 패션의 상징인 '하이힐'로 발전했다니 아이러니한 일이다. 중세시대 분뇨를 처리하는 가장 손쉬운 방법은 해자와 하수구, 도랑에 쏟아버리거나 구덩이에 갖다버리는 것이었다.

프랑스 베르사유 궁전에서도 악취가 풍겼다. 성 전체를 통틀어 수세식 시설을 한 화장실은 한 곳도 없었다. 국왕의 접견이 몇 시간에 걸쳐 이뤄졌기 때문에 지체 높은 여성들은 선 채로 풍성한 스커트를 보호막 삼아 생리욕구를 해결했다. 신사들은 기둥, 벽감, 커튼, 테피스트리 뒤에서 소변을 봤다. 1789년 알렉산드르 투르농은 "물은 배설물로 더럽혀졌고, 대기는 오염됐다."며 "거의 숨도 쉬지 못할 정도"라고 고발했다. 장 자크 루소(1712~1778)는 "악취 때문에 살 수가 없다."고 한탄했다.

"여름철이면 어디에 앉아도 소변냄새가 났다. 게다가 사방에 대변이 깔려 있었다. 사람들이 아무 데서나 일을 보았기 때문이다."

오죽했으면 파리가 '원형의 변소'라는 오명을 얻었을까. 영국도 별 차이가 없었다. 1855년 7월 영국 템스강을 유람하던 마이클 페러데이의 목격담이 <타임스>에 실렸다.

"강물 전체가 뿌옇고 희미한 갈색을 띠고 있었다. 더러운 강물에서 나는 악취는 끔찍했다. 이제 템스강 전체가 악취를 풍기는 배설물 그 자체였다."

그러고 보면 7세기 초반 백제사람들은 제법 선진적인 뒷간, 아니 화장실을 갖췄음을 알 수 있다.

독일의 극작가인 베르톨트 브레히트(1898~1956)는 희곡 <발(Baal)>에서 이랬단다.

"~그곳은 분명 혼자서도 첫날밤을 치른 사람처럼 행복할 수 있는 경이로운 곳, ~당신이 그 어느 것도 몸에 지니지 않는 한갓 인간일 뿐이라는 사실을 깨닫게 되는 겸손의 장소~ 그곳은 인간이 휴식을 취하는 곳, 하지만 부드럽게, 자기 자신을 위해 무언가 감행하는, 그런 장소."

백제 공동화장실이 발견된 곳은 공방의 근처였다. 왕궁을 설계·시공하고, 각종 공예품을 제작했던 장인들이 근무했던…. 그렇다면 백제의 장인들은 바로 이 화장실에서 잠깐의 휴식을 취하면서 백제의 찬란한 예술품을 구상하지 않았을까. 브레히트의 말처럼…. 아니 "인간의 역사가 화장실의 역사"라는 위고의 말처럼….

<참고자료>
전용호, '익산 왕궁리 유적의 화장실에 대한 일고찰', <백제학보> 2호, 백제학회, 2009
다니엘 푸러, 선우미정 옮김, <화장실의 작은 역사 : 요강과 뒷간>, 들녘, 2005
야콥 블루메, 박정미 옮김, <화장실의 역사>, 이룸, 2005
국립부여문화유산연구소, <익산 왕궁리 발굴 중간 보고 II>, 2006
국립경주문화유산연구소, <신라 왕경 발굴조사보고서 I>, 2002
김광언, <동아시아의 뒷간>, 민속원, 2002

영영 미궁에 빠진 선화공주…
서동왕자 곁에 묻힌 부인은
누구일까

2021년 전북 익산 쌍릉에서 심상치 않은 용도의 대형 건물지 2동이 확인되었다. 쌍릉과 연접한 구릉의 동쪽에서 찾았는데, 30m 안팎에 이르는 대형 건물지 2동의 흔적이었다. 기둥을 이용한 건물 안에서는 역시 벼루조각, 대형 토기편, 인장이 찍힌 기와 등이 보였다. 그런데 80~117평 정도의 만만치 않은 건물터에 부뚜막 시설이 없었다. 발굴단은 그래서 이 건물 2동은 일반거주시설이 아니라 쌍릉과 연관된 제사시설이 아닐까 추정하였다.

그렇다면 이곳에 묻힌 무덤 주인공을 기리는 제사를 지낸 이는 누구일까. 부모인 무왕(재위 600~641) 부부를 기리는 아들(의자왕)일 수도 있겠다. 의자

미륵사 서탑 해체보수 과정에서 명문 사리봉안기 발견!

2009년 1월 세상을 떠들썩하게 한 발굴 결과가 익산 미륵사 서석탑 해체복원과정에서 나왔다. 탑의 조성 내력을 기록한 명문사리봉안기가 확인됐는데, 그 명문내용이 충격적이었다.

미륵사 서탑에서 확인된 명문사리기에는 "백제 왕후인…좌평 사택적덕의 딸이…가람을 세우시고…기해년(639)
정월 29일 사리를 받들어 맞이했다."고 분명하게 기록했다. 미륵사를 선화공주가 세웠다는 <삼국유사>의 기록
이 의심받는 순간이었다.   국립문화유산연구원 제공

왕(재위 641~660)은 효자의 대명사라 할 수 있는 증자(기원전 506~436)에 빗
대 '해동의 증자'라는 칭송을 들었던(<삼국사기>) 분이다. 그렇다면 이 건물 2
동은 의자왕의 효성이 묻어나는 유서 깊은 곳일 수도 있겠다는 것이다.

그러나 아닐 수도 있는 게, 남편인 무왕이 먼저 승하한 것으로 알려진 부인
을 기리기 위해 조성한 제사시설일 수도 있으니. 그렇다면 사랑하는 부인을
잊지 못한 남편의 애틋함이 배어있는 시설일 수도 있겠다.

백제 무왕의 무덤은 확인

여기서 좀체, 아니 영원히 풀 수 없는 문제가 나온다. 익산에 조성된 쌍릉,
두 무덤의 주인공은 무왕 부부일까. 그게 맞는다면 무왕의 곁에 묻힌 이는 누
구일까. 유명한 선화공주일까, 아니면 어느 날 갑자기 치고 들어온 사택적덕
의 딸일까.

우선 쌍릉 중 대왕묘에 묻힌 분은 무왕이 맞는 것으로 사실상 결론이 났다.
국립문화유산원구원이 쌍릉을 대대적으로 재조사하면서 일제강점기(1917)
일본인 야쓰이 세이이치(谷井濟一·1880~1950)가 발굴하면서 나무상자에 담

<삼국유사>는 "미륵사는 미륵삼회(세 번의 설법)의 모습을 본 따 금당과 탑, 회랑 등을 각각 3곳에 조성했다."고 기록했다. 발굴 결과는 <삼국유사>의 기록대로 '3탑3금당'의 가람배치가 드러났다. 따라서 서석탑 명문사리봉안기는 '사택왕후'가 서원, 즉 서석탑과 금당을 창건했다는 내용일 수 있다는 다른 해석이 나왔다. 가장 먼저 조성된 중원, 즉 중앙목탑과 금당은 먼저 승하한 것으로 보이는 선화공주일 수 있다는 것이다.

아둔 인골 1개체분(102조각)을 찾아냈는데, 연구소 측은 고고학·법의학·유전학·생리학 등은 물론이고 암석학과 임산공학 전문가들까지 총동원해서 인골분석에 나섰다.

그 결과 마침내 '주인공=무왕'임을 사실상 확정하는 결과를 얻어내게 되었다.

인골의 키가 161~170㎝, 나이는 50대 이상의 노년층, 연대는 620~659년으로 추정되었다. 그중에서도 팔꿈치 뼈와 목말뼈(발목뼈 중 하나)의 크기, 넙다리뼈의 무릎부위 너비 등을 측정해 봐도 남성이 틀림없다는 결론이 나왔다. "무왕이 풍채가 훌륭하고 뜻이 호방하며 기상이 걸출하다."는 <삼국사기> 기록과도 부합하는 것이다.

익산에 근거를 둔 백제 임금이라면 무왕밖에 없다. 그런데 왕릉이 분명한 무덤에서 그 시대에 꼭 맞는 성인 남성이 누워있었다면 뭐 무왕이 맞을 수밖에. 과학적인 분석 결과를 믿을 수밖에 없지 않은가.

어느 날 '갑툭튀'한 사택왕후

그럼 무왕의 곁에 묻힌 분은 무왕의 부인일까.

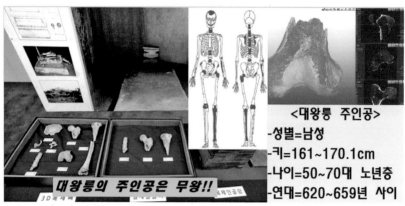

<대왕릉 주인공>
-성별=남성
-키=161~170.1cm
-나이=50~70대 노년층
-연대=620~659년 사이

대왕릉의 주인공은 무왕!!

2017~2018년 국립문화재연구소의 대대적인 쌍릉 재발굴조사 결과 대왕릉 안에서 일제강점기에 조사된 인골 1개체분(102조각)이 상자 안에 보관되어 있는 것을 확인했다.   국립문화유산원구원 제공

2000년대 초반까지 소왕릉의 주인공은 서동왕자(무왕)와 국경을 넘은 사랑 끝에 혼인한 선화공주라는 것을 의심하는 이는 없었다. 그런데 2009년 1월 충격적인 발굴 결과가 나왔다.

미륵사 서석탑 해체 보수 과정에서 석탑의 조성 이력을 밝힌 명문 금제 사리봉안기가 확인됐는데, 미륵사는 무왕 부인(선화공주)의 간청으로 '하룻밤 사이에 뚝딱' 조성한 절(<삼국유사>)로 알려져 있었다. 그런데 명문사리기에는 선화공주가 아닌 엉뚱한 이름이 나타났다. 이런 내용이었다.

"백제 왕후인…좌평 사택적덕의 딸이…재물을 희사해서 가람을 세우시고…기해년(639) 정월 29일 사리를 받들어 맞이했다."

이게 무슨 날벼락이란 말인가. 그렇다면 지금까지 800년 가까이 읽었던 <삼국유사>는 뭐가 되는 건가.

미륵사를 창건한 이가 선화공주가 아니라 백제 좌평(16관등 중 1품)의 딸인 사택왕후라면 어찌 되는 건가. '무왕(서동)이 퍼뜨린 동요 때문에 혼인했다'

는 '서동요'의 내용 또
한 허구가 되는 게 아
닌가. 백제 서동왕자와
신라 선화공주의 사랑
과 혼인, 그리고 미륵
사 창건 등 <삼국유사
>의 내용이 새빨간 거
짓이었다는 말일까.

발굴에 따른 팩트니
어쩔 것인가. '미륵사,

무왕의 무덤인 것으로 사실상 확정된 대왕릉에서는 21m에 이르는 엄청
난 규모의 무덤길이 확인됐다. 4m50㎝ 가량의 흰 선은 피장자 생전에
무덤을 조성하려고 판 흔적이며, 보라색 선은 피장자가 죽은 뒤 파낸 무
덤길의 흔적이다. 가운데 파란색 선은 일제가 파낸 흔적이다. 대왕릉이
무왕 생전에 철저하게 준비된 수릉이라는 얘기다.
원광대 마한백제연구소 제공

선화공주와 무관하다', '백제 무왕의 왕후 사택씨가 창건', '서동요 설화 재검
토 필요' 등의 제목으로 언론보도(지면 2009년 1월 20일)가 도배되었다. 필자
역시 첫째 날은 그렇게 썼다.

<삼국유사>는 새빨간 거짓일까

그러나 폭풍 같은 하루가 지나자 '서동요와 선화공주' 설화를 그렇게 헌신
짝처럼 버릴 수 있을까 하는 생각이 들기 시작했다. 그래서 연구자 몇 분과
연락을 취했더니 과연 그렇게 섣부른 단정을 내릴 것은 아니라는 판단이 들
었다.

몇몇 연구자들은 미륵사의 아주 특별한 구조에서 단서를 찾으면 어떠냐고
했다. <삼국유사>는 "미륵사는 강당과 탑. 회랑을 각각 세 곳에 세웠다."고
소개했는데, 발굴 결과 <삼국유사>의 기록대로 '중원(중앙목탑+금당), 서원(서
석탑+금당), 동원(동석탑+금당)'으로 배치한 이른바 '3금당3탑'의 형식으로 돼
있다는 사실이 확인된 것이다.

'금마(익산)에 있는 무강왕릉(무왕릉)의 도굴범이 체포됐다가 탈출했다. 도굴범들이 금(金)을 많이 가지고 있었다.'(<고려사>)

익산 쌍릉은 고려시대부터 도굴이 자행됐다는 <고려사> 기록이 있다. 당시 체포된 도굴범이 옥중에서 탈출했으며, 도굴범들이 황금을 많이 가지고 있다는 내용이 담겨있다.

그럼 어떤 해석이 가능할까. '사택적덕의 딸이 창건했다'는 명문 사리기는 그중 서탑에서 나왔다. 그럼 '사택씨'가 서원(서탑+강당)을 창건한 왕비라면, '중원'과 '동원'은 선화공주를 비롯한 다른 왕비들이 세웠다는 추론도 가능하게 된다.

그리고 국립문화유산연구원의 발굴 결과 중원이 가장 먼저 조성됐고, 이후 서원→동원 순으로 축조된 것으로 추정되었다.

사실 재위 연수가 41년이나 되는 무왕의 부인이 한 사람, 즉 '좌평 사택적덕의 딸 한 분'이라고 단정할 수는 없다.

<삼국사기> '백제본기·무왕조'는 "638년(무왕 38) 3월 임금이 빈어(嬪御·임금의 첩)와 함께 큰 못에서 배를 띄우고 놀았다."고 기록하였다. 무왕이 본처가 아닌 후궁과 뱃놀이를 했다는 이야기다.

그렇다면 백제 무왕 시대에는 명문사리기에 나오는 사택왕후와, <삼국유사>에서 부인으로 등장하는 선화공주, 그리고 <삼국사기>에서 보이는 '빈어' 등 여러 왕비(후궁 포함)가 존재했을 가능성이 있다.

대왕릉에서는 주인공이 무왕임을 밝힌 인골이 확인됐지만 소왕릉에서는 기둥과 비석 모양의 돌기둥만 확인했을 뿐 어떤 단서도 찾아내지 못했다.
원광대 마한백제연구소 제공

무왕의 부인은 한 사람뿐이었을까

그럼 무왕과 묻힌 소왕릉의 주인공으로 선화공주를 섣불리 포기할 필요는 없겠다. 여전히 선화공주일 가능성이 있다는 연구가 있기 때문이다. 예컨대 미륵사터에서 출토된 명문 백제 기와(수막새) 가운데 오로지 미륵사에서만 보이는 '정해'명 기와가 가장 많은 80여 점에 이른다.

'정해'는 627년에 해당하는 데, 미륵사의 초축 시기가 620년대라는 얘기가 된다. 그런데 사택왕후(사택적덕의 딸)가 미륵사 서탑을 조성한 것이 639년(기해년)이지 않은가. 10년 이상의 시간 차이가 생긴다. 그렇다면 사택왕후가 서탑을 조성하기 10여 년 전에 미륵사 조성을 시작하면서 중원(중앙탑+강당)을 세운 이는 선화공주일 수도 있다는 얘기가 된다.

게다가 <삼국유사>에 미륵사를 처음 조성한 분이 '선화공주'라고 분명히 밝히지 않았는가. 그렇다면 선화공주가 627~639년 사이에 승하한 뒤에 사택 씨가 왕후가 됐다는 이야기가 성립할 수 있다.

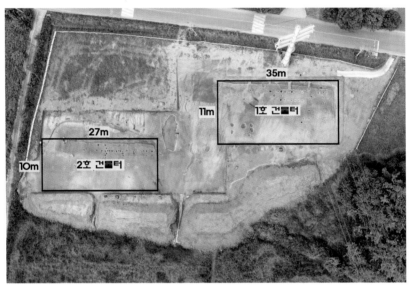

익산 쌍릉과 연접한 곳에서 확인된 심상치 않은 건물 2동이 확인됐다. 제의와 관련된 시설로 보인다. 백제왕실에서 쓰이는 고급 유물들이 나왔다. 원광대 마한백제연구소 제공

한가지 해결해야 할 의문점이 있다. 627년 전후에 선화공주가 미륵사의 창건을 주도하고, 일찍 죽었다고 해서 무왕의 곁에 묻혔으리라고 단정할 수 있을까.

그렇게 확언하기 어렵다. 언제부터인지는 확실치 않지만, 왕후에 오른 사택씨가 미륵사 서탑을 조성한 것이 639년이었다. 그런데 2년 뒤인 641년 남편인 무왕이 승하한다. 또 <일본서기>는 "642년 의자왕의 국주모(國主母)가 죽었다."고 기록하였다.

그러면 소왕릉의 주인공은 선화공주일 수도 있지만, 남편보다 1년 뒤 죽은 '국주모'일 수도 있다는 것이다. 이 국주모가 '사택왕후'라면 소왕릉의 주인공은 '선화공주'가 아니라 '사택왕후'일 수도 있다.

물론 대왕릉이 무왕이 승하한 641년 조성된 것이 아니라 일찍 죽은 부인(선화공주?)의 곁에 묻히기 위해 미리 조성한 수릉(壽陵·임금이 죽기 전에 미리 만들어 두는 무덤)이라는 발굴 결과에 대한 해석도 나왔다.

소왕릉 출토 유물의 연대가 대왕릉 것보다 앞선다는 연구 결과도 발표되었다. 소왕릉이 남편이 죽고 1년 만에 죽은 국주모(사택왕후)일 가능성보다는 그보다 더 이전에 죽은 선화공주의 무덤일 가능성이 짙다는 것이다.

그러나 장담할 수는 없다. 시간 차가 그렇게 길지도 않은 유물의 제작기법을 두고 소왕릉·대왕릉의 주인공을 구별하는 것은 무리라는 견해도 있기 때문이다. 또 무덤의 구조로 볼 때 소왕릉이 대왕릉보다 오히려 늦게 축조됐을 가능성이 크다는 연구도 있다.

고려시대부터 도굴당한 쌍릉

안타까운 소식은 '대왕릉의 주인공은 무왕'임이 사실상 확정되었지만, '소왕릉의 주인공'은 영영 미궁에 빠질 가능성이 짙다는 것이다. 무왕 부부가 묻힌 쌍릉은 고려시대부터 도굴의 화를 입었기 때문이다.

"1329년(충숙왕 16) 익산(금마군)의 무강왕(무왕)의 무덤을 도굴한 도적이 금을 많이 갖고 있다."는 <고려사> '열전·정방길'의 기록이 남아있다. 아닌 게 아니라 2017년 국립문화유산연구원의 소왕릉 발굴에서 일제강점기 이전에 만들어진 길이 68㎝, 높이 45㎝ 정도의 도굴 구덩이가 확인되었다.

또한 100년 전 쌍릉을 발굴한 일본인 야쓰이는 "대왕릉이나 소왕릉이나 이미 도굴되었기 때문에 유물이 거의 없었다."고 했다. 사실 그 말도 액면 그대로 믿기는 어렵다. 2015년 국립전주박물관 보고서에 따르면 쌍릉 출토 유물이 20건 31점에 이른다고 했기 때문이다. 야쓰이가 1917년 12월 10일부터 6일간 발굴하고 3년 뒤인 1920년이 되어서야, 그것도 달랑 1쪽도 안 되는 보고

제사시설로 추정되는 건물터가 확인된 곳은 대왕릉·소왕릉과 연접한 구릉의 동쪽이다.

원광대 마한백제연구소 제공

문을 남겼는데, 그런 야쓰이가 다른 출토품을 반출해 갔을 수도 있지 않을까.

다만 그때 수습한 인골 1개체분만 상자 안에 담아 무덤(대왕릉) 안에 두었다. 도굴꾼도 어쩌지 못한 인골을 일본인 야쓰이 역시 훼손할 수 없어서 상자 속에 남겨둔 것이다.

그래도 대왕릉은 남아있던 인골 덕분에 주인공을 판가름할 수 있었다. 그러나 소왕릉은 어떤가.

그렇지 않아도 원광대 마한·백제문화연구소가 2019년 소왕릉을 발굴했는데, 주인공을 밝혀낼 어떤 단서도 찾지 못했다. 그저 무덤을 덮은 봉토 속과 무덤길 입구에서 1m가 넘는 '기둥 모양의 돌(석주형)'과 '비석 모양의 돌(석비형)'을 각 한 점씩 확인하는 데 그쳤다. 발굴단 얘기로는 향후에도 소왕릉 조사에서 진전된 성과를 내기는 어려울 것이라 한다.

선화공주인지, 사택왕후인지, 아니면 제3의 왕비인지 분명하게 주인공을 밝힐 자료가 나올 수 없다는 것이다.

그래도 <삼국유사>는 믿을 만하다

또 하나 미륵사 서탑의 사리기 명문에 출현한 '사택왕후' 때문에 <삼국유사>의 가치가 훼손된 것처럼 보이지만, 미륵사 발굴 결과는 그렇지 않다. 무왕과 선화공주의 혼인 과정에 비록 설화의 요소가 담겨있다고는 하지만 "미륵설화를 법상으로 삼고 전·탑·낭무 각 세 곳을 창건했다."는 <삼국유사>의 내용은 미륵사 발굴에서 드러난 삼원병렬식 가람배치와 정확히 일치하는 것이다.

또한 "지명법사가 신통력을 발휘해서 산을 무너뜨려 연못을 메웠다."는 <삼국유사> 기록은 어떨까.

이 부분도 미륵사 가람 중심부 발굴에서 개흙과 같은 저습지 흔적이 폭넓게 확인됨에 따라 사실로 굳어졌다. 또 절의 뒤편에 용화산이 위치하며 그 중턱에 사자사라는 절터가 확인된다는 점 역시 "무왕이 부인과 함께 사자사에 가려고 용화산 밑의 큰 못가에 이르렀더니 미륵삼존이 연못 가운데서 나타났다."는 <삼국유사> 기록을 정확히 대변해 주는 것이다.

<삼국유사> 내용이 이렇게 고고학 발굴 자료와 부합되는데, 유독 선화공주와 서동(무왕)의 혼인 이야기나 선화공주의 존재만 부정하는 것은 왠지 불공평하다는 느낌이 드는 건 필자만의 생각일까.

<참고자료>
국립부여문화유산연구소, <익산 쌍릉-대왕릉 출토 인골 종합학술연구보고서>, 2019

이문형, '사비기 백제 왕릉의 새로운 인식-익산 쌍릉(대왕릉)을 중심으로', <백제문화> 61권
61호, 공주대 백제문화연구소, 2019

이문형·윤옥희, '익산 쌍릉 정비사업부지 내 유적 발굴조사', <원광대 마한백제> 38권, 원광
대 마한·백제문화연구소, 2021

이성준·조지현·이우영·김이석·김동호·이상준, '익산 쌍릉과 출토 인골의 성격에 대한 연구',
<한국고고학보> 109권109호, 한국고고학회, 2018

김낙중, '묘제와 목관을 통해 본 익산 쌍릉의 의미', <문화재> 47권4호, 국립문화재연구소,
2014

660년 백제 최후의 날…
1,300년 만에 드러난
멸망의 '8' 장면

"칠기 제품은 확실한데…." 2023년 6월이었다. 사비 백제의 왕궁터인 부여 관북리 유적을 발굴하던 국립부여문화유산연구소 조사팀이 고개를 갸웃거렸다. 발굴 지점은 왕궁 내 조정(국사를 논의하고 행사 및 향연을 여는 공간) 시설로 여겨지는 대형건물터가 확인된 곳이었다. 그런데 한 건물터의 30m 범위 안 여러 구덩이에서 거뭇거뭇한 물체가 노출됐다.

"칠기인 것 같은데 어떤 제품인지는 알 수 없었습니다. 조사가 진행되면서 그 실체가 드러났죠. 모서리를 둥글게 만든 사각형 미늘(갑옷의 개별 조각)과

백제의 도읍인 공주와 부여 등에서 잇달아 확인되는 백제멸망의 흔적. 너무도 창졸간에 멸망했음을 증거하고 있다. 국립부여문화유산연구소·국립부여박물관 제공

사비백제의 도읍인 충남 부여에서는 폭삭 무너진 백제 멸망기 건물터가 잇달아 확인되고 있다. 그 건물터와 인근 배수로에서는 기와와 와당 더미 등이 수북이 쌓여 있었다.　　　국립부여문화유산연구소·백제고도문화재단 제공

이 미늘을 연결한 구멍들이 확인됐습니다."(심상육 국립부여문화유산연구소 특별연구원)

　이것들은 '옻칠한 갑옷(칠피갑옷)'으로 판명되었다. 갑옷 조각은 모두 6곳이 확인됐다. 그중 한 구덩이에서는 갑옷과 함께 말의 아래턱뼈가 나왔다. 주변의 기와폐기층에서는 말안장 부속품(발받침대·등자)이 확인됐다. 이 구덩이의 갑옷은 마갑(말갑옷)일 가능성이 짙다.

말발굽 흔적의 백제 궁궐

　이상한 일이다. 갑옷은 사비 백제 말기 의자왕(재위 641~660) 등이 국사를 돌보았을 백제 조정 건물에서 출토됐다.

　그것도 6곳에서 띄엄띄엄 묻혀있었다. 그중에는 말뼈와 말갖춤새를 곁들인 말갑옷(추정)도 있었다.

　그렇다면 말을 탄 장수(기병)가 국사를 처리하는 조정 건물을 휘젓고 다녔다는 이야기가 아닌가.

　어떤 급박한 상황이기에 궁궐이 말발굽으로 짓밟혔단 말인가. 추정 가능한

부소산성

관북리 유적(왕궁터)

관북리 조당(추정) 유적

조당(朝堂:국가 행사가 열리는 공간, 조정과 비슷)

1호 건물터(조당 추정)

옻칠 가죽 갑옷 출토 지점(6곳)

사비 백제(538~660)의 왕궁터로 추정되는 부여 관북리 유적. 그중 조정(국사를 논의하고 행사 및 향연을 여는 공간) 추정 구역의 30m 범위 안 구덩이 6곳에서 옻칠한 가죽 갑옷이 확인되었다. 국립부여문화유산연구소 제공

2호 구덩이 출토 옻칠갑옷

미늘(갑옷의 개별 조각)과 연결구멍이 확인된 옻칠갑옷

옻칠갑옷(2호 구덩이)

말뼈

1호 건물지 기단

옻칠 갑옷 말뼈(3호 구덩이)

옻칠갑옷

1호 건물지 좌측열 초석 하부 적심시설

1호 건물지 우측열 초석 하부 적심시설

발 받침대(등자)

발 받침대

옻칠한 가죽 갑옷은 6곳에서 확인됐다. 그중 한 구덩이에서는 갑옷과 함께 말뼈가 공반되었다. 그 주변에서는 말을 탈 때 쓰는 '발받침대(등자)'도 나왔다. 국립부여문화유산연구소 제공

단서를 이 근처에 찾을 수 있다.

현재 국립부여박물관에 전시되어 있는 명문 돌구유(석조)이다. 이 돌구유는 옻칠갑옷의 출토 지점에서 120m 정도 떨어진 곳에 서있었다. 돌구유는 궁궐 내의 조경시설인 석연지(화강암으로 만든 연꽃 모양의 연못)였던 것으로 추정된다.

그런데 이 돌구유 겉면에는 새겨진 '대당평백제국비명(大唐平百濟國碑銘)…' 글귀가 심상치 않다.

'당나라(大唐)가 백제(百濟)를 평정(平)하고 새긴 비명(碑銘)'이라는 뜻이다.

관북리에서 또 하나의 방증자료가 1980~90년대에 나온 바 있다. 즉 관북리의 맨 뒤쪽(위쪽)에 조성된 석축 아래에 배수구 (너비 60㎝, 깊이 25㎝) 안에서는 백제 기와와 와당, 그리고 제사용으로 쓰인 완형의 회색 도기가 가득 메워져 있었다.

도기들은 겹겹이 포개져 있었고, 묶인 채 버려진 것들도 보였다.

그뿐이 아니었다. 폭삭 주저앉은 건물 더미에서는 엄청난 양의 기와더미와 함께 연화문 와당이 곳곳에서 보였다.

지금까지의 관북리 발굴 상황과 이번에 확인된 옻칠갑옷을 합쳐 정리해보면 어떨까. '나·당연합군의 백제 침공'이라는 그 절체절명의 상황을 증거하는 '생생 자료'가 아닐까.

옻칠갑옷의 생생증언

비단 관북리 뿐이 아니다. 백제멸망을 웅변해주는 '옻칠 갑옷'은 공주 공산성에서도 확인되었다.

즉 2011년 공산성을 발굴하던 공주대박물관 조사단은 60여 자를 판독할 수 있는 '명문 옻칠 갑옷'을 발굴했다. 이 갑옷에는 '행 정관십구년사월이십

국립부여박물관에 전시 중인 보물 '부여 석조(돌연못)'에 새겨진 '대당평백제국비명'. 당나라가 백제를 멸망시킨 기념으로 세운 비명이라는 뜻이다.
김지호 국립중앙박물관 학예연구사 제공

'대당평백제국비명'이 발견된 곳과 옻칠갑옷이 출토된 곳은 불과 100여m 떨어져 있다.
심상육 국립부여문화유산연구소 특별연구원 제공

왕궁터인 관북리 뒤쪽 배수로에 쌓인 사비백제 말기의 도기와 기와, 와당류. 또 폭삭 주저앉은 건물터에서 엄청난 양의 기와더미와 함께 연화문 와당이 곳곳에서 보였다.

이일(行 貞觀十九年四月二十二日)' 명문이 돋보였다. '정관'은 당나라 태종의 연호(627~649)이다.

정관 19년이면 645년, 즉 의자왕 5년에 해당한다. 이 명문과 관련해서는 "645년 백제가 당나라에 금칠한 갑옷과 검은 쇠로 무늬를 놓은 갑옷을 바쳤다."(<삼국사기> '고구려본기·보장왕', <신당서> '동이열전')는 기록이 눈에 띈다. <삼국사기>는 "백제가 바친 황금칠 갑옷을 당나라 군사들이 입었다."고 했다.

공산성은 660년 7월13일 나·당 연합군의 갑작스러운 침공으로 위기에 빠진 의자왕이 야음을 틈타 몸을 피했던 곳이다.

그렇다면 부여 관북리와 공주 공산성에서 출토된 '옻칠 갑옷'도 백제멸망과 관련지어 설명할 수 있다.

즉 나·당 연합군의 침략에 맞선 백제 장수(기병)가 궁궐(사비성·웅진성)을 지키려고 동분서주한 흔적일 수 있다.

물론 '공산성 갑옷의 주인이 백제군이 아니라 당나라군'일 가능성이 제기되기도 한다. 그러나 어떤 경우든 '백제멸망의 생생 증거'라는 핵심 이야기는

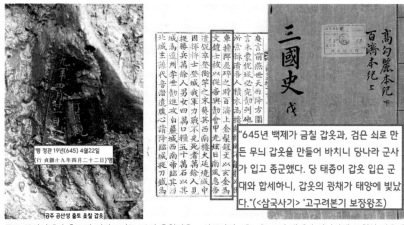

공주 공산성에서 출토된 정관12년(645)명 옻칠갑옷. <삼국사기>에는 "645년 백제가 당나라에 금칠한 갑옷과 검은 쇠로 무늬를 놓은 갑옷을 바쳤다."는 기록이 있다.

달라질 수 없다. 오히려 당나라군 장수의 것이라면 의자왕이 정사를 펼치던 곳(혹은 피신했던)을 유린한 멸망의 역사를 증거해 준다.

수로에서 발견된 인골의 증언

그보다 더 극적인 고고학 자료가 있다. 2008년 부여 쌍북리에서 확인된 백제시대 수로에서 발견됐다.

즉 수로 내부에서 최소 3개체 이상의 인골과 각종 동물뼈, 그리고 도기와 기와 철기, 목기 등이 쏟아져 나온 것이다.

인골 가운데는 아래턱뼈는 없지만 양호한 상태로 출토된 두개골이 눈길을 끌었다. 이밖에도 각각 다른 개체인 넓적다리뼈와 정강이뼈 등도 확인됐다. 이 수로는 사비 도성 내부의 공간을 구분짓기 위해 조성한 물길로 보인다.

그 수로 안에서 3개체분 이상의 인골이 확인되었다는 의미는 무엇일까. 정

①
인골(두개골) ②

백제시대 수로
수로에서 확인된 유물
④

사비 백제시대 수로로 추정되는 부여 쌍북리 유적에서는 3개체 이상의 인골이 확인됐다.

국립부여문화유산연구소 제공

상적인 죽음이었다면 도성 바깥쪽에 조성된 무덤에 묻혔을 것이다. 그러나 도성 내 중심지역에 속하는 이곳에 인골이 쏟아져 나왔다면 어떨까. 전쟁과 같은 급박한 상황에서 죽임을 당해 한꺼번에 유기된 것이라고 밖에는 달리 생각할 수 없다.

불에 타 폭삭 주저앉은 휴식 궁궐

부여 화지산(해발 46m) 유적에서도 비슷한 유구와 유물이 확인됐다. 이곳은 궁의 남쪽에 연못을 조성한(634) 뒤 새롭게 세운 정자(망해정·655)가 존재(<삼국사기>)한 것으로 추정된 바 있다. 이곳에서는 우물 유구와 함께 수상한 건물터가 계속 확인되고, 연꽃무늬 수막새와 중국제 백자 벼루 등이 출토된 바 있다. 그래서 화지산은 의자왕을 비롯한 사비 백제(538~660) 임금들의 휴식 궁궐이었을 가능성이 제기된다.

화지산에서는 기시감을 느낄 수 있는 유구가 목격됐다. 건물터가 폭삭 붕괴된 채 확인된 것이다. 건물의 하부구조를 보면 붕괴의 원인이 '화재'임을 짐작할 수 있다. 고온 때문에 터진 기와와 수막새, 그리고 불에 타 터져버린 홍두깨 흙 등….

이곳에서는 사비백제 시대 이후의 유구와 유물은 보이지 않는다. 백제멸망과 함께 임금들의 휴식 궁궐(추정) 역시 전쟁의 화를 입었고, 다시는 복구되지 않았다는 뜻이다.

물구유 향로와 도끼로 잘린 탑기둥

가장 잘 알려진 백제멸망의 증거가 1993년 12월 12일 밤 부여 능사(능산리 절터)에서 현현했다.

당시 하염없이 솟구치는 물웅덩이에서 건져 올린 유물이 바로 백제금동대향로였다. 그런데 이 향로가 출토된 타원형 구덩이가 예사롭지 않았다. 이 구덩이는 본래 공방에 필요한 물을 저장하던 구유형 목제 수조가 놓여 있던 곳이다.

이상한 일이다. 백제 국왕이 선왕들의 명복과 나라의 안녕을 기원하면서 피웠을 향로가 아닌가.

그런 성스러운 향로를 왜 물구유(나무 물통)에 넣었을까. 2년 뒤인 1995년 금동대향로가 출토된 절터(능산리)의 목탑터에서 역시 깜짝 놀랄만한 유물이 발견됐다. '567년(백제 창왕 13)(창왕의 누이인) 공주가 사리를 공양한다'는 글자가 새겨진 '명문 석조사리감'이었다. 무엇보다 출토 양상이 의미심장했다. 탑의 중심기둥이 도끼 같은 흉기로 처참하게 잘려 있었다. '창왕(위덕왕)'명 사리감도 비스듬히 넘어져 있었다.

이렇듯 물구유 속 '금동대향로'와 도끼로 찍혀 비스듬히 넘어진 '석조 사리

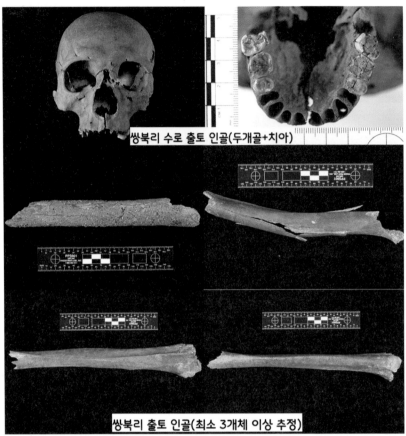

쌍북리 수로 출토 인골(두개골+치아)

쌍북리 출토 인골(최소 3개체 이상 추정)

부여 쌍북리 수로에서 출토된 백제인의 두개골. 아래턱뼈가 없어졌지만, 치아까지 비교적 잘 보존되었다. 수로에서는 두개골 외에도 각기 다른 사람의 뼈가 흩어져 있었다. 최소 3개체 이상의 사람으로 추정된다.

국립부여문화유산연구소 제공

감'은 대체 어떤 의미였을까.

연구자들은 이 발굴 상황을 백제멸망과 결부시킨다. 그 스토리텔링이 그럴듯하다.

즉 660년(의자왕 20) 나당 연합군의 침략으로 사비(부여)가 함락된다. 왕릉

부여 화지산(해발 46m)

중국제 벼루 / 우물

연화문 와당

부여 화지산에서는 수상한 건물터가 계속 확인되고, 연꽃무늬 수막새와 중국제 백자 벼루 등이 출토됐다. 유물의
위상으로 보아 화지산에 의자왕 등 사비백제 임금들의 휴식궁궐이 자리 잡고 있었다는 해석이 나오고 있다.
국립부여문화유산연구소·백제고도문화재단 제공

화재로 붕괴된 화지산 건물과 내려앉은 기와 등이 쌓인 배수로

화지산 유적에서는 화재로 붕괴한 건물터와 무너진 기와 등이 수북히 쌓인 배수로가 그대로 노출됐다.
국립부여문화유산연구소 제공

을 지키던 능사의 승려들이 국왕이 국가 제사를 위해 향을 피웠던 대향로를
감춘다. 그들은 백제가 완전 멸망하리라는 것은 꿈에도 생각하지 못했다. 며
칠만 숨겨 두면 괜찮을 것이라 여겼다. 그래서 향로를 공방터 물통 속에 은닉
하고는 도망쳤다.

하지만 승려들의 생각과 달리 백제의 사직은 끝내 종막을 고하게 된다.

나·당 연합군에 의해 나라 제사를 지내던 이 절은 철저히 유린 소실된다. 공방터 지붕도 폭삭 무너졌다. 나·당 연합군은 목탑의 사리장치를 수습하려고 도끼로 마구 파헤쳤다. 그렇게 금동대향로는 1,300년 이상 묻혀버렸다. 목탑 속 중심기둥도 도끼에 찍힌 그대로 남게 됐다.

까맣게 몰랐던 나·당 밀약

이렇듯 백제의 왕궁터인 사비 혹은 공주에서 끊임없이 현현하는 백제멸망의 흔적은 무엇을 말해줄까.

백제멸망이 너무도 창졸간에 다가왔다는 뜻이 아닐까. 그렇다면 나라가 망하는 그 순간까지 아무도 몰랐다는 건가.

불에 탄 건물의 벽체

열 때문에 터진 기와와 불에 탄 흙두깨 흙

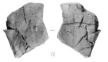

화지산 유적 발굴 결과 화재로 소실된 흔적이 곳곳에서 보였다. 고온 때문에 터진 기와와 수막새, 그리고 불에 타 터져버린 흙두깨 흙 등이 확인됐다.

역사서를 읽어보면 그럴만했다는 생각이 든다.

그 무렵(의자왕 시대·641~660) 백제가 신라를 쥐잡듯 몰아붙이고 있었다. 예컨대 642년(의자왕 2) 의자왕은 미후성(의령)과 대야성(합천)을 비롯, 40여 개 성을 함락시키면서 신라를 궁지에 몰아넣었다.

그런데 9년 후인

백제 예술의 정수인 금동대향로는 1993년 12월 12일 부여 능사(능산리 절터)에서 현현했다. 당시 하염없이 솟구치는 물웅덩이에서 건져 올린 유물이 바로 금동대향로였다.   국립부여박물관 제공

651년(의자왕 11) 당나라 고종(재위 650~683)이 의자왕에게 보낸 국서를 보면 심상치 않다.

"백제 왕은 빼앗은 신라 땅을 돌려줘라. 그렇지 않으면 지난번(650) 신라 (김)법민(문무왕·재위 661~681)의 청대로 신라의 백제 공격을 허락하겠노라. 당나라는 고구려가 백제를 돕지 못하도록 조치를 취할 것이다…."(<삼국사기> '의자왕조')

그런데 백제 의자왕은 당 고종이 보낸 협박 편지 속에 들어있는 칼날을 눈치채지 못했다.

이 국서를 받기 3년 전인 648년(의자왕 8·진덕여왕 2) 신라와 당나라가 나·당 연합군 결성의 밀약을 맺었던 것이다.

백제금동대향로는 사찰(능사)공방에 필요한 물을 저장하는 구유형 목제 수조에서 확인됐다. 국립부여박물관 제공

진덕여왕의 아부송

당시 당 태종(재위626~649)은 신라 사신 김춘추(태종무열왕·654~661)를 만나 "당나라가 군대를 보내…두 나라(백제·고구려)를 평정하면 평양 이남의 백제 땅은 모두 신라에게 주겠다."고 약속한 바 있었다. 이후 신라와 당나라의 밀월 관계가 시작된다.

650년 진덕여왕(재위647~654)이 손수 짠 비단 위에 당 고종을 위해 바친 '태평송'이 기가 막힌다.

"…높디 높은 황제의 포부 창성도 해라…황명을 거스르는 외방 오랑캐는 칼날에 목 베여 천벌을 받으리라…황제는 충성스럽고 선량한 신하를 등용했도다…삼황오제의 순수한 덕이 우리 당나라 황제를 밝게 비추리라."(<삼국사기> '진덕여왕조')

일국의 왕이 비단을 손수 짜서 바친 것도 모자라, 그 위에 황제를 찬양하고 충성을 맹세하는 글귀를 새겼다?

굴욕외교의 극치를 보는 것 같다. 백번 양보해서 신라의 입장에서 생각해보면 어떨까.

백제의 공세로 나라의 존망을 위협받는 절체절명의 상황에서 지푸라기라도 잡는 심정이었을 것이다. 그 상황에서 나·당 연합군이 결성됐으니 신라

진덕여왕으로서는 간은 물론이고 쓸개라도 빼줄 준비가 되어 있었던 것이다.

사치향락에 빠진 의자왕

그럴 때 백제 의자왕은 무엇을 했을까.

652년(의자왕 12) 조공을 보낸 것을 빼고는 사실상 당나라와의 국교를 단절한 상태로 운명의 660년을 맞이했다.

<삼국사기> 등에 비친 의자왕이 누구인가. 처음에는 해동증자(海東曾子)로 통할만큼 지극한 효자였다.

신라와의 싸움에서 연전연승을 거두는 등 강국의 위세를 떨친 분이기도 하다.

그러나 어느덧 자만심과 타성에 젖어 독재자로 변질했으며 충신들을 쫓아냈다. 성충(?~656)이 옥사하고 흥수(생몰년 미상)가 귀양 갔다. 그 빈 자리를 신라의 간첩망에 포섭된 좌평 임자(생몰년 미상) 같은 인물로 채웠다.

무엇보다도 격변하는 국제정세에 대응하지 못해 나·당 연합군 결성을 수수방관한 점은 결정적인 패착이었다.

"656년(의자왕 16) 왕이 사치향락에 빠졌다. 왕은 적극 간언한 좌평 성충을 옥에 가두었다. 성충은 죽음을 앞두고 '반드시 전쟁이 일어나니 지형을 잘 선택해서 군사를 운용하라'는 충언의 글을 올렸지만, 왕이 듣지 않았다."(<삼국사기> '의자왕조')

망조의 퍼레이드

<삼국사기> 등은 659년부터 백제에 든 망조 기사로만 도배했다.

"여우 떼가 궁중에 들어왔고"(659년 2월), "태자궁에서 암탉과 참새가 교미했으며"(4월), "백마강에서 세 길이나 되는 물고기가 나와 죽었고"(5월), "키가 18척이나 되는 여자 시체가 떠올랐으며"(8월), "대궐 남쪽 도로에서 한밤

금동대향로 은닉지

능사 복원도

금동대향로는 백제 선왕들의 제사를 지내던 부여 능사 공방터 수조에 은닉된 것으로 보인다. 아마도 660년 나당 연합군의 갑작스러운 침략 때 숨겨 둔 것으로 짐작된다.　　　　　　　　　　　　　　　　　국립부여문화유산연구소 제공

에 귀신이 나타나 곡을 했다.”(9월)는 기사가 줄을 이었다. 운명의 660년이 되자 망조가 업그레이드된다.

　“왕도(사비·부여)의 우물물과 백마강이 핏빛으로 변했고”(2월), “두꺼비 수만 마리가 나무 꼭대기에 모였으며”(4월), “이유없이 놀라 달아나다가 갑자기 쓰러져 죽은 백성들이 100여 명이 됐고”(4월), “부여 시내의 절 강당과 탑에 벼락이 쳤다.”(5월)는 기사이 이어진다. 그중 가장 잘 알려진 이야기가 ‘백제는 둥근 달, 신라는 초승달’ 이야기(6월)다.

　즉 귀신이 “백제는 망한다.”고 외치고 땅으로 들어갔다. 땅속에서 발견된 거북이의 등에 “백제는 둥근 달과 같고, 신라는 초승달과 같다.”라는 글이 있었다. 무당이 “둥근 달(백제)은 곧 기울고, 초승달(신라)은 곧 차게 된다.”고 풀

금동대향로가 확인된 능사의 목탑터에서 명문 석조사리감이 확인됐다. 그런데 탑의 중심기둥이 도끼 같은 흉기로 잘려있었고, 사리감도 비스듬히 누워 있었다.　　　　　　　　　국립부여박물관 제공

이했다.

　그럼에도 백제는 아무런 대책을 세우지 않은 채 망국의 순간을 맞이한 것이다.

9일의 전투, 싱거운 패망

　소정방(592~660)이 이끄는 당나라군 13만 명이 덕물도(인천 덕적도)에 도착한 것은 660년 6월 21일이었다.

　신라 태종무열왕(재위 654~661)도 군사 5만 명을 동원한다. 그제야 사태의 심각성을 깨달은 백제 의자왕은 지금의 국가안전보장회의를 연다. 의자왕은 "앞으로 나가 싸우는 것과, 지키는 것 중 어느 편이 나은지 대책을 마련해 보라."고 한다.

부여 부소산성과 관북리 유적(왕궁터)　공주 공산성

당나라 13만 대군이 1,900척의 배를 타고 서해를 건너 660년 6월21일 인천 덕물도에 닿았다. 신라 5만 대군도 백제의 배후를 쳤다. 백제 의자왕은 나당연합군의 공세를 감당하지 못한 채 7월 18일 항복하고 말았다.

　그러나 조정 공론은 '나가 싸우자'는 측과 '지켜야 한다'는 측이 팽팽히 맞섰다. 의자왕은 어쩔 줄 몰라 했다.

　백제 조정이 우왕좌왕하며 탁상공론을 벌이는 사이 나·당 연합군은 쏜살같이 사비(부여)로 진격했다.

　7월9일 계백(?~660)의 황산벌(충남 연산) 전투가 벌어졌다. 계백의 5,000결사대는 4번 싸워 모두 승리했지만, 중과부적으로 패했다. 이후의 전투는 나·당 연합군의 파죽지세였다. 백제는 패닉에 빠졌다. 의자왕의 여러 아들이 좌평(장관) 6명과 함께 당나라군 진영에 달려가 죄를 빌었다. 그러나 당나라 소정방은 이들을 모두 물리쳤다.(12일)

　백제군은 당나라군이 사비성 30리 밖까지 진군할 때까지 연전연패했다. 사망자만 1만여 명에 달했다. 13일 밤 의자왕은 야음을 틈타 태자 효(미상)와 함께 공주 웅진성으로 피신했다. 이때 의자왕이 남긴 한마디는 "내가 성충의 말을 듣지 않아 이 지경에 이르렀다."는 후회였다. 사비성에 남은 의자왕의 여러 아들(부여태·부여융 등)들은 곧 항복했다.

　웅진성으로 피신한 의자왕과 태자(부여효) 역시 웅진방령(웅진성 장관)인 예식(615~672)과 함께 두 손을 들었다. 그때가 660년 7월 18일이었다. 당나라군이 덕물도에 도착한 때(6월21일)부터 치더라도 25일 남짓이었다. 황산벌 전투(7월 9일)부터 따지면 불과 9일 만이었다. 무려 678년(기원전 18~기원후 660)의 역사는 그렇게 순식간에 종막을 고한다.

돌이킬 수 없는 국치일

8월2일 열린 나·당 연합군의 승전 기념 연회는 백제로서는 돌이킬 수 없는 국치일로 기억될 것이다.

"신라 태종무열왕과 당나라 소정방 등은 당상(대청마루 위)에, 백제 의자왕과 아들(부여 융)은 당하(대청마루 아래)에 앉았다. 신라왕과 소정방 등이 의자왕으로 하여금 술을 따르게 했다. 백제의 신하들이 모두 울었다."(<삼국사기> '문무왕조')

9월3일 당나라 소정방은 의자왕과 왕족·신료 93명, 그리고 백성 1만2,800여 명을 당나라로 끌고 갔다.

백제 왕조의 기둥을 뿌리째 뽑아간 형국이었다. 그랬으니 그 누가 폭삭 무너진 폐허 속에서 백제 678년 사직의 종막을 위로하는 진혼곡을 불러 줄 수 있었겠는가. 660년 7월18일 이후 최근까지 아무도 돌볼 수 없었던 아픈 역사의 기억들인 것을…. 부여에서, 공주에서 1,300년 이상 꽁꽁 숨겨져 있던 망국의 편린들이 이제야 한 조각 한 조각 그 모습을 드러내고 있다.

<참고자료>
국립부여박물관, <능사>(학술조사보고서 8책), 2000
백제고도문화재단, <화지산 유적-2018년도 5~6차 발굴조사>(발굴조사 연구보고 82·91 책), 2020·2021
<부여 쌍북리 602-10번지 유적>(조사보고 제11집), 2010

김지호·조영훈·류진호·황선빈·디바오르지, '디지털가시화기술을 활용한 부여 석조 명문 재검토 기초연구' <백제목간학술심포지엄 자료집>, 한국목간학회·백제학회, 2023

충남대박물관, '부여 관북리 백제유적 발굴보고(Ⅱ), 1999

심상육, '발굴자료를 통해 본 사비도성의 변천과 경관', <백제문화> 62권 62호, 공주대 백제문화연구소, 2020

'가림성 사랑나무'
'부흥국 수도 주류성'으로 읽는
백제 독립투쟁

부여 하면 떠오르는 답사코스가 있다. 부여 백제왕릉원(능산리고분군), 부소산성, 관북리, 궁남지, 정림사터, 낙화암, 백마강….

사비백제(538~660) 123년 역사의 숨결이 담겨있는 곳이 아닌가. 결코 백제의 이미지를 벗어난 부여는 생각할 수 없으리라.

그런데 '백제와 MZ 세대'를 아우르는 답사코스가 생겼다. '가림성 사랑나무'이다. 이름에서부터 역사성이 물씬 풍기는 '가림성'과, MZ 세대의 '인생사진 핫플'이 된 '사랑나무'가 어우러져 있으니 안성맞춤이 아닌가.

필자는 2021년 10월 부여의 '루틴 코스'를 답사하다가 온라인상 '부여의 가볼만한 곳'에서 '가림성 사랑나무'를 발견했다.

새로움을 좇는 기분으로 성흥산(해발 260m)에 조성된 가림성(성흥산성) 정상부에 오르기 시작했다. 대체 어떤 사연을 품고 있는 나무가 서있기에 감히 '사랑'자를 붙였을까. 필시 역사적인 근거도 없는 스토리텔링일텐데….

'사랑나무 하트'

마음 한편에 살짝 들었던 회의감은 '사랑나무'가 우뚝 서있는 가림성에 오르자마자 말끔히 가셨다.

성의 남문터에 우뚝 서있는 나무 옆에서 보니 부여 시내는 물론이고 논산,

가림성 사랑나무의 하트 문양 사진. 본래 반쪽짜리 하트 문양 나뭇가지인데, 이것을 합성해서 온전한 하트 문양을 만드는 것이 요즘의 유행이다. 그것을 MZ 세대의 하트놀이라 한다.　　　　　백제역사문화원구원·부여군청 제공

강경, 서천, 익산까지 훤히 조망할 수 있었다.

　'사랑'자가 붙은 나무는 어떤가. 키 22m, 가슴둘레 5m40㎝에 달하는 수령 400년 가량의 느티나무이다. 원뿔 모양의 아름다운 몸집에, 판 모양으로 돌

가림성 사랑나무. 키 22m, 가슴둘레 5m40㎝에 달하는 수령 400년가량의 느티나무이다. 원뿔 모양의 아름다운 몸집에, 판 모양으로 돌출된 거대한 뿌리 등이 늠름한 자태를 풍긴다. 2021년(8월) 천연기념물로 지정됐다.
백제역사문화연구원 제공

출된 거대한 뿌리 등이 늠름한 자태를 풍긴다. 덕분에 2021년(8월) 천연기념물로 지정됐다.

이 나무의 '시그니처'는 따로 있다. 바로 하트 모양의 나뭇가지이다. 필자는 답사 당시에는 어떤 가지가 하트 모양인지 발견하지 못했다. 오른쪽 나뭇가지의 모양새가 하트 인가 했지만 어쩐지 반쪽 짜리 같아서 아쉬움만 삼키고 돌아섰다.

그러나 어찌 알았으랴. 본래 반쪽짜리 하트였던 것을…. 그래서 같은 자리에서 사진을 두 장 찍어서 한 장을 좌우로 반전·편집해서 완전한 하트를 만든다는 것을…. 그것이 MZ 세대의 하트놀이이고, 그래서 '사랑나무'라는 별

가림성 사랑나무는 부여 성흥산(해발 260m) 정상의 8부 능선에 쌓은 가림성(성흥산성)의 남문 쪽에 우뚝 서 있는 느티나무이다. 백제역사문화연구원 제공

명을 얻게 되었다는 것을….

그걸 두고 '반쪽 짜리 하트'니 하면서 애꿎은 나무 탓만 했으니 전형적인 '할저씨'가 아닌가.

'할저씨'가 알든 모르든 '가림성 사랑나무'는 SBS 드라마 '서동요'(2005)에서 서동(조현재 분)과 선화공주(이보영 분)가 국경을 초월한 사랑을 키운 나무로 유명해졌다. 이후 '대왕 세종', '계백', '일지매', '여인의 향기', '신의', '대풍수', '육룡이 나르샤' 등 사극은 물론 현대극인 '호텔 델루나'에서도 등장하면서 '촬영의 핫플'로 발돋움했다.

가림성주의 정변

지금은 '사랑나무 하트놀이'로 유명세를 탄 가림성은 사실 뼈아픈 백제 멸망의 역사를 웅변해주는 유서깊은 성이다.

가림성 사랑나무는 이른바 MZ 세대의 핫플로 유명세를 타고 있다. '반쪽 하트' 문양의 나뭇가지 옆에서 사진을 찍고 그것을 합성해서 온전한 하트문양으로 만드는 놀이가 유행하고 있다.   부여군청 제공

   가림성은 성왕(재위 523~554)이 사비로 천도하기 37년 전인 501년(동성왕 23) 축조된 산성이다.

   알다시피 백제는 한성 함락(475) 직후 황급히 천도한 웅진(공주)으로 천도 했다. 그러나 웅진은 한 왕조의 도읍으로는 좁았다. 따라서 해외진출에 유리 하고, 보다 넓은 평야지대를 확보하기 위해 재천도를 염두에 둔다. 그 0순위 후보지가 부여였다.

   동성왕(재위 479~501)이 사비에서 3번이나 사냥을 했던 이유가 바로 천도 를 염두에 둔 사전작업이었다는 견해가 있다.

   그런 동성왕이 501년 8월 사비(부여)에서도 사방을 조망할 수 있고, 금강 하구를 통제할 수 있는 성흥산에 성(가림성)을 쌓은 것이다. 동성왕은 축조된

부소산 동나성 계룡산 석성산성 가림성 익산 금강 가림성

501년(동성왕 23) 처음 축조한 가림성은 전략적인 요충지였다. 부여 시내는 물론이고 논산, 강경, 서천, 익산까지 훤히 조망할 수 있다.　　　　　　　　　　　　　　　　　　　　　　　백제역사문화연구원 제공

가림성의 성주로 위사좌평(국왕 경호실장)인 백가를 임명했다.

그러나 웅진(공주)에 기반을 둔 귀족 출신으로 추정되는 백가는 이 인사발령을 '좌천'으로 여겼다. 본거지(웅진)에서 외지(사비)로 쫓겨났다고 여긴 것이다. <삼국사기>는 "백가는 병을 핑계로 왕명을 사양했지만 동성왕은 허락하지 않았다."면서 "백가는 이 때문에 왕을 무척 원망했다."고 기록했다. 3개월만인 11월 끝내 사달이 났다. 동성왕이 사비 벌판에서 사냥에 나섰을 때 마침 큰 눈이 내려 어느 마을에서 묵게 되었다. 이때 백가가 자객을 보내 동성왕을 시해했다.

의자왕은 항복했지만…

이렇게 첫번째 역사기록부터 정변의 무대로 기록된 가림성은 백제멸망기에는 부흥군의 거점으로 재등장한다.

660년 7월 18일 백제 의자왕(재위 641~660)이 나·당 연합군에게 항복함으로써 백제 678년 역사는 공식적으로 종막을 고하게 된다. 8월 2일 열린 나·당연합군의 승전의식에서 의자왕과 그 아들 부여융(615~682)은 치욕적인 항복의식을 벌인다.

"당상에 앉은 태종무열왕(재위 654~661)과 소정방(592~667)은 항복한 의자왕과 아들 부여융을 당하에 앉혔다. 어떤 자들은 의자왕에게 '술을 따르라'고 조롱했다. 이 모습을 본 백제의 좌평 등 여러 신하들이 흐느꼈다."(<삼국사기> '백제본기·의자왕조')

9월3일 당나라 소정방이 의자왕과 왕족·신료 93명, 그리고 백성 1만2,000명을 당나라로 끌고 갔다.

왕조의 기둥을 뿌리째 뽑아간 형국이었다. 그러나 백제는 그리 호락호락한 나라가 아니었다. 당나라군이 철수하기도 전인 8월부터 남잠성·진현성(충남 대덕) 등지에 항거의 움직임이 일더니 전 좌평 정무가 두시원악(청양)을 근거로 나당연합군을 습격했다.

들불처럼 일어난 부흥운동

들불처럼 일어선 부흥운동의 중심인물은 무왕(재위 600~641)의 조카인 원로왕족 복신이었다.

복신(?~663)은 660년 9월초 승려 도침(?~661)과 함께 주류성을 근거지로 본격적인 부흥운동에 나선다.

당나라 장수 유인원(생몰년 미상)의 공적을 기리려고 충남 부여군에 세운 <당유인원기공비>(보물)도 "도침과 복신이 벌처럼 모이고 고슴도치처럼 일어나 산과 골짜기에 가득 찼다."고 했다. 이 비석은 당나라 장수 유인원이 부흥군을 진압한 뒤에 세웠다. 따라서 비문 내용은 사실에 부합될 것이다. 거병초기 독자적으로 활동했던 부흥군이 복신의 휘하로 결집되고 있었던 것이다.

"흑치상지(630?~689)가 별부장 사타상여(생몰년 미상)와 함께 험한 곳에 의거하여 복신에 호응했다."(<삼국사기> '백제본기·의자왕조')는 기록이 이를 증명한다.

성흥산의 8부 능선에 조성된 가림성. 나당연합군은 663년 백제부흥군과의 '최후의 일전'을 승리로 거뒀지만, 이 가림성만큼은 공격하지 못했다. 가림성은 백제 의자왕이 항복하고(660) 부흥군 지도자인 풍왕이 백강 전투에서 패한 뒤 고구려로 망명한(663) 뒤에도 함락되었다는 기사가 보이지 않는다. <삼국사기>는 672년까지도 신라가 가림성을 차지하지 못했다고 전했다.　　　　　　　　　　　　　　　　　　　　백제역사문화연구원 제공

부흥군이 특히 백제의 서방을 관할하던 임존성(충남 예산)을 확보하자 10일도 되지 않아 3만명이 모였다. 부흥군이 나당연합군의 공격을 받은 임존성을 지켜내자 주변의 200여개 성이 호응했다. 사비성에 주둔하던 나·당 연합군은 부흥군에 의해 고립되는 등 곤욕을 치렀다. 부흥군은 곳곳에서 진퇴를 거듭하며 나당연합군을 괴롭혔다.

진퇴양난에 빠진 당나라군

특히 당나라가 고구려 침략전쟁에 전념하고, 신라에게 평양행 군량미 수송의 임무를 맡기자 백제부흥군의 운신이 자유로워졌다. 급기야 661년 6월 ~662년 2월 사이 당나라군이 고구려와의 혈투에서 패했다. 당나라는 진퇴양난에 빠졌다.

당나라 장수 유인원(생몰년 미상)의 공적을 기리려고 충남 부여군에 세운 <당유인원기공비>(보물). "도침과 복신이 벌처럼 모이고 고슴도치처럼 일어나 산과 골짜기에 가득 찼다."고 했다. 백제부흥군의 기세가 대단했음을 알리고 있다.

당나라 고종(재위 649~683)은 백제고토에서 부흥군에게 포위당해 있던 웅진도독 유인궤(602~685)에게 "형편이 어려우니 신라땅으로 가든지, 아니면 배를 타고 본국으로 돌아오라."는 칙서를 내린다. <구당서>는 "이 때 백제땅에 주둔하던 당나라군의 장수와 병사들은 모두 돌아가기를 바랐다."고 기록했다. 그래도 유인궤는 "평양을 공격하던 군대가 철수했는데, 웅진의 군대마

주류성, 가림성과 함께 백제 부흥군의 거점성이었던 임존성(충남 예산). <삼국사기>는 "부흥군이 임존성을 확보하자 10일도 되지 않아 3만 명이 모였고, 나당 연합군의 공격에도 성을 지켜내자 주변의 200여 개 성이 호응했다."고 기록했다.

저 뽑아버리면 백제는 다시 일어설 것인데, 고구려는 언제 멸망시키겠느냐."면서 철군이나 신라 의탁을 거절했다. 이 무렵 부흥군 지도자인 도침은 유인궤가 보낸 사신에게 '신분이 낮아 만나 줄 수 없다'고 홀대했고, 복신은 당군 사령관 유인원에게 사람을 보내 "빨리 본국으로 돌아가라. 우리가 전송해주겠노라."고 조롱하기도 했다.

실제로 662년 7월 당시 당나라군이 장악한 백제의 고토라고 해봐야 웅진성 정도였다고 한다.

부흥군의 내부분열

반면 백제부흥군은 이미 661년 9월부터 새로운 왕국의 면모를 갖췄다.

복신 등은 일본에 머물고 있던 의자왕의 아들 부여풍(풍장)을 백제의 새 임금으로 옹립했다. 백제는 의자왕이 나당연합군에 항복한지 1년 여만에 새로

서문지   내성   발굴현장   동문지   추정 복문지   외성   사랑나무   남문지   추정 남문지 및 수구   가림성

사랑나무가 서있는 가림성 보존 관리를 위한 발굴조사가 2012년부터 이어졌다.   백제역사문화원 제공

운 임금(풍왕)을 내세워 부활한 셈이다. 풍왕의 등장과 함께 부흥백제왕조의
정통성이 확립됐다.

하지만 이것은 내부분열의 시작점이 됐다. 부흥운동을 이끈 동지였던 복신
과 도침이 풍왕의 신하로서 경쟁하는 사이가 됐다.

결국 복신은 도침을 죽인 뒤, 풍왕마저 도모할 계획을 세운다. 하지만 반란
음모를 알아치린 풍왕이 선제 공격에 나서 복신을 급습하여 죽인다. 그러나
계속되는 내부 분열로 백제 부흥군의 사기는 급전직하했다. 반면 나당 점령
군에게는 복음과도 같은 반가운 소식이었다. 당나라 군도 얼씨구나 하고 증
원군 7,000명을 보냈다. <일본서기>는 "663년 8월 백제가 좋은 장수(복신)

가림성의 북쪽 구간을 발굴조사한 백제역사문화연구원(백제고도문화재단)은 "가림성 북쪽 구간을 조사한 결과 20m 길이의 사비 백제시대 성벽(최고 높이 5.2m, 폭 12m)을 확인했다."고 발표했다.

를 죽였다는 소식을 듣고 신라가 곧장 백제를 공격해서 주류성(부흥군의 최후 거점)을 취하고자 했다."('천지기')고 기록했다. 신라는 김유신(595~673) 등 28~30명의 장수가 지휘하는 5만 정예병을 파견했다.

백제-왜, 신라-당나라 간 동북아 국제전

이때 가림성과, 또하나의 성인 주류성이 등장한다.

당나라군 사이에서 "먼저 수륙의 요충인 가림성을 쳐야 한다."고 주장하는 이들도 있었다.

그러나 당나라의 웅진도독인 유인궤는 "가림성은 험하고 견고해서 공격하면 군사들을 다치게 할 것"이라면서 "백제부흥군의 소굴인 주류성을 치면 나머지 여러 성은 저절로 항복할 것"(<신당서> '열전 유인궤')이라 했다. 위기에 빠진 풍왕은 왜에 구원병을 요청했다.

가림성 북쪽 구간에서 확인된 백제시대 성벽. 발굴 결과 20m 길이의 사비 백제시대 성벽(최고 높이 5.2m, 폭 12 m)을 확인했다는 것이다.   백제역사문화연구원 제공

마침내 왜국 장수 여원군신이 이끄는 지원군 1만여명이 수송선 1,000여척에 나눠타고 백제로 향했다.

663년 8월 마침내 한반도 남부 서해안의 백강구(백촌강·백강)에서 백제-왜가 한편이 되고, 신라-당나라가 한편이 되어 치른 동북아시아 국제전의 막이 올랐다. <삼국사기>와 <일본서기>, <자치통감> 등 삼국의 역사서에서 서술한 백강구 전투는 처절했다.

<일본서기>는 "왜·백제부흥 연합군이 전선 170척을 이끌고 백촌강에 진을 친 당나라군과 잇달아 접전을 벌였지만 실패했다."면서 "당나라군의 포위 공격에 물속에 떨어져 죽은 자가 많았으며, 뱃머리를 돌릴 틈도 없었다."고 기록했다.

당나라 측의 사서인 <자치통감>은 "…당나라 수군이 백강에서 왜병을 만나 4번이나 싸워 모두 이겼고, 왜선 400척을 모두 불태워 연기와 불꽃이 하늘로 치솟았으며 바닷물이 붉게 물들었다."고 했다.

주류성을 잃었구나! 백제가 멸망했구나!

<삼국사기>는 "당나라가 수전을 펼치는 사이, 신라군은 당나라군의 선봉이 되어 육지(주류성)에서 백제의 정예기병을 깨뜨렸다."고 기록했다. 이른바

백강구 전투에 앞서 나당연합군이 공격하려 했던 가림성(부여 임천면)

백강구 전투의 백제-왜 연합군의 궤멸이었다. 부흥군을 이끌던 풍왕은 몇몇 측근과 함께 배를 타고 고구려로 망명했다. 백강구 전투의 패배와 풍왕의 고구려 망명 소식에 백제부흥군은 완전히 전의를 상실했다.

결국 의자왕의 다른 아들들인 부여충승·충지가 지키던 주류성은 9월초 항복하고 말았다. 주변 두량윤성 등 여러 성도 줄줄이 손을 들었다. 부흥군 장수 지수신 만은 임존성을 근거로 마지막 항전을 벌였다. 하지만 백제를 배신한 흑치상지와 사탁상여의 공격으로 663년 11월 임존성마저 함락됐다. 지수신 역시 고구려로 망명했다. 이로써 3년 3개월에 걸친 백제의 부흥운동은 대단원의 막을 내린다. <일본서기>를 보면 주류성이 함락되자 백제인들이 서로 부여잡고 피눈물을 흘렸다고 한다.

"주류성이 항복했구나. 돌이킬 수 없구나. 이제 백제의 이름이 끊기니 (조

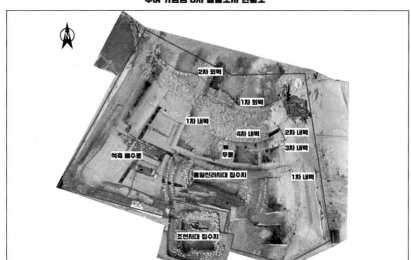

발굴단은 백제 이후에도 통일신라와 고려, 조선시대를 거치면서 5차례 이상 가림성을 고쳐 쌓았고, 성벽을 다시 쌓을 때마다 성 안쪽에서도 시설물을 지속적으로 조성했다는 사실을 밝혀냈다.　　　백제역사문화연구원 제공

상의) 무덤을 어찌 가볼 수 있을 것인가.(州柔降矣 事無奈何 百濟之名 絶于今日 丘墓之所 豈能復往)"(<일본서기> '천지기')

백제는 언제 멸망했을까

그러나 백제인의 독립 열망은 이후에도 식지않았다. <삼국사기>를 보면 백제유민들의 항거는 최소한 672년까지 이어진다.

664년 3월 남은 부흥군의 세력이 사비산성에 웅거하여 저항을 꾀한 일도 있었다. 특히 663년의 최후 공세 때도 나당 연합군이 공격을 기피하고 우회했던 '가림성'은 9년이 지난 672년까지 백제 독립운동의 거점으로 남아 있었다.

즉 <삼국사기> '신라본기·문무왕조'는 "671년(문무왕 11) 6월 신라가 장군

죽지를 보내 군사를 거느리고 백제 가림성의 벼를 밟도록 했다."고 했다. 신라 군사들이 가림성의 벼를 밟았다는 것은 백제군의 군량미 확보를 사전에 막으려고 한 고육책이었다.

그럼에도 가림성은 신라의 수중에 들어오지 않았다. <삼국사기>는 이듬해인 672년(문무왕 12) 2월 "백제 가림성을 쳤지만 이기지 못했다."고 기록했다. 신라가 의자왕이 항복한 지 12년이 지나도록, 백강구 전투에서 패한 풍왕이 고구려로 망명한 지 9년이 지나도록, 가림성만큼은 차지하지 못했다는 사실을 알 수 있다. 그러나 한번 잃은 나라를 수복하기가 얼마나 어려운 일인가. 만 35년, 햇수로 36년간이나 끈질기게 이어온 일제 강점기의 독립운동사가 그것을 웅변하고 있다.

모습을 드러낸 백제성벽의 흔적

2022년 가림성에서 백제시대에 쌓은 성벽을 찾아냈다는 발굴 성과가 공개됐다. 백제역사문화연구원(백제고도문화재단)이 가림성 북쪽 구간을 조사한 결과 20m 길이의 사비 백제 시대 성벽(최고 높이 5.2m, 폭 12m)을 확인했다는 것이다.

성벽 안쪽에서는 성과 나란히 만든 폭 0.9~1m인 석축 배수로가 발견됐다. 노출된 성벽이 501년 백가의 반란 스토리를 담은 초축 성벽의 흔적일 가능성도 배제할 수는 없다. 요즘 MZ 세대 사이에서 부여 하면, '가림성 사랑나무'가 떠오를지도 모른다.

그러나 뭐 어떤가. 경주의 경우도 '황리단길'이나 '벚꽃길'이 유명세를 타고 있지 않은가. 백제·신라의 고도(古都)라 해서 만날 1500~1000년 전 유적만 떠올릴 필요는 없다. 사랑나무, 황리단길, 벚꽃길 같은 새로운 스토리가 '구시대의 유물' 이미지를 좀더 밝고 윤택하게 해줄 것이기 때문이다.

해마다 주류성 함락일에 맞춰 충남 세종 운주산 기슭에서 벌어지고 있는 백제고산대제. 660년 이후 3년간 벌어진 '백제부흥운동'에 참전했다가 목숨을 바친 백제부흥군·왜 연합군의 넋을 기리는 제사이다.

백제 부흥국 도읍 '주류성'은 어디?

또하나 궁금증이 남는다. 백제유민들이 "주류성을 잃었네. 백제의 이름이 끊겼네"라고 피눈물을 흘렸다지 않던가. 그렇다면 주류성은 과연 어디일까. 노중국 계명대 교수 같은 이는 풍왕이 즉위한 661년 9월부터 663년 9월까지를 '부흥백제국'으로 이름지었다.

전한·후한, 서진·동진처럼 백제(기원전 18~기원후 660년)와 부흥백제국(661~663)으로 나눌 수도 있다는 것이다.

그 경우 주류성은 부흥백제국의 도읍지라 해도 과언은 아니다. 그러나 불행히도 주류성의 정확한 위치는 설만 가득할뿐 여전히 오리무중이다.

부흥백제국의 도읍지로 알려진 주류성의 정확한 위치는 아직 오리무중이다. <삼국사기> '지리지'는 부흥군의 거점성 중 가림성(충남 부여)과 임존성(충남 예산)등의 위치는 특정했지만, 주류성은 '이름은 있지만 위치가 어딘지

<삼국사기> '지리지'를 보면 부흥군의 거점성 중 임존성(충남 예산)과 가림성(충남 부여) 등은 위치가 분명하게 나와있다. 그러나 정작 주류성은 '이름은 있지만 위치가 어딘지 모르는 지역(三國有名未詳地分條)'으로 분류됐다. 때문에 지금까지도 정확한 위치를 두고 설왕설래 하고 있다.

충남 홍성 학성산성·한산 건지산성·연기 당산성·세종 운주산성, 전북 정읍의 두승산성 등도 부안의 우금산성(위금암산성)과 함께 주류성 후보지로 거론되었던 곳들이다. 2018년에는 국가유산처잉 '부안 우금산성 남문터 확인' 보도자료를 내면서 '우금산성=백제 부흥운동의 최후 거점성'이라는 표현을 썼다. 그러나 아직까지는 증거 불출분이다. 확실치 않다. 새삼 역사가의 마음가짐을 한마디로 표현한 '공자왈'이 떠오른다.

"의심나는 것은 공백으로 남긴다."(<논어>·위령공편)고 하지 않았던가. 확실한 증거가 나올 때까지 누구도 경거망동해서는 안된다는 뜻이다.

한산 건지산성 　　　　 부안 우금산성

모르는 지역(三國有名未詳地分條)'으로 분류했다. 충남 홍성 학성산성·한산 건지산성·연기 당산성·세종 운주산성, 전북 정읍의 두승산성, 부안의 우금산성 등이 주류성 후보지로 거론되고 있다.

<참고자료>

성현화·이미현, '부여 가림성 발굴조사 성과', <선사와 고대> 64권64호, 한국고대학회, 2020

채미하, 백제 가림성고–삼국사기 제사지 신라조의 명산대천제사를 중심으로', <백제문화> 39권 39호, 공주대 백제문화연구소, 2008

최병화, '백제 석축산성의 성문구조와 변천과정', <야외고고학> 23호, 한국문화재조사연구 기관협회, 2015

백제고도문화재단, '부여 가림성 정비사업부지 내 유적(8차) 학술자문회의 자료집', 2022

이기동, <백제의 역사>, 백제문화개발연구원 역사문고 24, 주류성, 2006

김영관, '주류성의 방어체계와 백제 부흥군의 구성', <백제문화> 72호, 공주대 백제문화연구 소, 2025

최병식, <스러져간 백제의 함성(한국사 최초의 국권회복운동 '백제부흥운동'>, 주류성, 2020

정재윤, <사료를 보니 백제가 보인다(국외편)>, 백제문화개발연구원 역사문고 별책 2, 주류 성, 2007

전북문화유산연구권, <부안 우금산성>(유적조사보고 112책), 2020

히스토리텔러
이기환 記者의

톺아본
백제사
순간들

지은이 | 이기환

펴낸이 | 최병식

펴낸날 | 2025년 6월 3일

펴낸곳 | 주류성출판사

주소 | 서울특별시 서초구 강남대로 435 주류성빌딩 15층

전화 | 02-3481-1024(대표전화) 팩스 | 02-3482-0656

홈페이지 | www.juluesung.co.kr

값 30,000원

ISBN 978-89-6246-556-3 03910